报刊与近代中国

新思潮、舆论宣传与理论传播

复旦大学马克思主义学院　编

杨宏雨　主编

上海大学出版社
·上海·

图书在版编目(CIP)数据

报刊与近代中国：新思潮、舆论宣传与理论传播/复旦大学马克思主义学院组编；杨宏雨主编.—上海：上海大学出版社，2024.3
ISBN 978-7-5671-4943-4

Ⅰ.①报… Ⅱ.①复… ②杨… Ⅲ.①报刊－新闻事业史－研究－中国－近代 Ⅳ.①G219.295

中国国家版本馆 CIP 数据核字(2024)第 053056 号

责任编辑　贺俊逸
封面设计　倪天辰
技术编辑　金　鑫　钱宇坤

报刊与近代中国
新思潮、舆论宣传与理论传播
复旦大学马克思主义学院　编
杨宏雨　主编
上海大学出版社出版发行
(上海市上大路 99 号　邮政编码 200444)
(https://www.shupress.cn　发行热线 021-66135112)
出版人　戴骏豪
*
南京展望文化发展有限公司排版
句容市排印厂印刷　各地新华书店经销
开本 890mm×1240mm　1/32　印张 10.25　字数 226 千
2024 年 4 月第 1 版　2024 年 4 月第 1 次印刷
ISBN 978-7-5671-4943-4/G・3607　定价 62.00 元

版权所有　侵权必究
如发现本书有印装质量问题请与印刷厂质量科联系
联系电话: 0511-87871135

前 言

作为近代中国最重要的大众传播媒介，报刊的兴起极大地促进了中国现代意识的萌芽与发展，深刻地影响了近代中国的社会思潮。报刊研究在中国近现代史、中共党史研究中扮演着重要角色。一方面，报刊作为宣传新思想、新学说的载体，承载了近代中国知识分子对社会改造的探索与反思，是展现中国近代思想文化变迁的重要媒介；另一方面，通过办报、读报等活动，近代报刊深入知识阶层与大众的日常生活及社会活动中，成为考察中国近代社会转型的重要史料。基于此，近代报刊研究早已是近现代史、党史研究的重头戏。本论文集选取了近代报刊研究中较有代表性的15篇文章，聚焦于报刊与近代中国社会转型的复杂关系，以期展现出报刊和近代中国的政治、经济、文化、思想之间的多重互动，特别是与马克思主义中国化以及中国共产党革命实践之间的亲密关系。

中国古代虽然有邸报，但它只是专门用于朝廷传知皇帝诏书、政府法令、官吏任免等方面消息的新闻文抄,与现代报刊的功能差异很大。中国近代报刊是西学东渐的产物,是中国传统社会向现代社会转型过程中出现的重要传播媒介。换言之,中国近代报刊是中国现代化的产物,同时又是推进中国现代化的有力工具。近代中国的先进知识分子非常重视报纸、刊物等大众传媒在推进社会变革方面的功能和作用。他们一方面从国内外的大众传媒上获取知识、信息和理论,另一方面也非常重视创办报刊,借此发表意见、指导大众、引领潮流。梁启超主笔的《时务报》《新民丛报》,胡汉民、章太炎主办的《民报》,陈独秀创办的《新青年》等都曾在近代中国领一时风骚。

报刊在近代中国充当着社会问题"瞭望者"和社会变革引领者的角色。鸦片战争以后,随着西学东渐,近代报刊这一新兴媒体的价值越来越为中国知识分子所认知。梁启超把报馆看作"去塞求通"开通民智的有力工具,认为"阅报愈多者,其人愈智,报馆愈多者,其国愈强"[①]。梁漱溟说:"社会运动当然是从其社会存在着问题而来的。有些先知、先觉把问题看出得早而切求其解决,就提出一条要走的路号召于大众,而报纸恰是作此号召的利器。"[②]两位梁先生的话,从不同角度论述了报刊与近代中国社会变迁的内在联系。

19世纪50年代起,在香港、广州、上海等地出现了国人自办的报刊。戊戌维新时期,维新派创办的报纸达30多种,这些报刊对当时的

[①] 梁启超:《论报馆有益于国事》,汤志钧、汤仁泽编:《梁启超全集》第1集,中国人民大学出版社2018年版,第107—108页。

[②] 梁漱溟:《记彭翼仲先生》,《梁漱溟全集》第7卷,山东人民出版社2005年版,第100页。

中国人而言,"不啻是一个强烈的电流",这股电流刺激、惊醒了国人,并"把新的思想传布到全国各地去",极大地推动了维新思潮的发展,阅报已经成了不少中国人"生活中不可缺少的一个因素"①。戊戌变法失败后,以康有为、梁启超为首的立宪派和以孙中山为代表的革命派在海外竞相办报,宣传自己的主张,双方还进行了长达数年的激烈论战。在论战中两派的观点虽有不同,有的甚至截然对立,但双方的主旨都在推进中国的进步与发展,因此,这一论战对中国的社会变迁起了相反相成的作用。1912年10月,梁启超在归国后的公开演讲中表示,武昌起义以后,"不数月而国体丕变,成功之速,殆为中外古今所未有……问其何以能如是,则报馆鼓吹之功最高,此天下公言也"②。辛亥革命以后,国人办报风潮愈发澎湃,1912年,仅在北京,就有超过90家报社申请注册。五四运动前后,舆论界空前活跃,据周策纵估计,从1917年到1921年,全国新出报刊有1 000种以上。③ 这些新报刊构建出前所未有的交流和对话空间,是五四知识分子宣传新思想、倡导多种"主义"的重要载体。在这一过程中,马克思主义逐渐脱颖而出,成为引领新文化运动的重要思潮之一。当时不仅《新青年》成了传播马克思主义的主要阵地,上海《民国日报》副刊《觉悟》、《星期评论》、《改造》、《时事新报》副刊《学灯》等许多报刊也都介绍过马克思主义理论。而马克思主义在中国的广泛传播又直接促成了1921年中国共产党的成立。新文化运动、马克

---

① 中国史学会主编:《中国近代史资料丛刊·戊戌变法》(三),上海人民出版社1957年版,第497页。
② 梁启超:《鄙人对于言论界之过去及将来》,汤志钧、汤仁泽编:《梁启超全集》第15集,中国人民大学出版社2018年版,第29页。
③ 周策纵:《五四运动:现代中国的思想革命》,江苏人民出版社1996年版,第247页。

思主义传播、中国共产党的成立和近现代中国社会翻天覆地的变革之间存在着内在的联系,这已是学界的不刊之论。

中国共产党人非常重视利用报刊进行革命宣传。早在1921年,北京共产党早期组织在汇报中介绍该地党组织利用期刊对工人进行宣传、鼓励教育的情况:"我们为工人阶级出版的宣传刊物,大部分篇幅不多。我们经常鼓励工人自己写简讯,并全部刊登在我们的刊物上或一般的报刊上。我们最初出版的是《劳动者》周刊,但出到第六期以后,就被政府查禁了。遭到这次迫害以后,我们的刊物改名为《仁声》,但在第三期以后,由于缺乏经费,只得停刊。"①新民主主义革命时期,中国共产党积极利用报刊这一文化阵地进行理论宣传与舆论动员,比较著名的报刊就有几十种,如《新青年》《劳动界》《劳动者》《共产党》《向导》《热血周报》《中国共产党党报》《前锋》《先驱》《政治生活》《中国青年》《工人周刊》《劳动周刊》《中国农民》《农民周刊》《中国军人》《中国学生》《布尔塞维克》《红旗日报》《红旗周报》《浪花》《红色中华》《救国时报》《新中华报》《解放日报》《群众》《新华日报》《新华周刊》《解放》《西北》《江淮日报》《大众报》《人民日报》,等等,这些红色出版物,忠实记录了马克思主义中国化的进程,记录着中国共产党的生存、发展之路,见证了中国共产党在这块土地上为推进中国社会变革、进步与发展所做出的努力。

本论文集所涉及的报刊达10多种。就创刊时间而言,有19世纪50年代创办的《北华捷报》,五四新文化运动时期创办的《新青年》《新潮》《星期评论》《劳动界》,土地革命与局部抗战时期的《新评论》《新

---

① 《中共中央文件选集》第1册,中共中央党校出版社1989年版,第17页。

生》,全面抗战时期的《群众》《解放日报》和解放战争时期的《文萃》《新路》。在以上诸多报刊中,《北华捷报》为英文报纸,其余的为中文报刊。在众多中文报刊中,《劳动界》《星期评论》《新生》《群众》《文萃》《新路》为周刊;《新青年》《新潮》为月刊;《新评论》第一卷为半月刊,第二卷为月刊;《解放日报》为日刊。就政治立场而言,《北华捷报》反映了当时在华西方人对中国人、中国问题的观察,可以说是一种他者视角;《劳动界》《群众》《解放日报》《文萃》的办报群体以共产党人为主,反映了中国马克思主义者的立场和观点。《新青年》《新潮》《星期评论》均属于五四时期典型的进步刊物,《新青年》《新潮》与北大阵营均有密切关联,《星期评论》是国民党人响应五四新文化运动的产物,也是《新青年》领导的新文化阵线的一支重要力量。《新评论》反映了大革命失败后处于苦闷状态的进步青年对中国问题的观察与思考,《新生》是综合性时政刊物,反映了"九一八事变"后国人抗日救国的诉求,《新路》则是在国共内战的情况下,中国倾向于自由主义的学人对中国现代化问题的思考。

  本文集的作者绝大部分来自复旦大学马克思主义学院。复旦大学马克思主义学院历来重视对报刊史料的挖掘和研究,鼓励青年学人下苦功多做个案研究、深挖历史细节,将报刊研究作为观察中共党史与中国近现代社会变迁的新窗口,呈现中共党史的新面相,加深和拓宽新时代中共党史研究。在这样的学术风气和学术传统的影响下,报刊研究也成了马克思主义学院学术论文、硕博士生学位论文写作的重要选题方向。经过多年的耕耘,在报刊与近代中国这一主题下涌现出不少来自复旦大学马克思主义学院的著述。当然,由于作者的年龄、阅历、学术素养、学术视野等因素的影响,个别文章仍有稍显稚嫩之处,但毕竟都是在研究、教学中获得的有益成果。我们将这些文章汇集起来,编纂成《报刊与近代中国》一书,在介绍复旦大学马克思主义学院相关研究成果的同时,也是为了向学界和社会寻求批评,希望形成更多的交流和沟通,以期共同推进中共党史学科的发展。

目 录

马克思主义初入中国若干问题新探
　　——对《北华捷报》新史料的考察　　　　　　　周瑞瑞　　1

《新潮》月刊与五四新思潮　　　　　　　　　　　杜翠叶　　21

《星期评论》
　　——五四时期舆论界的明星　　　　　　杨宏雨　肖　妮　46

五四时期的互助思潮
　　——以《星期评论》为中心的研究　　　　　　杨宏雨　　69

中共一大前夕不同阵营刊物传播马克思主义的共性及差异
　　——基于《新青年》与《星期评论》的比较　　马先睿　　109

建党时期中国共产党人的劳动观
　　——以《劳动界》为中心的研究　　　　杨宏雨　吴昀潇　130

天津报刊与马克思主义早期传播 　　　　　王　纳　李延华　155

肇始与传播：《新评论》中章乃器早期民生观念之研究

　　　　　　　　　　　　　　　　　　李晓灵　宋朝军　180

《新生》周刊的东北意识 　　　　　　　　　　　蒋　蕾　190

《群众》周刊：国共关系的晴雨表 　　　　　　　程光安　209

里子与面子：全面抗战时期《群众》周刊理论宣传的策略

　　　　　　　　　　　　　　　　　　　　　　张红春　231

1947—1949年国共在香港的宣传争夺战

　　——以《群众》周刊为考察中心 　　　　　　何　薇　254

延安《解放日报》改版与中国式新闻观 　　　　　朱鸿召　269

《文萃》周刊在国统区的创办经过及其舆论宣传经验 陈科嘉　289

中国自由主义的最后一面旗帜

　　——《新路》周刊始末 　　　　　　　杨宏雨　王术静　306

马克思主义初入中国若干问题新探
——对《北华捷报》新史料的考察

周瑞瑞[*]

摘要：19世纪70年代，创办于上海的英文《北华捷报》就已经出现马克思之名。该报记录了19世纪末20世纪初世界社会主义运动发展状况，呈现了马克思经典学说产生的世界历史背景与理论关注重心；记录了马克思学说经由俄国演变成布尔什维克主义并落地中国，折射资本主义国家进入帝国主义阶段时对马克思主义传至俄国、中国的抵触心理；虽曾用"经济决定论"误读马克思，但也承认马克思理论是革命的、科学的社会主义。《北华捷报》为马克思学说如何进入中国提供了历史细节，也为研究20世纪初中国思潮林立时马克思主义与基督教、无政府主义的关系，以及基督教社会主义、俄国虚无主义等思潮对中国的影响提供了补充。

关键词：马克思主义；《北华捷报》；布尔什维克；社会主义运动

---

[*] 周瑞瑞，南京大学马克思主义学院讲师，复旦大学马克思主义学院博士毕业。

1850年，英商奚安门（Henry Shearman）在上海创办英文《北华捷报》（North China Herald）。1859年，《北华捷报》被英国驻沪领事馆指定为公署文告发布机关，成为英国在华官报①，在1941年停刊前一直刊登政治、经济、文化各类评论报道，侧重中英两国事务，是近代中国影响最大的英文报纸。中国高校教材曾认为，《北华捷报》总体反映外国肆意干涉中国事务的不良意图，为侵略制造舆论。② 因获取不便，该报上涉及马克思及其学说的史料长期未得到有效利用。尽管带有西方中心论色彩，存续近百年的《北华捷报》客观上为马克思学说如何进入中国的历史作了细节补充，应当予以批判性研读。

一、马克思及其学说初入中国

关于中文出版物里第一次提到马克思的名字及其学说，学界最为公认的说法是，1899年由李提摩太、蔡尔康合作译自英国社会学家本杰明·基德（Benjamin Kidd）的《社会进化论》（Social Evolution），分期刊登于《万国公报》上的《大同学》一文。该文第一章提到"其以百工领袖著名者，英人马克思也"，第三章更正笔误："试稽近代学派，有讲求安民新学之一家，如德国之马客偲，主于资本者也。""安民新学"即指时人理解的社会主义思想。③ 1871年10月18日，英文《北华捷报》刊出短

---

① 1850年创刊的《北华捷报》原为日报。1864年，同属于字林西报馆的《字林西报》（North China Daily News）创办后，《北华捷报》改作其副刊，作为周刊继续出版，侧重于刊登时政新闻。下文所讨论的《北华捷报》指后来的周刊。
② 《中国近现代史纲要》编写组：《中国近现代史纲要》，高等教育出版社2007年版，第24页。
③ 关于学界现有研究对中文刊物首次出现"马克思"之名的考证，参见北京大学《马藏》编纂与研究中心：《马藏》第1部第1卷，科学出版社2019年版，第456—466页。

讯:"卡尔·马克思,'第一国际'主要组织者和秘书长,据称身亡。"①这条消息混杂在国际新闻中,没有详情亦无后续,直到1879年再次提及马克思。② 时值西欧工人运动勃兴,德国俾斯麦政府对此措施强硬。《北华捷报》评论称这使得"信奉拉萨尔和卡尔·马克思理论"的众多社会主义者进入美国,意味着社会主义已盛行世界。不容于"任何欧洲旧贵族王国"又隐匿于基督教的社会主义一旦被实践,"乌托邦大同世界"里"劳工尊严和长时间辛勤劳动将会得到承认和尊重"。③ 拉萨尔(1825—1864)是德国早期工人运动活动家。评论所说的基督教社会主义思想是指19世纪三四十年代西欧部分基督教徒倡导将宗教救世思想与下层劳苦大众对资本家的反抗结合起来。这些是中国境内公开出版物上较早出现马克思(Karl Marx)之名,并点出社会主义的英文内容,早于中文出版物。

19世纪70年代,崇厚、张德彝、王韬的游记和著作以及传教士所办中文报纸《中国教会新报》(《万国公报》前身)都曾提及巴黎公社运动。江南制造总局翻译馆的《西国近事汇编》曾介绍欧美工人罢工。出使西欧的黎庶昌与李凤苞在游记中都涉及社会主义一词的"集体"涵义。④

---

① Summary of News, The North-China Herald and Supreme Court & Consular Gazette (1870—1941), 18 Oct. 1871:788. 本文所依据的原始史料均出自 ProQuest Historical Newspapers 的子数据库 Chinese Newspapers Collection 中收录的《北华捷报》全文。以下注释中若无特别标注,均以 North China Herald 指代。
② ProQuest 数据库中收录有 1871—1879 年的《北华捷报》全文。
③ German Socialism in America, *North China Herald*, 10 June 1879, p. 570.
④ 有关晚清时期中国人以及在华西方人首次介绍欧美工人运动、社会主义相关思想的事实,有学者已作出详细考证与辨别。参见谈敏:《回溯历史:马克思主义经济学在中国的传播前史》上册,上海财经大学出版社 2008 年版,第 85—124 页。

这些通常被认为是中国人接触社会主义运动的开始,但信息供给持续时间不长,相对零散。1868年,有读者投稿《北华捷报》,指责在沪少数美国人试图霸占租界工部局,讽刺美国人的"世界主义"(Cosmopolitan)"已被社会主义者及西方其他理论给搞坏了"。① 1871年6月,《北华捷报》刊发英国人评论,记录崇厚亲历的巴黎公社起义,并称巴黎公社运动暂缓了由天津教案引起的中法矛盾,但崇厚却目睹了西方文明的崩溃。② 19世纪70年代至20世纪中叶,《北华捷报》以直接报道、转载、社评等方式追踪世界社会主义实时信息,范围基本涵盖出现工人运动和社会主义政党的所有国家,如英、美、德、法、俄、日、澳,甚至芬兰等较小国家。③ 1879年起,《北华捷报》不定期开设"社会主义在德国""社会主义在英国""社会主义在澳大利亚""社会主义在日本"栏目。社会主义相关新闻呈现常规化,内容丰富,但贬抑也显而易见。

1886年,《北华捷报》"社会主义在英国"首文认为,古典时期的社会主义存在于希腊哲学家的古老著作和犹太教、基督教经典文本中,强调区别于个体的"集体意识"。但现代社会主义源于劳工与雇主的冲突,内涵与形式不断拓展与转化。英国有莫里斯(Frederick Denison Maurice)、金斯黎(Charles Kingsley)为代表的基督教社会主义。"社会

---

① Anglo American, Shanghai, The North-China Herald and Market Report (1867—1869), 22 Dec. 1868, p. 627. 世界主义泛指一种跨越国家框架,将全世界视为人类居住的共同场所,并由此思考何谓个人真正"正义"与"幸福"的哲学主张。参见梅丽莎·莱恩:《政治的起源》,刘国栋译,上海文艺出版社2018年版,第237—241页。

② Editorial Selections: Chunghow In France, *North China Herald*, 9 Jun. 1871, p. 418.

③ Democracy in Finland, *North China Herald*, 20 Dec. 1907, p. 702.

民主联盟(Social Democratic Federation)奉马克思《资本论》为圭臬",试图建立"在工厂里实行共产合作主义,政治上实行国际共和主义,宗教上实行无神论人文主义"的新世界。① 这些文字点明马克思与社会主义理论的关系,极有可能是在中国刊印的公开出版物中首次涉及现代社会主义理论内涵及早期社会主义代表人物。1907 年,《北华捷报》报道,英国保守党领袖贝尔福(Arthur James Balfour)公开谴责社会主义侵害个人自由,"圣西门、欧文、傅立叶和马克思倡导的社会主义"主张"消除竞争和私有财产制""生产、分配与交换方式的社会主义化",触动资本主义根本问题。贝尔福将个人主义与社会主义最大的矛盾归结为最终权力属于国家还是个人,并攻击后者有关国家集体力量的主张内涵不严谨且政治成效有限;但也承认马克思学说最特别之处在于强调"彻底颠覆"而非修正、改良不合理的制度。② 1910 年前后,《北华捷报》提及马克思的关键内容有,承袭于英、法空想社会主义的马克思理论是现代社会主义的重要一支;思想已由德国传至世界各国,是世界工人运动重要指导等。作为非学术性报纸的《北华捷报》一再强调,马克思将工人问题阐释为经济问题,提供一种"革命的"方式来实现工人的经济与政治权利,一经传播就有了众多拥护者;而英国"费边社"、工党到社会民主主义者等相近团体试图通过"渐进"方式来实现政治诉求,不符合社会需求。③

---

① Socialism in England, *North China Herald*, 3 Nov. 1886, p. 474.
② Our Own Correspondent, London: A Campaign Against Socialism, *North China Herald*, 22 Nov. 1907, p. 488.
③ Labour Unrest, *North China Herald*, 16 Sep. 1910, p. 633.

第一次世界大战动摇了西方人关于理性和不断进步的理念,也使东方人对资本主义文明产生怀疑,对资本主义有着独到分析的马克思学说进一步被世界解读。彼时中国知识分子倾向于从宏观文明角度批判资本主义自身矛盾,以解决中国为什么仍然落后的困惑。①《北华捷报》承载的西方言论则更关注马克思理论在解决资本主义政治、经济微观层面问题的适用与否,然而也产生了一系列严重误读。马克思来自德国,德国发动"一战",还施行过"战时社会主义"。1915年《北华捷报》有评论认为,马克思的学说和"一战"的爆发、扩张大有关系,其"经济基础铁律"教导德国人以国家形式控制工业,掌握所有生产、商业和交换机制,催生军国主义。② 很快有读者来信谴责该报误读,认为马克思强调经济基础是向工人阐明强者剥削弱者的不合理性,摆脱"道德错误的现代社会";社会主义一旦成功,就会解除一切具体国家形式。③ "一战"期间,德国使用自制的"齐柏林飞艇"对英国实施多次空袭,恰逢英国自由党政府采取一系列引发争议的"国营经济"管制政策。英德两国政策成效对比明显,《北华捷报》认为,德国已被阶级斗争理论说服,利用先进武器入侵并试图改变英国阶级结构,走向"马克思倡导的社会主义"。德国人提升劳工产出为社会变革提供前提,是因为马克思的"经济决定论(Economic Determinism)为社会主义提供科学的基础和方法",认为"历史变化动力源自经济,阶级战争是历史变化的必需品,

---

① 王刚:《五四前后马克思主义传入中国的多维进路》,《马克思主义与现实》2019年第3期。
② North Sea Tales, *North China Herald*, 6 Feb. 1915, p. 378.
③ AJAX, The Heritage of Karl Marx, *North China Herald*, 6 Feb. 1915, p. 407.

也是历史进步的前提"。①《北华捷报》虽承认马克思是德国重要思想武器,却称《资本论》被过誉了,剩余价值理论有缺陷,因为"没有真正的标准来衡量生产工人必需品的时间",但又不得不承认马克思对资本主义经济的分析尤其是对工人和资本家关系的分析,确实指出了一种不可调和也不能被和平取代的剥削与被剥削关系,这是一种针对欧洲又难以被其他理论取代的学说。②

《北华捷报》的误读与时代背景有关。资本主义世界经济与劳工关系、战争带来的国家发展问题,是当时欧洲人关注马克思主义的出发点。《北华捷报》将"经济决定论"等同于马克思对历史的分析,是对唯物史观的名词误用。"经济决定论"认为经济是社会发展的唯一决定因素,但唯物史观同时强调上层建筑的能动作用。1887年恩格斯《反杜林论》第一次明确提出,"唯物主义历史观"与"剩余价值"是马克思对社会科学研究的两个伟大发现,"社会主义变成了科学"。1890年后,"唯物史观"的说法在西欧流行开来。③ 而"经济决定论"则在19世纪90年代和1902年分别受到恩格斯和列宁的批判。④《北华捷报》编撰者显然没有这样的知识储备,因而产生了错误理解。但他们也意识到马克思主义对资本主义的冲击涉及经济基础、剩余价值、阶级斗争等内容,由此点出马克思主义为"革命的""科学的"社会主义。至于中国人的认

---

① The Zeppelin and Labour,*North China Herald*,19 Aug. 1916,p. 337.
② A Six-hour Day,*North China Herald*,17 Aug. 1918,p. 372.
③ 田子渝:《马克思主义在中国初期传播史(1918—1922)》,学习出版社2012年版,第153、154页。
④ 参见《马克思恩格斯选集》第4卷,人民出版社2012年版,第385—667页;《列宁全集》(第2版增订版)第1卷,人民出版社2013年版,第1—182页。

知,1900年"社会主义"一词首次出现在留日学生在东京创办的中文报刊《译书汇编》上。① 1905年,朱执信在日本出版的《民报》上介绍马克思、恩格斯,为中文世界初步引入唯物史观、剩余价值、阶级斗争、暴力革命、共产主义理想等马克思主义内涵。② 1920年后,中国知识分子才正式用"唯物史观"总结马克思的历史观。此前,一般媒体对马克思理论的内涵感知极其有限。《北华捷报》在有限范围内反映了在华西方人对马克思学说的认知过程,成为中国境内较早讨论马克思学说的媒体。

二、基督教、无政府主义(虚无主义)的传播与社会主义现身中国

中文世界早期引入"马克思"与基督教传教士有密切关系。《北华捷报》与出版《万国公报》的广学会都处在上海外侨文化核心圈。③ 李提摩太也正是因为持续给《北华捷报》供稿报道光绪年间华北"丁戊奇荒"灾情,成就其日后的声望。④ 1889年,《北华捷报》论及李提摩太时,称传教士通过组织"圣教书会"(Tract Society)印发中文刊物为中国人引入世俗知识,再拓展到宗教文本,将基督教知识融入教育制度,以达到"一人布道百万"的效果。《北华捷报》意识到,传教士引荐"法国百科

---

① 林代昭、潘国华:《马克思主义在中国——从影响的传入到传播》,清华大学出版社1983年版,第253页。
② 田子渝:《马克思主义在中国初期传播史(1918—1922)》,学习出版社2012年版,第153、154页。
③ 参见王毅:《皇家亚洲文会北中国支会研究》,上海书店出版社2005年版,第17—18页。
④ 高鹏程、池子华:《李提摩太在"丁戊奇荒"时期的赈灾活动》,《社会科学》2006年第11期。

全书派,亨利·乔治以及卡尔·马克思"等世界知识,迎合中国人需求,但最终是为了扩大基督教影响力。① 这也佐证1899年李提摩太接手广学会后设定的若干宗旨,即"要把基督的爱和慈悲普施于一切人","应利用中国政府和知识界中的领袖人物来发展我们的工作"。② 由此可推测,马克思的名字应该在1890年前后就出现在传教士编撰的面向中国人的读物中。当时,传教士加快传教方式改革,撰写大量知识书刊并免费散发给普通中国人、士大夫及清朝高级官员,试图改变他们对基督教的不良感观。《万国公报》也是其产物。③ 在华传教士对社会主义、马克思学说的宣传,目的可见一斑,《北华捷报》成为佐证。

基督教意图通过介绍知名理论如马克思的学说增加中国人智识,提高宗教世俗化程度;而"在前工业化时期,西方社会主义主要从基督教的上帝面前人人平等的兄弟邻里之爱中寻找思想资源"④。19世纪70年代,《北华捷报》初提及马克思时涉及基督教社会主义,就认为这是基督教内的左翼思想。宗教色彩浓厚的基督教社会主义也是社会主义在近代中国传播的重要一支。近代中国人分别通过日本中转,20世纪初革命派、立宪派、无政府主义者介绍以及直接诉求于欧美著作等三种途径知晓基督教社会主义。过去研究者认为基督教社会主义进入中国不早于1902年,依据为中国人译自日本或英文著作的书籍。⑤ 作为

---

① Notices of books, ETC, *North China Herald*, 15 Nov. 1889, p.598.
② 胡国祥:《近代传教士出版研究》,华中师范大学出版社2013年版,第124—125页。
③ 李提摩太:《亲历晚清四十五年——李提摩太在华回忆录》,李宪堂、侯林莉译,天津人民出版社2005年版,第192—205页。
④ 刘成、胡传胜等:《英国通史》第五卷,江苏人民出版社2016年版,第471页。
⑤ 杨卫华:《基督教社会主义在近代中国的传播》,《世界宗教研究》2014年第1期。

实时新闻报纸的《北华捷报》较早报道该思潮,行文也论及马克思。1886年,《北华捷报》介绍英国的社会主义时明确指出,基督教社会主义承袭于英法空想社会主义三大家。① 1894年《北华捷报》介绍传教士最新动向,论及有传教士称工业革命使西欧国家生产更具社会化,工人与资本家矛盾激化,贫富差距等社会罪恶愈加深重,这为宗教利用世俗力量影响人们带来挑战。基督教提供"理想天国"吸引人们,而"工业革命和民主"的产物,"拉萨尔、卡尔·马克思"等人为代表的社会主义学说认为"私人资本家占有的工厂,应该被倡导集体资本、公平分配的自由联合起来的工人所有",二者都有未来社会的乌托邦理想,有结合的基础。《北华捷报》表明二者关系微妙,虽共同反对资本主义社会不公现象,但根本目的大相径庭。②

另据《北华捷报》,1900年前中国境内就有外侨社团涉足基督教社会主义讨论。1894年12月,该报刊登上海文友辅仁会议题为"社会主义"的辩论会通讯,提出社会主义的大致含义是"任何要求财富平等分配或反对过分不平等的社会关系"的国家或个人自愿行为,社会主义为"修复19世纪的疾病"而生。辩论会最终认为,信奉包括基督教社会主义在内的"某些形式的社会主义并用其消除竞争,对人类是有利的"。③上海文友辅仁会是否有中国人参与仍有待考证,但基督教社会主义在中国的传播确实在20世纪以前。1895年,由传教士主导、反对女子缠

---

① Socialism in England, *North China Herald*, 3 Nov. 1886, p. 474.
② Notices of books, ETC, *North China Herald*, 13 Jul. 1894, p. 55.
③ The Shanghai Literary and Debating Society, *North China Herald*, 7 Dec. 1894, p. 977.

足并吸纳中国知识分子推行解放思想的"天足会"在《北华捷报》发表创会宣言,称接受李提摩太指导,奉行基督教社会主义"一人受难即众人受难"的施救口号。① 1897年,《北华捷报》刊发传教士在上海联合教堂圣经班上对中国青年的演讲,称基督教社会主义诞生是维多利亚女王统治时期在宗教方面取得的重要成果之一。② 中国受众的出现使得这一报道成为考证社会主义以及马克思学说经由基督教传播现身中国的史料。《北华捷报》也实时反映20世纪初资本主义高速发展期,逐渐脱离宗教发展的社会主义。1909年有记者认为,现代社会主义正试图打破资本主义国家将宗教当作政府工具的做法,将其变成"阶级同盟";基督教社会主义终究是基于上帝法则和道德律令,想在现代社会获得发展必须处理其与将颠覆宗教作为目标之一的"民主"之间的矛盾关系,因为"基督教无政府主义是不可想象的"。③

马克思主义诞生的19世纪,尼采认为其中主要问题就是虚无主义,所有理论都要直面社会的虚无。由于都倡导"消解",虚无主义常常与无政府主义相提并论甚至混用。从哲学层面理解,虚无主义多重含义都涉及前现代与现代矛盾,新旧文化交替产生的虚空、无序、幻灭;从历史层面理解,虚无主义作为"19世纪欧洲社会的文化产物",是"无神论、古典自由主义、民粹主义以及无政府主义不断积累的结果"。④ 无

---

① T'ien Tsu Hui: Natural Feet Society, *North China Herald*, 19 Apr. 1895, p. 598.
② Donovan, J. P., A Cycle of Material, Social, and Religious Progress under Queen Victoria, 1837—1897, *North China Herald*, 25 June 1897, p. 1145.
③ Religion and the Social order, *North China Herald*, 6 Nov. 1909, p. 285.
④ 详见刘森林:《虚无主义与马克思:一个再思考》,《马克思主义与现实》2010年第3期;邹诗鹏:《现代性价值虚无主义及其克服》,《中国社会科学报》,2016年3月29日。

政府主义与马克思主义在某些方面的相似性,如倡导国家最终要走向消亡等内容促成马克思学说早期在中国的间接传播。这一过程一般最早追溯至1907年吴稚晖等创办的无政府主义杂志《新世纪》,或1908年刘师培等在东京创办的《天义》。地处上海的《北华捷报》对19世纪虚无主义的观察也已包含着对无政府主义、社会主义发展样态的体悟。1880年,《北华捷报》转载了一篇题为《虚无主义的古老辩护》的文章,认为北宋王安石变法才是中国社会主义的开端。王安石组建社会新组织,推行"社会主义"政策"远胜于蒲鲁东、拉萨尔、巴枯宁、卡尔·马克思"等社会主义和改良主义以及无政府主义经典作家,事实上消解了无政府主义有关"国家、社会和家庭需要被消除"的不良影响。① 尽管文章未注明作者,但核心思想来自法国传教士古伯察(Evariste Regis Huc)。19世纪中叶法国社会主义思潮兴起时,古伯察在游记《中华帝国纪行》里认为,中国早于西欧出现社会主义萌芽,王安石为最早实践者,法国流行的理论不过是"天朝许多年前已经破碎的中式乌托邦"②。这一观点成为19世纪中晚期西方人对于社会主义与中国历史关系的典型认知,也使得一部分欧美作者将社会主义、共产主义的源头追溯到了中国。③《北华捷报》这篇文章正是这种认知的产物。1894年,《北华捷报》再次回顾王安石时,将其称为"中国的爱德华·贝拉米(Edward Bellamy)"。而后者影响巨大的乌托邦小说《百年一觉》为19世纪末20

---

① Antiquity Claimed for Nihilism, *North China Herald*, 24 Apr. 1880, p. 365.
② 古伯察:《中华帝国纪行——在大清国最富传奇色彩的历险》下册,张子清、王雪飞、冯冬译,南京出版社2006年版,第31页。
③ 张呈衷:《近三百年来西方学者眼中的王安石》,《史学理论研究》2016年第4期。

世纪初的中国输入了带有空想社会主义性质的新思想,影响了包括康有为、梁启超在内的众多知识分子。① 19 世纪后半叶,俄国兴起虚无主义,因其词义变化多端又与工人运动关系密切,逐渐成为暴力、革命、反封建、反资本主义的代名词,"常和民粹主义、民意党、无政府主义、社会主义作为相近词甚至同义词使用",为马克思主义带来负面影响。虚无主义话语在 20 世纪初进入中国,意义更加混乱。② 1880 年,《北华捷报》指责俄国虚无主义"直接目的就是最大程度上煽动起社会恐慌"③,本质是"没有任何重建意图的破坏"。④ 而 19 世纪 50 年代,欧洲社会主义进入低潮,70 年代短暂复兴后又因 1890 年以来众多社会主义政党的转变而与其他主义边界不明。⑤ 1890 年后,《北华捷报》逐渐使用"无政府主义"指代政治上的虚无主义,认为社会主义和无政府主义都是对君主制度的反叛。⑥ 无政府主义是社会主义的"野蛮伙伴",都可能诉诸暴力。⑦ 社会主义一旦没有好的组织支持,就会滑入无政府主义。⑧《北华捷报》始终没有对二者作真正界定。德里克说:"无政府主义和社会主义直到 1913—1914 年才得到明确的区分,无政府主义和马克思主

---

① 《马藏》第 1 部第 1 卷,第 63—70 页。
② 参见刘森林:《虚无主义的历史流变与当代表现》,《人民论坛·学术前沿》2015 年第 10 期。
③ Clippings,*North China Herald*,26 Aug. 1879,p. 219.
④ Some English Periodicals,*North China Herald*,18 Mar. 1880,p. 234.
⑤ 柯尔:《社会主义思想史》第 2 卷,何瑞丰译,商务印书馆 1978 年版,第 16—17、422—433 页。
⑥ The Emperor of Germany,*North China Herald*,30 Jan. 1891,p. 114.
⑦ The Disquiet of the Continent,*North China Herald*,2 Mar. 1894,p. 309.
⑧ The Fate of the "Avanti.",*North China Herald*,28 Nov. 1908,p. 512.

义直到 1920 年代才得以区分的。"①《北华捷报》的评介出现在中国人对理论分野尚不敏感的时期，也可纳入有关社会主义、马克思主义初入中国的研究视野中。

三、进入中国的"布尔什维克主义"是何种马克思主义？

19 世纪后半叶，"没有任何一个资本主义国家不把对付马克思主义及其政党作为自己的重要任务"。② 欧美也因关注革命色彩浓烈的虚无主义，将目光投向俄国。19 世纪下半叶西学热潮中，中国人虽对俄国基本地理有所了解，但缺乏对其文化和社会深入的介绍与思考。至辛亥革命时，中国人在境内外创办的刊物才逐渐将目光转向俄国。③ 到 20 世纪初始几年，中国人对俄国历史的认识仍相当匮乏，毋庸谈马克思学说在俄国的发展。而《北华捷报》一直关注 20 世纪初俄国局势变动，并零星出现了有关马克思理论在俄国发展的状况。

1906 年，俄国尼古拉二世成立国家杜马（即议会），试图以多党制拯救沙俄。声称奉行马克思社会主义理论的"社会民主党"也参与其中，提出较为激进的工人政策，期望一举实现马克思在经典著作中论述的理想状况。此举被《北华捷报》评价为"幻想"，并认为该党主张工人在满八小时后立即离开工厂以保证工作时长不被剥夺的做法是"教条

---

① 阿里夫·德里克：《中国革命中的无政府主义》，孙宜学译，广西师范大学出版社 2006 年版，第 78 页。
② 梅格纳德·德赛：《马克思的复仇：资本主义的复苏和苏联集权社会主义的灭亡》，汪澄清译，中国人民大学出版社 2016 年版，第 3 页。
③ 参见张建华：《中国俄国史研究百年检视与思考》，《史学月刊》2020 年第 1 期。

地运用马克思的理论","缺乏俄国工人的独立思考"。① 此时,《北华捷报》不明了布尔什维克与孟什维克的区别,也不了解杜马里的左派内部分歧。1907年第三届国家杜马成立,该报继续批判左派社会民主党,还将列宁领导的"社会民主工党"列为俄国革命力量中的"极左派",认为右派会以劳工问题以及马克思学说不适合俄国为由向列宁发难。② 此时期《北华捷报》的相关新闻报道中不再笼统使用"社会主义"一词,而用"马克思的理论"来总结工人运动指导思想。列宁一派主张的阶级斗争、工人颠覆资本家等内容,在涉及俄国的新闻中一再被放大。马克思学说经由俄国社会酝酿与其他社会主义理论产生分离的外部反应,在《北华捷报》上有所显现。

1917年俄国"十月革命"让"布尔什维克"一词为资本主义世界所惧怕。在先进中国人认识马克思主义的"苏俄渠道"尚处于"无组织、无领导、自觉地宣传"③阶段时,《北华捷报》成为中国境内首批报道"十月革命"的报纸之一,但仅限于指责以列宁、托洛茨基为代表的布尔什维克"极端分子"引起俄国骚乱,确认苏维埃的非法性④,并未将俄国革命当作新闻报道重心。"十月革命"后不久,中俄在哈尔滨就中东铁路管理权发生军事冲突,牵涉苏维埃政府、旧沙俄势力、中国北洋政府,引发英、美等协约国的高度关注。《北华捷报》到1918年年底还认为该事件

---

① Our Own Correspondent: A St. Petersburg Republic, *North China Herald*, 7 Dec. 1906, p. 555.
② Our Own Correspondent: The New Duma: The Policy of the Right the Attitude of the Left, *North China Herald*, 13 Dec. 1907, p. 656.
③ 田子渝:《马克思主义在中国初期传播史(1918—1922)》,第96页。
④ Dissension in Russia, *North China Herald*, 8 Dec. 1917, p. 591.

是布尔什维克带来的众多混乱之一。① 而几乎同一时间,李大钊在《新青年》发表《庶民的胜利》和《布尔什维克主义的胜利》,盛赞俄国"十月革命"是"社会主义的胜利""马克思的功业",并解释布尔什维克有"多数"的含义,奉马克思为"宗主"。② 中国人的高呼和西方人的贬低在彼时中国形成鲜明对比。具有贬义的"布尔什维克"一词在《北华捷报》上长时间指代不明③,马克思学说也很难在该报拥有正面形象。该报认为,走马克思主义道路使俄国"蒙难",无论是社会民主党人还是孟什维克,只知道借用外来的马克思理论进行斗争,却没时间理解本国人民,也未采取恰当的措施使得政府正确吸纳社会主义者,最终滑向无政府主义;④马克思的理论成长于德国土壤,充满"专制与破坏"的意味,但布尔什维克主义试图通过专政在世界范围内进行破坏,危险程度更甚。⑤

那么,布尔什维克主义究竟是什么样的马克思主义? 在这个词上徘徊了近两年的《北华捷报》在回顾1918年苏维埃政府西征前德国领

---

① 参见 The Uneasy Seat in Vladivostok: Allies Badly Received by the Mob, *North China Herald*, 7 Sep. 1918, p. 572. At Holy Trinity Monastery: A Tale of Bolshevik Destruction, *North China Herald*, 21 Sep. 1918, p. 691. "Bolshevik Madness", *North China Herald*, 21 Dec. 1918, p. 715.
② 李大钊:《Bolshevism 的胜利》,《新青年》第 5 卷第 5 号。
③ 参见周瑞瑞:《〈北华捷报〉对"布尔什维克"的认知演变(1917—1927)》,《党史研究与教学》2020 年第 3 期。
④ Our Vladivostok Correspondent: Wrecking an Empire: Stages of Russia's Misgovernment on the Road to, *North China Herald*, 7 Dec. 1918, p. 728.
⑤ Our Own Correspondent: Great Dilemma in Russia: Need of Interallied Commission, *North China Herald*, 19 Apr. 1919, p. 156.

土后,终于给出了自己的答案:布尔什维克承袭"马克思斗争理论","是一种所谓运用多数人原则来建立无节制的专制政权","是一群想要征服资本主义力量的革命者"。该报还督促英国政府尽快插手,防止俄国智识阶层遭受布尔什维克的毒害。① 1919年因"一战"战后处理,资本主义国家和社会主义苏俄之间的对立在世界范围内公开化。此前《北华捷报》因占据信息便利,虽在新闻中多次谈及社会主义与马克思的理论,但信息较为片面。而此时的中国人因"巴黎和会",民族情绪受到伤害,亟须寻求国家、社会危机的解决之道。从1919年5月份开始,中国知识分子在《新青年》《每周评论》《星期评论》等刊物上歌颂苏俄、德国、匈牙利革命,宣扬"劳工神圣",系统介绍马克思主义,辨析其与其他社会学说的差别并批驳反马克思主义思想,形成规模。② 反帝爱国的五四运动对外国人造成极大冲击,为配合租界工部局镇压布尔什维克的行动以及满足读者日益增长的好奇心,《北华捷报》这才加紧明确了布尔什维克之于孟什维克,即多数派之于少数派③,布尔什维克奉行的是德国马克思主义在俄国产生的新形式。二者的差别在于俄国马克思主义理论中的"资本"不再是观察经济的工具,而是工人阶级对资产阶级的警告,是阶级划分、矛盾斗争的源头。与一战刚开始的德国人重视经济发展的技术问题相比,"十月革命"后的俄国人更关注马克思有关科学知识是推动历史前进决定力量以及需要重视掌握科学技术的知识分子等经典论述。也正是在探究俄国布尔什维克主义的过程中,

---

① A Bolshevik: What is He?, *North China Herald*, 12 Apr. 1919, p. 864.
② 田子渝:《马克思主义在中国初期传播史(1918—1922)》,第62—84页。
③ What is a Bolshevik I, *North China Herald*, 7 Jun. 1919, p. 673.

1919年7月《北华捷报》第一次明确使用"马克思主义"(Marxism)这个词语。① 《北华捷报》以第三者视角叙述的文本反映了俄国布尔什维克主义和马克思理论在资本主义新阶段的发展。不过,1919和1920年苏俄两次颁布对华宣言,在中国各阶层产生巨大反响,引发人们对苏俄社会主义的好感。《北华捷报》的新闻政治立场愈发走向反面,重心转移至配合上海工部局持续打压布尔什维克,为审查中国人言论宣传造势。《北华捷报》一再强调,俄国革命源自马克思的影响,它正"领着俄国走向布尔什维克主义"。② 根植于俄国工农的布尔什维克具有对外扩张性,必将中国纳入革命版图。③ 此时的言论以种族主义者甘露德(Rodney Gilbert)为典型,他将布尔什维克解读为无产阶级"专制"与"独裁",对马克思理论"盲从的、狭隘的热爱",认为列宁主义者变更了社会主义先知们的经典理论,先于一般大众了解马克思主义的中国知识分子接触到的布尔什维克,也因杂糅了过多残酷事实,和列宁没有多大关系。④ 甘露德不断呼吁在华外国人干涉中国事务,以所谓西方民主除去马克思主义所内含的"共产主义影响"。⑤ 1919年后,"布尔什维克"代替"马克思""社会主义"成为《北华捷报》论及世界社会主义运动时出现频率最高的词汇。

---

① What is a Bolshevik I, *North China Herald*, 7 Jun. 1919, p.673.
② Bolshevism in the Far East: How China and Japan Stand, *North China Herald*, 26 Jul. 1919, p.244.
③ Bolsheviks and China, *North China Herald*, 20 Dec. 1919, p.739.
④ Rodney Gilbert: China's Sympathy with Bolshevism, *North China Herald*, 20 Mar. 1920, p.786.
⑤ Rodney Gilbert: Soviet Envoy in Peking, *North China Herald*, 2 Sep. 1922, p.652.

四、余论

《北华捷报》不是一份专属于在华外侨的报纸,早在创刊时它就有掌握英文的中国读者群并能与之互动。① 因此,《北华捷报》发布的信息可能被相当数量的中国人所接收,但是目前没有更多史料说明,到底有多少中国人(无论是否懂外语)通过阅读该报并由此产生有关马克思主义的智识增长。本文发掘的新史料只能说明,19 世纪 70 年代前后,在中国境内出版的刊物上就已经出现马克思之名(外文)并对世界社会主义运动轨迹有所记录。在多大范围和多高程度上讨论这部分史料的价值,尚待深入。另外,鉴于学术界关于中国马克思主义早期传播史分期的主流学说认定"马克思主义在中国的传播,是从俄国十月革命后开始的"②,"传播"限定于中国人有意识地译介、出版和发表有关马克思主义的文章与著作并将其作为理论武器。"十月革命"前,马克思理论零星进入中国只能作为简单的"翻译""介绍"。《北华捷报》上谈及马克思、社会主义的内容,带有西方中心论色彩,不属于主动、积极的评介,至多是单方面的"谈论""评价"。不过,作为拥有同一历史时期内最好新闻资源的外国报纸,该报史料仍然推翻了某些判断,如认为早期来华介绍欧洲社会主义的西方人未提及当时健在的马克思或恩格斯之名。③ 这为马克思主义中国早期"传播"史或"引介"史提供了新的研究

---

① 李珊:《晚清时期〈北华捷报〉上的中国声音》,《近代史研究》2015 年第 5 期。
② 高军、王桧林、杨树标:《五四运动前马克思主义在中国的介绍与传播》,湖南人民出版社 1986 年版,第 16 页。
③ 谈敏:《回溯历史:马克思主义经济学在中国的传播前史》上册,上海财经大学出版社 2008 年版,第 100 页。

思路,即如何从早期在华西人留下的外语文本中寻找新切入点。

《北华捷报》总体来说学理程度不高,对马克思理论及社会主义的理解也显得支离破碎,甚至有误。从第一次论及马克思到观察布尔什维克进入中国,《北华捷报》对社会主义的态度愈发激烈,恰好反映19世纪末20世纪初资本主义国家进入帝国主义阶段,世界范围内社会矛盾变化以及在华英国人对中国社会主流思想变化的复杂心理。《北华捷报》对于马克思理论在欧美传播的态度是保守的,对其在俄国的演变是警惕的,对其在中国的扩张始终恐慌。这也恰恰反映五四运动后马克思主义在中国传播规模之大、范围之广,以及对中国人影响之深。中国主动向马克思主义求索的具体行为以及带来的社会影响,立刻全方位盖过了外报如《北华捷报》的零星涉猎。

《新潮》月刊与五四新思潮

杜翠叶[*]

摘要：《新潮》月刊1919年元月创刊，由北京大学新潮社所编，编辑部由傅斯年、罗家伦、杨振声三人组成，傅斯年担任主任编辑。在各类刊物犹如雨后春笋般涌现的年代，一个学生刊物，缘何能迅速产生强大的影响力，成为五四时期的明星刊物，一度发行量甚至超过《新青年》，在历史长河中大放光彩？而五四运动之后，发展势头迅猛的《新潮》缘何又迅速"退潮"，归于沉寂？"潮"起"潮"落之间，同样的杂志，不同历史阶段，迥然不同的境遇，看似偶然的因素到底蕴含着哪些必然的规律，本文从历史发展的脉络梳理《新潮》与五四新思潮的关系，探讨那个时期中国知识分子的心路历程，力求管窥社会思潮与社会心理之间的关系，从而为当下研究社会新思潮传播提供若干启示。

关键词：《新潮》月刊；新思潮

---

[*] 杜翠叶，上海开放大学党委组织部副部长，复旦大学马克思主义学院博士毕业。

《新潮》创刊于1919年元旦,1922年停刊,先后出版过三卷二号,总共12期。创刊伊始,其顺应时代需求,以《新青年》为楷模,致力于宣传科学精神和民主思想,倡导"学术救国",热情推进以白话文为核心的文学革命事业,努力探讨中国的妇女解放问题、劳工问题、教育改造问题,契合了社会心理,汇聚成冲决旧思潮的洪流,产生了不可忽视的影响。五四之后,当思想之潮涌动之际,焕发出对社会的强大改造作用,编辑群的价值追求差异化日益明显,部分主要作者对于社会改造表现出忌惮,办刊思想上出现转向,加之经营不善、编辑力量不济等原因,最终归于沉寂。对于该刊物的研究,1949年以前总体上看是与五四运动联系起来,对于《新潮》或新潮社的主要成员都做了通论性的介绍,不少人对《新潮》的文学地位给予了高度的评价,如胡适的《五十年来中国之文学》(1922年)"《新潮》初出时,精彩充足,却是一支有力的生力军"[1],朱自清的《中国新文学研究纲要》(1929年版)在论述中国新文学经过时,将《新潮》同《每周评论》一起作为《新青年》外的刊物,肯定了《新潮》所刊登文学作品的价值,鲁迅的《中国新文学大系·小说二集序》(1935年)则肯定了《新潮》在养成新派的小说作家,"从《新青年》上,此外也没有养成什么小说的作家。较多的倒是在《新潮》上"[2]。新中国成立后到改革开放前,由于政治、社会等多重因素,学术界对《新潮》的研究开始起步,主要以纪念性、回忆性、史料性文章居多,"忆"的色彩较浓,少

---

[1] 胡适:《五十年来中国之文学》,见《胡适、周作人论近世文学》,海南人民出版社1994年版,第108页。

[2] 鲁迅:《中国新文学大系·小说二集序》,见陈寿立:《中国现代文学运动史料摘编》(上册),北京出版社1985年版,第92页。

数在论著中提及《新潮》,但只是将其作为新旧思潮交锋或五四运动过程中的一个点缀,顺带提及或简单给予评价。1979年以来,国内在整理出版五四运动方面史料集时也收集了不少与《新潮》有关的文章,肯定了其在新文化运动中的积极作用并分析其存在的错误。从1980年到1989年十年间,报纸杂志上《新潮》的身影也日益多起来了,出现了一些研究性的论文,对于《新潮》本身的定位,也逐渐出现了一些争鸣,以较为正面和积极的态度对其进行评价。进入21世纪后,继胡适热之后,对于傅斯年、罗家伦等人物研究也逐步深入,对新潮社及《新潮》月刊研究成果,将新潮社放在中外文化交错的价值坐标上给予了理性的评判与论析。中国台湾地区和海外方面,由于《新潮》的主要成员后来随蒋介石迁台,每逢"五四"周年纪念大会中,在台湾的原新潮社成员,都会撰文肯定《新潮》所起到的历史作用,美国学者舒衡哲和周策纵在《中国的启蒙运动——知识分子与五四遗产》(1989年)一书中就以此为主体,以启蒙为主线,对新潮社进行专门研究。本文在前人研究基础上,以社会改造作为切入点,重点研究《新潮》社会改造思想对于新文化的推动作用。

一、应运而生:社会转型呼唤新声音

存在即合理,《新潮》诞生于1919年。彼时人才辈出、思想活跃,在社会转型的特定背景中,社会的土壤、思想的积淀、媒介的发展,加上北京大学这一得天独厚的优势,傅斯年、罗家伦等几个学生骨干抱着对改造社会的极大期待,几经商议,决定借助报纸杂志这一近代"文人论政"的舆论平台,积极探索中国社会改造之路。

新文化运动为进步刊物孕育了良好的土壤。一个刊物能得以创办,离不开时代和人的因素。《新潮》的诞生与新文化运动的兴起有着直接的关系。1915年,陈独秀在上海创办了《青年杂志》(从第二期开始改为《新青年》)。创刊伊始,陈独秀在《敬告青年》一文中细数当时中国社会的黑暗,明确提出要从文化上拯救中国社会,首先要从青年群体入手,培养出区别于传统一代的青年,号召青年与腐朽的专制制度做斗争,从文化层面上同旧道德、旧思想和旧文学做决裂。至此,一场旨在击退尊孔复古逆流,彻底反对封建伦理思想的新文化运动便应运而生了。新文化运动的产生,意味着中国社会改造之路的探索进入了一个崭新的阶段,即从文化的层面来探索中国现代化之路。陈独秀、李大钊、鲁迅、胡适等是新文化运动的主要倡导者,他们充分借助了杂志这一近代文人论政的平台,在《新青年》中围绕着"民主"和"科学"两面大旗,发表各自对中国文化层面改造社会的各种观点和主张。与此同时,在《新青年》之外,大批接触过西方现代教育、具有"民主""自由"等现代价值观念的知识分子纷纷加入新文化运动的大潮,并在该启蒙运动中通过一些公开的舆论平台表露出独立思考的态度。仅在北大校园中,赞同陈氏等所主张新文学者,就有钱玄同、刘半农、沈尹默等。正是在这批宣扬新文化运动的知识分子的共同推动下,才启发了社会对于中国思想文化层面的反思。知识分子们从伦理、道德、传统习俗等不同角度进行了论述,启发着社会大众不断意识到来自专制制度的禁锢,引导社会有识之士共同探讨化解中国固有文化危机的良方,从而推动了中国社会改造的进程。

新媒介的发展拓宽了知识分子言论空间。中国传统的封建社会实行的是严厉的结社、新闻出版禁令。清末,在梁启超、康有为等知识分子的不懈努力下,这层坚冰逐渐被打破。到了中华民国时期,临时政府成立后颁布了具有资产阶级共和国宪法性质的"临时约法",又以法律的形式确立了"人民有言论、著作、刊行及集会、结社之自由",由此推动了新闻出版事业的发展,出现了民初办刊的繁荣景象①:半年内宣传刊物从 100 种增至 500 种,总销数 4 200 万份,武汉、上海有 6 家通讯社。出版业的繁荣为知识分子打开了一扇共同言论的窗,客观上为他们提供了一个相对宽松的言论空间。虽袁世凯复辟一度压制舆论,但随着袁世凯的下台,社会言论空间开始逐步放开,商业出版社也成长了起来。以中国最具代表性的出版社商务印书馆、中华书局为例,新文化运动以后,在刊发书籍的品种上,介绍外国文学作品、社会科学等书籍开始变多,发行量增加了,发行结构确立了编辑部制。② 从中国近现代出版史来看,五四时期是近代出版行业杂志发行空前繁荣的时期。从整个社会办刊的大环境来看,"举办一种刊物非常容易,一、不须登记;二、纸张印刷价廉;三、邮寄便利,全国畅通;四、征稿不难,报酬微薄;真可以说是出版界之黄金时代"③。外在宽松的舆论环境,加上中国传统知识分子通过科举制度谋得一官半职进而完成"修身、齐家、治国、平天下"的蜕变历程受阻,很多知识分子转而选择了以杂志作为其主要阵地,继续履行思想者的社会实践。这样,言论空间的开放和现代传播媒

---

① 丁淦林:《中国新闻事业史》,高等教育出版社 2007 年版。
② [日]石川祯浩:《中国共产党成立史》,袁广泉译,中国社会科学出版社 2005 年版,第 6 页。
③ 秋翁:《三十年前之期刊》,《万象》1944 年第 9 期。

介的出现,就为他们心中"以天下为己任"的信条找到了一个宣泄口,同时,也为他们寻求思想文化的变革和国民性改造提供了重要条件。

教育界新思想的活跃与北大的"兼容并蓄"。清末新学以来,教育界成了一个较为特殊的领域。民国政府的教育部,较其他部门更早经受了新思想的洗礼,活跃着一批像蔡元培这样极富新思想的知识分子,甚至鲁迅也在教育部拿工资。在《新潮》的诞生地——北京大学,由蔡元培出任北京大学校长后,整个学校氛围随之大为改观,出现了宽松的思想交流氛围,为学生开辟自己相对独立的言论空间提供了很好的环境。蔡元培出任北大校长时明确教育改革以救国的思想,一上任就告诫大家"大学学生,当以研究学术为天职,不当以大学为升官发财之阶梯"①。为贯彻新的教育方针,蔡元培对北大进行了全面整顿和改革,刷新校务,添设科系之后,一方面从教师入手,致力于引进新人,高薪聘请②具有新思想的知识分子到北大任教,培养学术研究气氛,同时提出"我对各家学说,依各国大学通例,遵思想自由原则,兼容并包,无论何种学派,苟其言之成理,持之有故,倘不达自然淘汰之命运,即使彼此相反,也听它们自由发展"③的主张;另一方面,蔡元培注意培养学生努力学习、独立思考的学习态度,为促进学生的发展,积极鼓励学生社团等

---

① 许德珩:《为了民主与科学》,中国青年出版社 1980 年版,第 19 页。
② 当时大学教授属于社会上层人物,他们的经济收入相当高,胡适在致母亲的信中提到"适在此上月所得薪俸为 260 元,本月加至 280 元,此为教授最高级之薪俸。适出入大学便得此数,不为不多矣。他日能兼任他处之事,所得或尚可增加。即仅有此数亦尽够养吾兄弟全家,从此吾家分而再合,更成一家,岂非大好事乎!"(《胡适书信集》上册,北京大学出版社 1996 年版,第 106、111—112 页。)
③ 蔡元培:《我在教育界的经验》,见沈善洪主编:《蔡元培选集》,浙江教育出版社 1993 年版,第 334—335 页。

各类活动的开展,还提出"学生自治"的思想,鼓励学生依照自我兴趣成立与研究、讲演、讨论、出版、娱乐、社会服务、体育等活动有关的学生社团,甚至允许学生成立一个学生银行、一个消费者合作组织及一个博物馆等。① 正是由于北京大学兼容并包的方针和对各种社团的组建和刊物创办的倡导,才促使一部分教师群体在社会处于古今中外大汇聚、大变革的交错点上,其思想得到解放,视野日益开阔,为一代人的思想启蒙起了开拓作用。

新旧思潮的纷争与不同代际知识分子的合作。新思想的涌入首先是冲击了旧思想的生存空间,给国内思想界带来了一场旷日持久的东西文化之争。在新文化运动之初,原先曾介绍西洋文学、科学思想,并对胡适、陈独秀等新文学运动代表人物产生过重大影响的年长的知识分子,如严复、林纾等,变得日益保守而"反动",他们把新文化运动中的白话文运动和旧家庭改造视为将中国吞没于漫漫荒芜之夜的洪水猛兽,感慨着几千年流传下来的习俗竟仿佛是一同随着灿烂光辉的往日消逝而去,哀号着后辈青年的道德堕落。与此相应的是大批接触过西方教育、具有"民主""自由"等现代价值观念的知识分子,对他们而言,新文化运动契合了他们对中国的思想启蒙的追求,因此他们纷纷加入新文化运动的大潮,并在运动中通过一些公开的舆论平台表露出独立思考的态度,这也成为《新青年》等进步杂志能赢得广泛的受众并赖以生存的社会基础。面对师辈们之间的纷争,年轻的北大学生并不是一开始就站到新派思想这边的,相反地,很大一部分文科学生被这些旧派

---

① [美]周策纵:《五四运动:现代中国的思想革命》,周子平译,江苏人民出版社2005年第51页。

"国学大师"所吸引,加入保守的一方,但随着文学革命和思想革命的狂飙突进,在与国粹派、论衡派、甲寅派等保守主义的纷争和论战中,《新青年》社会影响日益扩大,新文化阵营的影响力不断扩大,学生群体也出现了分化,其中包含傅斯年、罗家伦等原先追随章太炎、黄侃、刘师培等的一大批青年人在思想上开始转向并开始投入文学革命中,成为新文化运动的鼓吹者。尤其是傅斯年,"因为他曾经是黄侃的得意弟子,而黄侃则是北大里有力的守旧派,一向为了《新青年》派提倡白话文而引起他的痛骂的"[①],他的转向一度被陈独秀等怀疑为旧派"卧底"[②]。顾颉刚也惊讶地感叹,"料想不到我竟把傅斯年引进胡适的路子上去,后来竟办起《新潮》,成为《新青年》的得力助手"[③]。在行动上,这群年轻的学生也经常阅读《新青年》并向其投稿。到 1918 年 1 月,正式改版为同人刊物的《新青年》四卷一号,专门为青年学生设立"读者论坛",第一次刊登的就是傅斯年对胡适的《文学改良刍议》、陈独秀的《文学革命论》进行正面响应的《文学革新申义》和罗家伦的《青年学生》。正是学生们在关键时刻的闻风兴起,服膺新说,张大其辞,才促成以《新青年》为参照的第一个学生刊物——《新潮》的创办。

二、顺势而为:博采众长传播新思想

社会处于转型发展期中,新思潮唯有"量"上的涌现,方能为社会改

---

① 顾颉刚:《我是怎样编写〈古史辨〉的?》,《中国哲学》第 2 辑,生活·读书·新知三联书店 1980 年版,第 332 页。
② 周作人:《知堂回想录(下)》,河北教育出版社 2002 年版,第 431—432 页。
③ 顾颉刚:《我是怎样编写〈古史辨〉的?》,《中国哲学》第 2 辑,生活·读书·新知三联书店 1980 年版,第 332 页。

造方案的抉择提供可能。《新潮》作为北大学生刊物更是求新求锐,秉着传播新思想的宗旨,探索的社会改造话题非常广泛,如妇女解放问题、新旧道德问题、白话文运动、基督教问题、民主问题、科学问题、法治问题等。面对这些问题,他们在传播与宣传新思想中既荡涤自我内在思想,又迅速地在知识分子中产生了影响,进而汇成一股与民主科学主题相呼应的潮流,影响和改变着那一代年轻人的心路历程。

《新潮》呼应了"民主"和"科学"的时代主题。《新青年》为代表的知识分子发起了以"思想革命"为主题、以"人的觉悟"、改造国民性为核心内容的新文化运动,将"民主"和"科学"作为核心观念和基本价值加以宣扬,要求从文化和精神的层面上来实现民主和科学,契合了社会的需求。受师辈们的影响,《新潮》在呼应新文化运动的两大旗帜时也鲜明地将"批判的精神""科学的主义"和"革新的文字"作为其编辑方针,为"拥护"而"反对",对封建制度、传统道德和旧文学展开了猛烈的攻击。正是《新潮》等进步刊物的及时呼应,让《新青年》在传播民主和科学的道路上不再寂寞,也正是《新潮》等进步杂志同《新青年》的一起努力,才能汇成冲垮两千多年专制和愚昧文化的强大力量,从而为马克思主义的传入扫清思想上的障碍。在这里要注意的是,《新潮》中关于"民主"和"科学"的界定有着"有更明确且专门区隔的"[①],除了从"精神"和"价值"的层面来强调符合民主与科学的领域,更注意从操作层面来探索"民主"和"科学"的可能。操作层面更具象的传播方式,既是对价值传播的补充,也更能契合年轻人的心理接受方式,推动了新思潮由价值认

---

① 江涛:《文化运动与学生自觉:新潮社在五四运动以前的发展》,台湾东吴大学历史系硕士学位论文,2007年。

知到社会改造力量的转变。如《新潮》之"民主",强调要养成民主的能力,提出"因革之方"在于养成批判的思维、倡导独立生活的模式、摆脱心理上的依赖以及主张社会革命根除专制并建立新的社会信条,并从学术救国的层面强调要养成民主能力,分析了民主与舆论之间的关系,倡导大学要成为民主舆论形成的中心,要养成民主舆论,最终通过舆论来影响国家和政府的决策。《新潮》之"科学"更关注自然科学,注意运用近代西方自然科学知识服务中国的社会改造问题,特别注意从现代生物学、心理学、生理学等入手来探求社会心理,努力探求思想产生的自然科学基础,这些都是《新青年》师辈们无暇涉及的。有了这些自然科学研究成果的支撑,《新潮》的社会改造思想中的科学观也显示出其在社会改造方面的独特价值。为了宣传科学,《新潮》曾登过不少宣传科学精神、科学方法的重要文章,如毛子水的《国故和科学的精神》《"驳新潮〈国故和科学的精神〉篇"订误》,王星拱的《科学的真实是客观的不是?》《物与我》,何思源的《社会学中的科学方法》等。但从文章关注的角度来看,我们可发觉这些文章并不是简单地对《新青年》的科学精神进行呼应,无论是其对于科学方法的引进和倡导,还是对于科学精神、科学的作用等的认识,都可见其作为一个有着尖锐的学术个性的青年社团对于科学的宣传理解的独特之处。但随着研究的深入,他们也越来越感受到,之所以缺乏科学的思维,根植于缺乏民主的土壤,因为科学需要个人理性的批判思维,而专制社会不允许个人存有理性思维,因此也使得科学精神不能扎根,因此谋求科学必须同谋求民治的发展结合起来,"以科学的精神谋民治的发展"①,进而转化为对改造社会方法

---

① 罗家伦:《近代思想自由的进化》,见《新潮》(二卷二号),上海书店1986年版,第238页。

的探讨。这点从《新潮》广泛译介西方各种影响面较大、影响度较深的学术思潮中也可见一斑。在短短的几期中,作者们常常摘录或者翻译西方名著、名篇,在大力翻译国外著作的同时,不仅仅介绍了西方的学术思想,而且把学术的发展同改造社会手段的探讨结合起来,以此来沟通中西社会改造的途径,将中国的改造之路置于一个更为广阔的视野中,在丰富了月刊内容的同时也推进了西方文化的传播,齐力推动民主与科学精神的普及。

《新潮》对于"社会主义"这一新生事物,也秉承着开放的态度。创刊伊始,《新潮》就发表了主笔者傅斯年、罗家伦等撰写的关于俄国革命的一系列文章,如《今日之世界新潮》《社会革命——俄国式的革命》《去兵》等。罗家伦的《今日世界之新潮》是最早正面介绍十月革命的文字,并在五四运动之前就呼吁希望俄国革命"越来越好"。在这些文章中,新潮社同仁们讴歌俄国道路,并指出俄国所走的社会道路是未来世界的必然趋势,是"世界新潮",俄国式的革命必将作为未来中国道路的必然取向。对于俄国革命以后的社会,《新潮》多方面构思,设想出了一个"自由主义+社会主义"的社会主义蓝图。但在对新的社会制度表示欢迎的同时,新潮社知识分子们也隐约意识到俄国式社会主义并非尽善尽美,并对未来中国实行俄国式社会主义模式存在隐忧。当然,对于俄国社会主义这种奔腾呼啸而来的新潮流,年轻的学生们也不可能一下子有真切的理解,更多的时候更像是"隔着纱窗看晓雾",模糊不清晰。为此,当五四运动第一次把新潮社的成员们拉到活生生的斗争场面,面对运动所可能付出的代价及运动带来的后果,《新潮》主力干将很快地就进行了反思,并对社会主义的认识进行了重新审视。从《新潮》所刊登文章内容的调整上,我们也可以很明显地发现,五四运动以后,《新潮》中直接宣扬俄国式社会主义思潮的文章明显减少,而宣扬其他社会主义思想的文章在篇幅和分量上都有所增加。这也充分说明,思想产生了退缩的意识,必然会导致在理论宣扬上做出一定的调整,甚至形成思想的最终转向。

在宣扬新思潮中,对于杜威的实验主义这一"在五四运动前后十年支配整个中国思想界"[①]的思潮,《新潮》不仅以北大文科系学生为主体进行传播,还请传承杜威衣钵的胡适作为指导,因此实验主义对于《新潮》杂志的影响无疑是巨大的。为了更好地推行实验主义,使其能为廓清国人的思想服务,《新潮》第一卷先从方法论入手,介绍了大量关于实验主义的工具——逻辑学的知识,以为实验主义的推行打下思想上的基础。如徐彦之在一卷一号上的《逻辑者哲学之精》《逻辑漫谈》(译Jerusalem哲学概论之一章),康白情在一卷二号上的《难"思想律"》,傅斯年在一卷三号上的《失勒的形式逻辑》等,都推崇西方的"实用逻辑",认为是"基于近年心理学的发展而成的,切实有用,因而可贵"[②],而其他派别的逻辑学,如形式逻辑、符号逻辑、认知逻辑等,则不能使用科学的方法证明其在科学上的效用,因而"约束人的思想,无用而貌似有用",不应该再被中国人学习,否则不利于中国人理清自己的思维。对方法论的介绍进行铺垫以后,《新潮》二卷一号开始登载介绍杜威思想

---

① 贺麟:《当代中国哲学》,见哲学研究编辑部:《资产阶级学术思想批判参考资料(4)》,商务印书馆1958年版,第58页。
② 傅斯年:《失勒博士的形式逻辑》,见《新潮》(一卷三号),上海书店1986年版,第544页。

的文章《学校与社会》和《德育原理》。从二卷二号开始到二卷五号开始连续四期以《思想的派别》为题开设"杜威讲坛",由吴康、罗家伦负责稿件的组织。在最后一卷的译作中,载有罗家伦翻译的杜威所著的《哲学改造》。在该阶段,新潮社同仁们为了向社会大众传播杜威的实验主义思想,刊登了杜威的大量作品,让社会对这个西方哲学家以及其所倡导的哲学思想有了较为全面的了解。从《新潮》月刊中关于实验主义的论述中,我们感到,实验主义虽然同马克思主义一样,强调行动的作用,强调实践的作用,但其和马克思主义实践最大的不同是忽视了实践的社会性。因此,仔细分析实验主义在当时青年学生思想中的影响,有利于我们更为全面地理解马克思主义,并理解当今马克思主义的来之不易,也才能更有效抵制各种不良的反马克思主义思潮。

此外,《新潮》对当时中国社会一切有悖于时代精神的东西都提出了自己的思考和变革主张。在文学上,他们提倡白话文,反对文以载道的文言文,掀起文学革命运动。在妇女解放问题上,他们猛烈抨击以"三纲五常""三从四德"为核心的封建伦理道德,大力倡导个性解放、婚姻自主、社交自由,男女有同等的受教育权、参政权;批判封建礼教对女性的禁锢、奴役、践踏。在劳动问题上,他们把"劳工神圣"作为一面鲜艳的旗帜树了起来,呼吁全社会重视劳动者的价值,尊重劳动者的人权,改善劳动者的待遇。在教育问题上,他们研讨当时中国教育如何才能科学变革的原则、路径和方法,倡导教育平等,关注平民教育。《新潮》作为五四新文化运动时代的明星刊物,积极参与了上述社会改造运动的讨论,他们积极贡献自己的才智,不仅加深了人们对这些问题重要性的认识,而且开拓了人们考虑这些问题的视野,对五四运动时期的社会改造思潮起了推波助澜的作用。

三、激流勇进：汇入冲决旧社会之洪流

《新潮》在创刊之初，便以坚定宣传新文化、拥护新思潮的态度被人誉为"小《新青年》"，加上该刊和北大当时两个著名的社团——新潮社和北京大学平民教育讲演团①——关系密切，故创刊伊始就引起了社会各界的关注。距《新潮》创刊仅半个月，鲁迅便在1919年1月16日致许寿裳的信中说："大学学生二千，大抵暮气甚深，蔡先生来，略以改革，似亦无大效，惟近来出杂志一种曰《新潮》，颇强人意。"②而《新潮》第2期出版不久，1919年2月20日《进化》一卷二号刊登了黄凌霜所撰写的《评〈新潮〉杂志所为今日世界之新潮》一文，"其中持论颇为新颖，记者极为钦佩"③。1919年3月18日《公言报》刊发《请看北京学界思辨前至近状》④，肯定《新潮》起到了"张皇"《新青年》学说的作用。《新潮》在当时影响之大，可以略窥一斑。五四运动后，《新潮》大为风行，为满足社会需求，新潮社委托亚东书局拿去印成合订本发行了三千份⑤，这也是《新潮》最早合订本。1922年胡适的《五十年来中国之文学》提

---

① 当时很多新潮社成员参加了北京大学平民教育讲演团，诸如罗家伦、徐彦之、俞平伯、高元、康白情等。
② 鲁迅：《鲁迅书信》，人民文学出版社2006年版，第41页。
③ 黄凌霜：《评〈新潮〉杂志所为今日世界之新潮》，见张允侯、殷叙彝、洪清祥、王云开：《五四时期的社团》，生活·读书·新知三联书店1979年版，第81页。
④ 《公言报》，见张允侯、殷叙彝、洪清祥、王云开：《五四时期的社团》，生活·读书·新知三联书店1979年版，第68页。
⑤ 罗家伦：《蔡元培时代的北京大学与五四运动》，见中国蔡元培研究会编：《蔡元培纪念集》，浙江教育出版社1998年版。

及"《新潮》初出时,精彩充足,却是一支有力的生力军"[1]。1929年,朱自清的《中国新文学研究纲要》在论述中国新文学经过时,将《新潮》同《每周评论》一起作为《新青年》外的刊物,肯定了《新潮》所刊登文学作品的价值。1935年,鲁迅的《中国新文学大系·小说二集序》则肯定了《新潮》在养成新派的小说作家,"从《新青年》上,此外也没有养成什么小说的作家。较多的倒是在《新潮》上"[2]。一本以青年学生为主体的杂志,一出世便受到热捧,创刊号一再重印,印数达1万册,并引起当局者的注意。在社会思潮风起云涌的年代,何以能仅凭短短12期就成为影响整个中国社会的一股新生力量,这与杂志所刊载的内容是分不开的,正因为承载的思想与社会思想走向相吻合,才能在历史长河中大放光彩。

《新潮》传播的思想契合了新文化的主流,得到了新文化运动倡导者们的支持。办刊伊始,蔡元培、陈独秀、李大钊、胡适等新文化运动中耳熟能详的人物,在场地、经费上都给予了他们最大的支持;创刊后,为了提升杂志的社会知名度和影响力,新潮社成员更是利用师生特殊的关系常常求助于师辈们,让他们撰文支持,而老师们也乐意在文章上给予支持。细细探究《新潮》文本,在三卷十二号共311篇发文中,收录了蔡元培先生5篇文章;相比较蔡元培先生主要从治学方针层面保护和支持《新潮》,胡适对《新潮》的影响则全面而深入得多,甚至很多研究者

---

[1] 胡适:《五十年来中国之文学》,见《胡适周作人论近世文学》,海南人民出版社1994年版,第108页。

[2] 鲁迅:《中国新文学大系·小说二集序》,见陈寿立:《中国现代文学运动史料摘编》(上册),北京出版社1985年版,第92页。

都认为傅斯年、罗家伦是在胡适的影响下创办《新潮》的,《新潮》出版后,胡适更是对其投以极大的关注,成为师辈中撰稿最多的人之一;李大钊也是大力支持《新潮》的师者之一,当时作为北大图书馆馆长的李大钊,除了在场地上尽量给予满足外,在供稿方面也是尽心尽力,"(李大钊)曾给过《新潮》许多的帮助和指导,他虽不公开出面,但经常和社员们联系,并为《新潮》写稿"①,在《新潮》中,刊登了李大钊的文章有:《联治主义与世界组织》(一卷二号)、《青年厌世自杀问题》(二卷二号),其重要的马克思主义论文《物质变动与道德变动》也发表在《新潮》的二卷二号;新文化运动中以文学作品作为同旧社会斗争武器的鲁迅,在与《新潮》的关系中,不仅仅是作为作者的身份刊登了《明天》等文章,当他看到傅斯年征求其对于《新潮》意见的来信,更是非常重视,当晚就回信;周作人与《新潮》则有一种特殊的渊源,他是《新潮》特邀的主任编辑,周作人承担着组织稿件、统筹版面的责任,在后期稿源缺乏的情况下,为了力所能及保证《新潮》的顺利出版,周作人努力在稿源上支持《新潮》,刊载了《游日本新村记》、《老乳母》(译作,小说)、《蔷薇花》(诗歌)、《狂热的小孩》(诗歌)等作品。当时新潮社聘请胡适、周作人等作为指导老师,极大地提高了新潮社的影响力,许多青年学生都慕名前来加入新潮社,一时间壮大了新潮社的力量。除了上述这些新文化运动中的重要人物,还有一些早在《新青年》上就为读者所熟悉的名字,如北京大学国文系教授刘半农(笔名"寒星")、时任北大教授的王星拱等老师,都在《新潮》上发表文章。除此之外,其他教师,如北京大学教育系

---

① 李小峰:《新潮社始末》,见中国社会科学院近代史研究所编:《五四运动回忆录(续)》,中国社会科学出版社 1979 年版,第 200 页。

教授蒋梦麟、近代翻译家沈性仁，也加入为《新潮》撰写稿件的队伍中，大大地增强了《新潮》的学术性和权威性，提升了其影响力。

从汪原放《回忆亚东图书馆》中重印《新潮》的描述，可以见到当时《新潮》发行的盛况，以及陈独秀、胡适等对于《新潮》的支持，他提到："我们经理发行《新潮》，是从重印它的一卷一号至五号（订正三版）开始的。《新潮》第一卷是1919年1月至5月出的，出版早卖完了，再版出来，不到半个月，也卖完了，而各界要求的信，还是来个不停。这时候，北京大学出版部正要出《新潮》的第二卷，再要重排重印第一卷实在忙不过来，只有把三版委托我们代办了。我记得那时候，我们也实在很忙，可是有陈仲翁和适之兄的函商，就一口答应下来，毫不推迟地担当起来了。"①这些场景的回忆，从侧面反映了《新潮》在社会上的影响程度。也可以说明《新潮》在当时之所以能产生这么深远的作用，与《新青年》的支持是分不开的。

然而，对于《新潮》来说，崇尚自由主义的他们，将《新青年》作为自己思想启蒙的同时，并未将其作为偶像，如同新潮社成员回忆当时成立的原因所提及的，他们办刊，一部分是源于《新青年》所提倡的新观点的启发，但同时他们不甘于只是在《新青年》上发表文章，这也暗含他们要建立起自己独特的思维视角。罗家伦回忆中提到《新潮》的创刊是"因为大家谈天的结果，并且因为不甚满意《新青年》一部分的文章，当时大家便说：若是我们也办一个杂志，一定可以和《新青年》抗衡"②。从这，

---

① 汪原放：《回忆亚东图书馆》，学林出版社1983年版，第44页。
② 罗家伦：《蔡元培时代的北京大学与五四运动》，见中国蔡元培炎研究会编：《蔡元培纪念集》，浙江教育出版社1998年版，第238页。

我们可以感觉到,《新潮》的创刊,虽受《新青年》影响并在其羽翼保护之下,但仍不乏青年知识分子指点江山独立的风格和视角。因此,随着研究的深入,现有的研究应该逐步突破过去对于将《新潮》视为《新青年》的"辅助刊物"①"辅翼"②的定位,更强调《新潮》"参与五四时期核心话语建构的过程也必然有别于先生一代"③。

事实上,《新潮》一度拥有了比《新青年》还壮观的发行量。这与《新潮》杂志的"有别于先生一代"的办刊定位、人群定位、语言风格、关注点和角色定位是分不开的:《新潮》注意到了《新青年》在读者对象上的选择,并调整了自己特定的读者群,与《新青年》形成掎角之势,努力让新文化的影响力覆盖到每个群体,最终共同推进社会文化的进步。从两者的影响效果来看,顾颉刚认为:"由于'文字浅显易懂,甚为广大青年读者所喜爱'。"④吴虞在其日记中记载:《新潮》发行数量大,影响广,时人美誉,它是《新青年》的卫星。⑤ 罗家伦甚至认为"从当时的一般人看来,仿佛《新潮》的来势更凶猛一点,引起了青年的同情更多一点"⑥。

在这场思想启蒙运动中,《新潮》的影响面是非常广泛的。《新潮》

---

① 阿英:《例序》,《中国新文学大系·史料索引集》,上海良友图书印刷公司1936年版,第3页。
② 陈安潮:《中国现代文学社团流派史》,华中师范大学出版社1997年版,第34页。
③ 赵雪:《从新潮看五四时期青年知识分子的起步与成长》,华东师范大学硕士学位论文,2008年。
④ 顾颉刚:《回忆新潮社》,见张允侯、殷叙彝、洪清祥、王云开:《五四时期的社团》,生活·读书·新知三联书店1979年版,第125页。
⑤ 吴虞:《吴虞日记》,见中国革命博物馆整理,荣孟源审校:《近代历史资料专刊日记》(上册),四川人民出版社1986年版,第476页。
⑥ 罗家伦:《逝者如斯集》,传记文学出版社1981年版,第170页。

第一期面世后,转眼间销售一空,以至重印到第三版,销售了13 000多册,这种盛况在当时,甚至连《新青年》都不能及。李晓峰在《新潮社始末》中回忆《新潮》受欢迎的盛况,曾用这样的一段文字描述:"青年学子争相传阅,'已经翻阅得破破碎碎了,还是邮寄来,邮寄去'","借给同学看,寄给朋友看,送给兄弟姐妹看","销路很广,在南方的乡间都可以看到"。① 多年后,新潮社同人之一的许钦文回忆当时的情形,也印证这样的情景:"当时我们小学教员,由同学、同事结成的朋友,最大的友谊就是互相借阅《新青年》《新潮》等书刊,翻得破破烂烂了的,还要修补起来,从邮局寄来寄去。"②当代作家艾芜在回忆中也提及,"虽然那时候我还是小学生,在四川新繁县的高级小学读书,看报纸和杂志的能力很低,不懂的地方很多……总是捧着《新潮》《新青年》,以及《少年中国》来读,能读懂多少算多少,不管白费多少力量"③。在回忆中充分肯定其在思想启蒙中发挥的作用的受众,也包括很多早期共产党员。如恽代英在致王光祈的信中就曾明确表示过:"我很喜欢看《新青年》和《新潮》,因为他们是传播自由、平等、博爱、互助、劳动的福音的。"④ 1919年离乡赴法国勤工俭学、1922年6月在巴黎开会成立"少年共产党"的郑超麟在回忆中也说,他在法国勤工俭学的时候,羡慕那些在《新青年》《新潮》《少年中国》等"新思潮"杂志上写文章的人,而对《东方杂志》则

---

① 李小峰:《新潮社始末》,见中国社会科学院近代史研究所编:《五四运动回忆录(续)》,中国社会科学出版社1979年版,第200—210页。
② 许钦文:《鲁迅在五四时期》,《人民文学》1979年第5期。
③ 《中国新文学大系导言集》,良友图书公司1940年版,第179页。
④ 恽代英:《恽代英日记》,中央党校出版社1981年版,第624页。

已没有敬意。① 阿英在哀悼李克农同志的文章中也提道："经过五四运动，读了《新青年》《新潮》《湘江评论》等等新刊，我们的认识都有了很大的变化。"②《新潮》作者们在当时达到受众生羡慕的程度，《新潮》出版20多年以后，当毛泽东在延安的窑洞接受美国记者斯诺采访时，仍然不无感慨地说："我的职位低微，大家都不理我……我认出一些……头面人物，如傅斯年、罗家伦等，可他们都是些大忙人，没有时间听一个图书馆助理员说南方话。"

四、黯然离场：时代激荡与历史的抉择

按照新潮社最初的设想，《新潮》是每年一卷十期的定期月刊；前五期基本上如期出刊，后面的则常有拖延，时断时续。从二卷一号开始整个出版变得不正常了，二卷一号延迟到1919年10月出版，二卷二号又推迟到同年12月，二卷三号于1920年2月出版，5月出版二卷四号，到了9月出版二卷五号。而第三卷更为不正常，总共只出了两期：第一期发行于1921年10月；第二期发行于1922年3月，最后草草以翻译西方的一些名著收场，且中间整整相隔了5个月。历时3年5个月，《新潮》最终无疾而终。从《新潮》活动者的回忆录及新潮社活动的一些史料来看，《新潮》最终没能得以维持下去，有其客观原因，是学生刊物成员不稳定、编辑不力和经营不善。

对于学生刊物，杨早先生在《北京青年报》中的《左边〈新潮〉右边

---

① 郑超麟：《怀旧集》，东方出版社1995年版，第165页。
② 阿英：《哀悼李克农同志》，《人民日报》，1962年2月14日。

〈国故〉》中所言:"对于学生而言,大学阶段只是生命中短暂的驻留,之后各自有各自的前途,而学生刊物从设计到运作、出版、发行,在这短短的两三年内,根本无法形成完整周密的制度。"①《新潮》这种"其兴也勃焉,其亡也忽焉"的特性,与学生的流动性有极大的关系,新潮社在1922年12月27日《北京大学日刊》中关于《新潮社的最近》一文,可以看出五四之后,《新潮》的主力干将逐渐通过各种途径或出国,或毕业,或忙于学业,导致"本社社员四十余人,几乎有三十余人在国外","而没有去国的几位同学,或则未经毕业,正忙着学校的功课;或则毕业了,在读书以外又分了服务的精神,这是时间与精力不够用","在这样的现状之下,稿件素来不感困难的新潮社,也不能如期收集了"。为改变这种稿源供给不力的状况,罗家伦等经过商量,曾学习科学社的方法,在北京设总编辑部,并设旅欧和旅美编辑部,收集来自社员的稿件,经新潮社第一次全体社员大会决定杨振声为旅美通讯记者,就近收受留美学生的投稿,傅斯年为旅英通讯记者,就近收受留英学生的投稿。② 从徐彦之的回忆中,我们可见傅斯年、杨振声等主将虽然出国,但刚开始还是很关注《新潮》的发展的,但从具体投稿的情况来看,海外稿源并不多。

再者,编辑方面,《新潮》月刊第一任职员中主任编辑是傅斯年,编辑是罗家伦。傅斯年当主编的时候,"孟真把握新文化运动的主张很坚定,绝不妥协,而选择文章的标准又很严。他批评的眼光很锐利,而自己又拿得出手。许多投来的稿,我们不问是教员或同学写的,如果还有

---

① 杨早:《左边〈新潮〉右边〈国故〉》,《北京青年报》,2009年5月18日。
② 徐彦之:《新潮社纪事》,见《新潮》(二卷二号),上海书店1986年版,第398—402页。

可取,就老实不客气地加以删改"①。傅斯年出国后,罗家伦为编辑②,此时《新潮》月刊出版虽比之五四运动前时有拖延,但罗家伦也是具有相当的写作能力,又全身心投入,因此总体来说编辑还比较得力。后罗家伦也忙于准备出国而无暇顾及出版事宜,新潮社于1920年8月15日提前召开第二次全体社员大会,选举新入会的周作人为主任编辑,并由周作人推定毛准、顾颉刚、陈达材、孙伏园四人为编辑,但"周不是一个办事的人,《新潮》月刊二卷虽然名义上是由他主编,但实际上他并没有做过任何编辑工作,而主要靠我们几个人支撑着。到了后来,社中的许多成员都出国留学,人越来越少了;加之蔡校长此时已离校,《新潮》月刊经费无着……于是《新潮》月刊就停刊了"③。由此可以看出,杂志编辑不力是导致《新潮》月刊停刊的重要原因之一。

从刊物经营来看,刚开始《新潮》月刊的销路很好,但回款并不及时。而从1920年开始,新潮社又开始出版书籍,无形中分流了一部分出版资金,据顾颉刚回忆,"我办了三期,因为北洋军阀政府不发学校经费,学校便不能再给补贴,经费不足;再加上印了不少《新潮丛书》一时卖不出去,积压了资金,才办不下去,停了刊"④。出版图书是新潮社在

---

① 石兴泽:《学林风景——傅斯年与他同时代的人》,河南人民出版社2005年版,第26—27页。
② 第一次新潮社社员全体大会在组织上有所变化,取消编辑、干事二部制,改置编辑、经理各一人。
③ 顾颉刚:《回忆新潮社》,见张允侯、殷叙彝、洪清祥、王云开:《五四时期的社团》,生活·读书·新知三联书店1979年版,第13—14页。
④ 顾颉刚:《蔡元培先生与五四运动》,《文史资料选编(3)》,北京出版社1979年版,第51页。

其成立之初就有的打算,此时的丛书出版,一是《新潮丛书》,二是《文艺丛书》,两者出版的时间上大致是先后相衔接。从当时资金问题来看,当《蔡孑民先生言行录》出版时,因资金周转出现问题而导致丛书出版时间缓慢下来,最后又由于出版的书籍销售情况不好,加之国内局势动荡,教育经费紧张,新潮社成了"一个一面积货一面负债的团体"①,最后"留给国内的社员的,是一万部《孑民先生言行录》和七千部《点滴》"②。

除了表面的客观原因之外,最为根本的,还是在思想潮流上出现了转向,最终与主流的社会潮流渐行渐远,最终也就仅在历史长河中放了个光彩。学术救国是《新潮》知识分子一直秉承的宗旨。而这些宗旨在遇到现实的政治救亡运动后,新潮社成员们就面临着一个救亡与学术的选择,与《新青年》最后的选择不同,《新潮》选择的是回归学术,退出政治呼吁,这也导致了《新潮》发展与当时社会发展的大潮流相悖,最终淡出历史的舞台。此前,由于五四罢课与其他事件的原因③,《新潮》杂志停刊,新潮社成员也无心顾及学问,曾引起了新潮社成员的反思和自责。罗家伦在1920年5月1日回顾学生运动一年来的成功与失败时写道:"'五四'以来,我们学生的弱点也一律暴露出来了!而最近的失败的原因,……学术停顿。一年以来,大家的生活都是奔走和呼喊,东击西应,对于新地知识,一点不能增加进去……若长久下去,不但人材

---

① 《新潮社的最近》,《北京大学日刊》,见张允侯、殷叙彝、洪清祥、王云开:《五四时期的社团》,生活·读书·新知三联书店1979年版,第120页。
② 鲁迅:《鲁迅全集》(第六卷),人民文学出版社1981年版,第41页。
③ 当时很多新潮社员成员都参加了平民演讲团,诸如罗家伦、徐彦之等。

破产,而且大家思想一齐破产。"所以他在给同社何思源的信中就建议:"大家养精蓄锐,暂离国内现状的纠纷,以精心研究学术,实在是本社蓬蓬勃勃的气象! 预料这个结果一定可以使《新潮》有无限的发展。"① 傅斯年在五四运动后《新潮》二卷一号(1919年10月30日出版)上写道:"新潮社地结合,是个学会的雏形,这学会是个读书会……我们决不使他成偌大的一个结合去处治社会上的一切事件。……对于政治关心有时不免是极无效果、极笨的事。我们同仁中有这见解的人很多……"②这说明新潮社在不问政治这一现实上达成了统一,于是一个月后新潮社经全体社员大会批准,改为学会;相应地,《新潮》也选择了"学术"。彭明在《五四运动在北京》"社团的兴起"一章中述及《新潮》,肯定了其在新文化运动中的积极作用并分析其存在的错误在于"当时新文化运动已经发展到必须和政治相结合。但是,《新潮》并没有适应这一客观要求","它发展了新文化运动初期的偏向,坚持全盘西化,对民族文化采取了彻底的虚无主义"。从最初的积极关注社会逐渐转向,希望从一种学术的层面来为社会改造问题提供一个新的思考路径。这从学术上能提供支撑和借鉴,但离创刊初期借学术改造社会的初衷也渐行渐远,在历史宏观的叙事过程中,也终将失去其炫目的光环。

历史已经渐行渐远,透过《新潮》月刊一篇篇业已发黄的文章,我们看到的是一群文人鼓荡新潮、塑成历史,也感受到一份进步刊物对于社

---

① 罗家伦:《通信》,见《新潮》(二卷四号),上海书店1986年版,第842页。
② 傅斯年:《新潮之回顾与前瞻》,见《新潮》(二卷一号),上海书店1986年版,第204页。

会思想发展所起到的积极推动作用,这些都构成了新文化运动中一段不可或缺的插曲。虽然在新文化运动中他们曾同《新青年》一起并肩作战,力图推翻强大的守旧势力和文化传统,不断扩大新思想的言论空间,但同时我们也应该看到,《新潮》的社会改造思想仍存有明显的局限性,如它坚持学术救国、坚持自由主义、对科学社会主义的疏离,以及对各种改良的社会主义思潮的宣传等,都与当时中国社会改造的客观要求不合拍,因而,就其社会影响来看,也必然具有双重性。另外,从《新潮》主笔者五四运动后的思想走向看,他们依然没有跳出知识分子坐而论道的局限,最终同中国实际选择的社会改造之路渐行渐远。

《星期评论》
——五四时期舆论界的明星

杨宏雨 肖 妮*

摘要：《星期评论》是国民党人在五四新文化运动的影响下创办的进步期刊，主要撰稿人有戴季陶、沈玄庐、李汉俊、朱执信等。该刊介绍、研究国内外劳工运动，宣传社会主义和其他新思潮，倡导妇女解放，在五四时期名噪一时。该刊曾和《每周评论》一起，被誉为"舆论界中最亮的两颗明星"；又与《每周评论》《湘江评论》《星期日》一起，并称为宣传新文化的"四大周刊"。

关键词：《星期评论》；进步期刊；影响力

《星期评论》是五四时期的重要期刊。该刊接受孙中山及其领导的中华革命党（1919年10月改名为中国国民党）的指导与经济支持，是国民党人响应五四新思潮的产物。当时，该刊与陈独秀、李大钊等人创办的

---

* 杨宏雨，复旦大学马克思主义学院教授，博士生导师；肖妮，复旦大学马克思主义学院硕士毕业。

《每周评论》齐名,被时人誉为"舆论界中最亮的两颗明星"[1];后来又与《每周评论》《湘江评论》《星期日》一起,并称宣传新文化的"四大周刊"。

一、宗旨、性质

宗旨就是办刊方针。1919年6月8日,《星期评论》创刊号出版,登载了沈玄庐执笔的《发刊词》,这是一篇集中反映其办刊宗旨的文字。除此之外,涉及该刊办刊宗旨的文字还有:1919年6月3日,戴季陶、沈玄庐和孙棣三联名在《民国日报》上刊登的《星期评论》出版公告;1919年11月30日,在该刊第26号上以"本社同人"的名义发表的《星期评论半年来的努力》;1920年6月6日,在《星期评论》最后一号(第53号)以"本社同人"的名义刊登的《星期评论刊行中止的宣言》;以及刊登在该刊第2、3、5号中缝处的"海外同胞注意"。

综合以上五篇文字,可以看到,《星期评论》的办刊宗旨主要包括以下几个方面:

(1) 独立的精神。沈玄庐在《发刊词》中写道:"我说,我是我的我,一切世界,都从心里的思想创造出来。这个心原是我一个人的心,却凡是人都有心,就都有我。合众我众心的思想和意识,就是创造或改造世界的根本。""我就要问我,现在的世界是谁的世界?我便直截了当答应是'我的世界'。又问现在的国家是谁的国家,我也直截了当答应是'我的国家'。"[2]《星期评论》对自我的强调,与《新青年》所提倡的"自主而

---

[1] 《教育潮》第3期,1919年8月出版。
[2] 沈玄庐:《发刊词》,《星期评论》第1号,1919年6月8日。

非奴隶的"的独立精神是一致的。

（2）批判的态度。"我们星期评论的任务就是对于哲学、文艺、社会、政治的自由批判。这半年来我们的努力，就是在这'自由批判'上的努力。"①在五四精神的鼓舞下，《星期评论》提出国民要有主人翁的精神，对中国的一切问题要有自己的眼光、自己的判断，要大胆地说出自己的主张。"我们出版《星期评论》，就是把我们所自信的彻底的思索，明白的理会，切实的主张，写了出来，供天下人研究，求天下人批评。"②批判的态度是一种平等的精神，它反对盲从、独断、唯我独尊，主张自由地批评别人，也欢迎别人批评自己。总而言之，要"使《星期评论》成为主刊者和阅者共同的自由批判机关"③。

（3）提倡新文化，宣传社会主义。近代的世界是一个相互联系的世界，近代的中国是世界的中国。处于这样的时代，中国人不仅不能夜郎自大，而且也无法躲进小楼成一统。"现在世界的大势怎么样了？世界的思潮又怎么样了？我的国家，处于现在世界的大势该怎么样？处于现在世界的思潮又该怎么样？"④要探明世界大势和中国前途，就需要以开放的心态研究西方、学习西方。"中国人已经晓得旧思想、旧政治、旧社会的不好，但是却不晓得用什么新的东西去代他。所以我们的'宣传事业'比一切事业都要紧。"⑤提倡新文化、反对旧文化，提倡新道德、反对旧道德，主张个性解放、婚姻自由、劳工神圣等，都是《星期评

---

① 本社同人：《星期评论半年来的努力》，《星期评论》第 26 号，1919 年 11 月 30 日。
② 戴季陶等：《星期评论出版》，上海《民国日报》，1919 年 6 月 3 日。
③ 本社同人：《星期评论半年来的努力》，《星期评论》第 26 号，1919 年 11 月 30 日。
④ 沈玄庐：《发刊词》，《星期评论》第 1 号，1919 年 6 月 8 日。
⑤ 《海外同胞注意》，《星期评论》第 2、3、5 号中缝处。

论》的重要内容。在十月革命的影响下,社会主义成了20世纪初年最有影响的世界思潮,《星期评论》紧跟时代步伐,是当时中国研究、宣传社会主义的重要论坛。

以上三个方面,总括起来,用《星期评论》的话来说就是:"我们发起《星期评论》,是在五月中旬。《星期评论》的发刊,是六月八日。可以说是五四运动的产物之一,也可以说是六五运动产物之一。所以《星期评论》的主旨,就是在发挥五四、六五两大运动的精神,来创造继五四、六五两大运动而起的人类运动。"[1]

"五四运动以后发刊的新出版品,比较在思想界有信用、读者最多的,要算本志。"[2]这是《星期评论》对自己的性质和影响的一个界定。根据活跃在那一时期的一些知名人士的回忆,这个界定大体是符合实际的。《星期评论》是五四精神的产物,是属于《新青年》领导的新文化阵线的一支重要力量。

二、出版周期、版式、栏目

《星期评论》为周刊,每周一号,逢周日出版。从1919年6月8日第一号出版到1920年6月6日第五十三号终刊,只有"双十纪念号"增刊、第31号"新年特刊"、第48号"劳动纪念号"例外。1919年10月10日(星期五),为了纪念武昌起义,该刊推出"双十纪念号"增刊5张,同年10月12号正常出版第19号;1920年1月1日(星期四),《星期评论》原拟推出"新年号"特刊5张,后因来不及印刷,便在1月3日连同

---

[1] 本社同人:《星期评论半年来的努力》,《星期评论》第26号,1919年11月30日。
[2] 本社同人:《星期评论刊行中止的宣言》,《星期评论》第53号,1920年6月6日。

第31号一同排印①,这样,第31号便有了6张,并提前一天出版。1920年5月1日(星期六),该刊推出"劳动纪念号"特刊10张代替原本应该在5月2日出版的第48号。从1919年6月8日创刊,到1920年6月6日停刊,《星期评论》共出版54号(正刊53号,外加"双十纪念号"增刊)。

《星期评论》一般每号1张四开四版。例外的有1919年10月10日的"双十纪念号"增刊,1920年1月3日"新年号"特刊,1920年5月1日"劳动纪念号"特刊,以及第34号(2张)、39号(3张)、41号(2张)。

《星期评论》在中缝处开辟广告,为当时新文化阵营的进步刊物刊登出版预告或介绍。在《星期评论》刊登过出版预告的杂志有《建设》《新教育》《新青年》《每周评论》《新中国》《新潮》《新群》《少年》《少年中国》《教育潮》《新社会》《曙光》《北京大学学生周刊》《觉悟》《新星》《新的小说》《平民教育》《奋斗旬刊》《新空气》《新中国》《美术》《解放与改造》《科学》等。在《星期评论》上刊登过介绍的杂志有《建设》《新青年》《新教育》《新潮》《民铎》《新中国》《少年中国》《教育潮》《湘江评论》《七日评论》《体育周刊》《南洋》《川滇黔周刊》《自觉周刊》《岳麓周刊》《女子爱国报》《星期日》《新生活》《救国》《平民》《心声》《民风》《新湖南》《解放与改造》《黑潮》《新群》《曙光》《工学》《光明》《平民导报》《新妇女》《新芬》《女界钟》《民德周报》《北京大学学生周刊》《民心》《新声》《钱江评论》《工读》《教育运动》《平民周报》。

《星期评论》也为一些书目做广告,但不多。该刊先后为孙中山的

---

① 参阅《本志新年号预告》,《星期评论》第30号,1919年12月28日。

《孙文学说》、胡适的《尝试集》和《中国哲学史大纲》、汪兆铭的《巴黎和议后之世界与中国》做过广告。此外,该刊中缝处还刊登过《民国日报》的特别启事。

《星期评论》共设过21个栏目:评论、世界思潮、记事、杂录、创作、随便谈、主张、世界大势、思潮、纪事、研究资料、谈话、诗、通信、参考资料、通讯、短评、小说、讽刺话、论辩、书报介绍。1920年2月15日,《星期评论》在第37号发表声明,不再备载各处通讯,改为在《民国日报》通讯栏内发表。《星期评论》的栏目设计很明显地受到创刊早于它约半年的《每周评论》的影响。《每周评论》创刊于1918年12月22日,逢周日出版,主要栏目有:国外大事述评、国内大事述评、社论、特别附录、山东问题、杜威讲演录、问题与主义、论说、名著、随感录、欧游记者特别通讯、国内劳动状况、通信、通讯、新文艺、文艺时评、评论之评论、选论、选录、书报评介、译件、杂录等(每期有5个以上栏目)。胡适把《星期评论》称为《每周评论》的兄弟,并说:"他的体裁格式和我们《每周评论》很相像。"①

《星期评论》上刊载的文章,以介绍和宣传新思潮为主,主要有劳工思潮、社会主义思潮、三民主义思潮、女子解放思潮、工读互助思潮等。其中介绍劳工思潮的文章篇目最多。《星期评论》上共发表诗歌60多篇,作者包括刘大白、沈玄庐、戴季陶、朱执信、徐蔚南、查光佛、胡适、康白情、罗家伦等诸多文人。姜涛认为,由以上作者构成的"星期评论之群"的新诗写作不仅是"新诗发生的历史图景"的一个部分,他们"在分

---

① 胡适:《欢迎我们的兄弟——〈星期评论〉》,《每周评论》第28号,1919年6月29日。

享白话诗最初活力的同时,又在形式、理念、主题等方面上,都呈现出某种特殊性"。① 作为一份关注时局政治的小报,短、平、快是其必然的特色。《星期评论》中包含了大量关注现实政治的报道和评论,南北和会、秘密外交、山东问题等当时国内时政的热点都是该刊关注的焦点。国际上的如朝鲜、爱尔兰等的民族解放运动,日本、欧美各国的劳工风潮,俄罗斯十月革命后的发展动向等,在该刊的报道、评述中也占有相当多的分量。

三、创办人、撰稿人

《星期评论》的创办人为戴季陶、沈玄庐和孙棣三,主要撰稿人有戴季陶、沈玄庐、李汉俊。陈独秀、胡适、李大钊、罗家伦、蒋梦麟等名噪一时的新文化运动的代表人物为该刊供过稿。朱执信、胡汉民、廖仲恺等国民党的重要理论人物也有一些文章在该刊发表。

在《星期评论》的三位创办人中,戴季陶是核心人物。

戴季陶(1891—1949),原名传贤,祖籍浙江吴兴,出生于四川广汉,曾担任过《民权报》《天铎报》主笔,是国民党党内著名的理论家、宣传家。

从其一生来看,戴季陶是一位颇为复杂的人物:辛亥时期,他是新闻界的青年才俊,"穷达利眼识天仇"成为业内的佳话②。五四运动时期,他和沈玄庐等人创办《星期评论》,有"提倡新思想的健将,革除旧习

---

① 姜涛:《开放"本体"与研究视野的重构——以"〈星期评论〉之群"为讨论个案》,《北京大学学报(哲学社会科学版)》2008年第4期。
② 参见黎洁华、虞苇:《戴季陶传》,广东人民出版社2003年版,第25、26页。

惯的先驱"①的美名,是享誉一时的青年导师。在上海时期,戴季陶和陈独秀等人打得火热,参与了中共上海早期组织的创建工作(后因孙中山反对而未加入)。大革命时期,他却摇身一变,成为国民党内著名的反共理论权威。他从1912年9月开始担任孙中山的随从秘书,直至1925年3月孙中山逝世,是孙先生的忠实追随者。孙中山逝世后,他在继承孙中山遗教的名义下强调要建立"纯正三民主义",形成了所谓的戴季陶主义,为以蒋介石为首的国民党新右派反共反苏提供了理论基础。

《星期评论》时期的戴季陶,不失为进步的青年知识分子的典范。"那时有不少外地学生到上海来找《星期评论》的领导人,多半由戴季陶和沈玄庐接见。"②戴季陶的1919年,过得忙碌而充实。当时,他既主编《星期评论》,又参与编辑《建设》,还为《民国日报》及其副刊《觉悟》供稿,工作非常繁忙。回顾自己的1919年,他说:"去年这一年,在我自己是十年来最满意的一年。……虽是在半年多的当中,整天整夜忙不了的工作,但是只觉得我自己的工作是一个很有趣味的艺术,越做越高兴,越忙越快活。所以,这过去一年间的生活,可以使我生出永远无限的感激,可以使我脑筋中留住一个不断的憧憬。"③

1920年,他认识了迁居上海的陈独秀,还参与了中共上海早期组

---

① 《高尔松等致戴季陶的信》,上海《民国日报》副刊《觉悟》,1920年3月24日。
② 杨之华:《杨之华的回忆》,中国社会科学院现代史研究室、中国革命博物馆党史研究室编:《"一大"前后》(二),人民出版社1980年版,第25、26页。
③ 戴季陶:《民国九年的工作》,唐文权、桑兵编:《戴季陶集(1909—1920)》,华中师范大学出版社1990年版,第1089页。

织的酝酿和筹办活动。当时,陈独秀住在老渔阳里2号,戴季陶住在渔阳里6号;一个编《新青年》,一个编《星期评论》;都是鼓吹劳工运动,宣传社会主义的积极分子,两人"过从颇密"①。维经斯基来沪以后,多次召集《新青年》《星期评论》《时事新报》的主持人开会商谈,打算由他们联合发起成立中国共产党,戴季陶积极参与了这些活动,但等中共上海早期组织成立时,却因为和孙中山交情太深的缘故,没有参加。

沈玄庐也是《星期评论》杂志社中的一位重要人物。沈玄庐(1883—1928),原名沈定一,是中国近代史上一位带有传奇色彩的人物。"作为地主,他却领导了抗租运动,并鼓励动员工农群众;作为年轻的知县,他却鞭笞了巡抚的父亲;作为省议员,他却怒斥省督军;作为另立山头的西山会议派的领导人之一,他却呼吁不怕牺牲,赶赴广州争夺权位;作为国民党保守派代表人物,尽管已经被剥夺权力,他却仍在伺机东山再起;作为自治实践的创办者,他的实践却因其新思路和新观念而使掌权者胆战心惊。"②同戴季陶一样,沈一生的经历颇为复杂。辛亥革命后,他曾任浙江省参议会议长。1920年参加上海马克思主义研究会,参与了中国共产党的创建工作,是中共最早的一批党员。1921年9月,沈玄庐在浙江省萧山县衙前村成立了中国现代史上第一个农民革命团体"衙前农民协会"。大革命时期,沈玄庐退出共产党,成为积极主张清共、反共的国民党西山会议派的成员。

沈玄庐为创办《星期评论》倾注了很多心血。"当初发起刊物的时

---

① 张国焘:《我的回忆》第1册,东方出版社1998年版,第81页。
② 萧邦奇:《血路——革命中国中的沈定一(玄庐)传奇》,江苏人民出版社1999年版,第244页。

候,仅仅只凑集了三五十元的开办费。……连剑侯(沈玄庐的字——引者)的老母亲,也负担了发行上的不少工作去。"①据曾在星期评论社工作过的杨之华回忆,沈玄庐不仅出资办刊,担任主编,为刊物写稿、审稿,还亲自做发行工作,有时自己骑着自行车在上海市区送发报纸。②《星期评论》的发刊词是沈玄庐撰写的,他对于《星期评论》的重要性不言自明。

五四运动时期,沈玄庐积极支持爱国学生的行动。在《除却青年无希望》一文中,他指出:"中华民国前途的责任,除却青年诸君,更有谁人负担。"他运用《星期评论》这一平台,大力宣传新潮,在浙江青年学生中颇有影响力。当时,沈不仅在《星期评论》上发表《学校自治的生活》《介绍"钱江评论"》《浙江省立女子师范学校学校市制草案》《学生与文化运动》《杭州学生底血》等文章,从舆论上支持浙江的高校自治和学生运动,而且还在实际生活上给予帮助。他将被浙江省政府查禁的《浙江新潮》周刊第三期移到上海,由星期评论社代为刊印,还"拍胸脯表示,如当局真敢停办'一师',那就将学校迁到他的家里去复课"③。在浙江省立第一师范的学生的印象里,沈玄庐"是火一般热烈有血性的人",是"学生运动精神上的支持者""我们的导师"。④

与戴季陶相比,沈玄庐发表在《星期评论》上的作品以文学创作见

---

① 本社同人:《星期评论半年来的努力》,《星期评论》第26号,1919年11月30日。
② 参见中共萧山市委党史研究室编:《沈玄庐其人》,成都科技大学出版社1994年版,第58页。
③ 中共萧山市委党史研究室编:《沈玄庐其人》,成都科技大学出版社1994年版,第61页。
④ 曹聚仁:《我与我的世界》,人民文学出版社1983年版,第167页。

长。作为《星期评论》诗人群的核心人物,他发表的诗作有 31 篇,约占整个《星期评论》发表新诗数量的一半。沈玄庐的诗作在中国文学史和新诗史上都占有一席之地。

孙棣三①也是《星期评论》的创办人之一,但我们对其了解得不多,可以找到的相关资料也极少。他在《星期评论》上仅发表了 7 篇作品,且集中在前 6 期报纸上。1919 年 8 月 10 日,《星期评论》第 10 号刊发沈玄庐、孙棣三、戴季陶三人联名给江苏督军李纯的信,抗议其将《星期评论》作为过激党的刊物,要求查禁的命令。此后,该刊上再无孙棣三的踪影。巧合的是从第 11 号起,李汉俊开始在《星期评论》发表作品,并成为该刊的一个重要人物。

除主编戴季陶、沈玄庐之外,《星期评论》最主要的撰稿人非李汉俊莫属。他的文章数量多达 36 篇,仅次于戴、沈二人。1920 年 2 月 1 日,星期评论社的总发行及编辑所从爱多亚路新民里 5 号搬到法租界白尔路三益里 17 号(李汉俊的哥哥李书城寓所),李汉俊"整天在社里的编辑部工作"②,成为主持刊物日常运作的重要人物③,其地位与主编无异。在此,我们对其也作一个比较全面的介绍。

李汉俊(1890—1927),原名书诗,又名人杰,湖北潜江人。早年留

---

① 孙棣三,生卒年不详,浙江省国会议员。担任过天津证券物品交易所副理事长,发起筹备过上海大公平物券交易所。曾被授为陆军少将。后任汪伪政府浙江省"立法委员""民政厅长"。
② 杨之华:《杨之华的回忆》,中国社会科学院现代史研究室、中国革命博物馆党史研究室编:"一大"前后》(二),人民出版社 1980 年版,第 26 页。
③ 杨之华认为,此时李汉俊是"该社的思想领导中心"[《"一大"前后》(二),人民出版社 1980 年版,第 25 页],显然过高地估计了李汉俊在该社中的地位了,但李汉俊此时在星期评论社内居于重要地位应该是无可异议的。

学日本,1918年,因反对段祺瑞政府与日本签订《中日共同防敌协定》罢学回国,回国后主要从事著述和翻译工作。五四运动之后,"他的第一件最有价值的事就是参加了《星期评论》编辑部的工作"①。1920年上海马克思主义研究会成立,李汉俊积极参加该会的活动,并与陈独秀等人在上海组织了中国第一个共产主义小组;1921年出席中国共产党第一次全国代表大会;1922年脱离中国共产党。大革命后期,李汉俊加入中国国民党,并先后担任国民党湖北省党部执行委员、湖北省政府委员兼教育厅长、国民党湖北党部青年部长。1927年年底,李汉俊被军阀胡宗铎作为"铮铮之共产党员"在汉口杀害。李汉俊是中国共产党最早的一批党员,曾被共产国际驻华代表马林称为"最有理论修养的同志"②。他参与创办《劳动界》,编辑《新青年》等,为马克思主义在中国的初期传播做出了很大的贡献。

  李汉俊加入《星期评论》较晚。他首次在《星期评论》上发表文章是在1919年8月17日(第11号)。他的主要文章有:《I. W. W 的沿革》《I. W. W 概要》《我的"考试毕业"观》《男女解放》《浑朴的社会主义者底特别的劳动运动意见》《劳动者与"国际运动"》等。他曾在《星期评论》上掀起过两次不小的波澜:一次是"新年号"上刊发的《男女解放》一文。文章"登出之后,有好几位女子教育家,甚不谓然。其中有两位颇怒李君之文为无理的"③。徐谦的妻子沈倩玉专门寄来文章予以驳击,使得《星期评论》破例在第34期特设"论辩"专栏予以辩白。另一次是

---

① 田子渝:《李汉俊》,河北人民出版社1997年版,第12页。
② 参见李玉贞主编:《马林与第一次国共合作》,光明日报出版社1989年版,第191页。
③ 《星期评论》第34号第2张编辑者志。

在《星期评论》上发表《浑朴的社会主义者底特别的劳动运动意见》(第50期)、《劳动者与"国际运动"》(第51—53期)两篇长文,与张东荪就社会主义问题进行了激烈的论战。

《星期评论》上署名的作者共有51人。其中作品在3篇以上的有:戴季陶、沈玄庐、李汉俊、朱执信、沈仲九、徐苏中、刘大白、孙棣三、查光佛、周颂西、康白情、廖仲恺、胡适、徐谦、蒉玉。这15人中,10人为孙中山及其领导的国民党的追随者,由此可见当时国民党人对五四新文化运动的接纳和投入。

四、社址、发行

《星期评论》社址最初设在上海爱多亚路新民里五号,1920年1月29日迁至李汉俊哥哥李书城的寓所上海白尔路三益里十七号①,同年2月1日在新社址正式办公。

《星期评论》的发行方式有以下几种:

(1) 随上海《民国日报》附送。凡上海《民国日报》的订户,一律免费赠送。

(2) 直接订阅或邮购:读者可直接订阅或邮购《星期评论》。《星期评论》最初价目为每号铜子二枚,外埠大洋二分,含邮费在内。从第10期(1919年8月10日)起,增加长期订阅价目,半年五角,全年一元。海外定价最初拟定美洲每年连邮费美金一元五毫,南洋每年连邮费三盾,寄上海环龙路四十四号林焕庭代收。1919年11月2日《星期评论》第

---

① 参见《本社特别启事》,《星期评论》第34号第1张中缝处。

22 期刊登特别启事,声明之前拟定的国外价目不够邮资,改为如下:美洲,全年美金二元五毫;星加坡,全年四元;荷领群岛,五盾半。凡学校及各团体购阅每期总寄二十分(份)以上的七折(含邮资)。为了更好地推动《星期评论》在外埠的销售,该刊后又决定从第 31 期起(1920 年 1 月 3 日)改为每期总寄十份以上七折(含邮资)。在邮资方面,起初《星期评论》对邮购者提供的邮票照数实收,但规定只限用半分的面额。从第 37 期(1920 年 2 月 15 日)开始,除零星补购或邮汇不通地点之外,一律不再收用邮票,改为现金支付。对邮汇不通地点邮购者提供的邮票只限用三分和二分的面额。

(3)代理发行。《星期评论》在各地的代派所主要有:上海——四马路泰东图书馆、民国日报社、望平街新世界、四川路青年会、亚东图书馆;杭州——教育潮社;绍兴——越铎日报社;长沙——体育周刊社、群益图书公司;北京——中华书局;天津——中华书局;湖州——有正书局;开封——心声社。为了扩大《星期评论》的影响,该刊还建立了个人负责某地的代理发行工作的制度,如成都的陈岳安、河南的郭厚菴、丹阳的黄竞西、厦门的刘德仁、杭州的施存统等,都曾为《星期评论》代理过发行工作。从《星期评论》中缝提供的资料看,该刊在兰州、广州也设置过代派所。广州是国民党人长期经营的地方,《星期评论》在那儿有代派所不足为怪。但兰州地处比较偏僻的西北,该刊在那里也有代理发行点,则其在国内的影响和发行量之大,由此可以略窥一斑。

该刊发行量,据星期评论社同人回忆,《星期评论》最开始发行的时候,"除了由《民国日报》附送的而外,自己直接发行的,不过一千张。后来销数一天加多一天,现在除《民国日报》附送外,比最初已经加了许多倍"。① 李立三在一次讲话中,认为《星期评论》"销路最广,销到十几万份"②。这个数字可能超过了事实。中国台湾地区学者吕芳上认为《星期评论》的发行量应该为三万多份。③ 综合考虑当时《新青年》《东方杂志》《每周评论》《新潮》等国内其他著名刊物的发行量,吕芳上的这个说法应该是比较可信的。

五、停刊原因

1919年6月8日,《星期评论》在新文化运动和五四精神的影响下创刊。1920年6月6日,《星期评论》在出版了第53号后出人意料地宣布停刊。对于停刊的原因,《星期评论》在第53号上以本社同人的名义发表了一个《星期评论刊行中止的宣言》。这个宣言把停刊的原因归结为两点:

(1) 反动当局的阻挠。"近两个月以来,由官僚武人政客资本家等掠夺阶级组织而成的政府,对于我们星期评论,因为没有公然用强力来禁止的能力,于是用秘密干涉的手段,一方面截留各处寄给本社的书报信件,一方面没收由本社寄往各处的本志,自四十七期以后,已寄出的被没收,未寄出的不能寄出。我们辛辛苦苦作成,印字排字工人辛辛苦苦印成的《星期评论》,像山一样的堆在社里,各处爱阅的诸君,不但是

---

① 《本社启事》,《星期评论》第41号,1920年3月14日。
② 陈绍康:《上海〈星期评论〉社始末》,《支部生活》1985年第1期。转引自黎洁华、虞苇:《戴季陶传》,广东人民出版社2003年版,第106页。
③ 参见吕芳上:《革命之再起——中国国民党改组前对新思潮的回应》,"中央研究院"近代史研究所1989年版,第59页。

接不着我们的报,并且连本社言论受无形禁止的情形,也还不晓得。真是痛心极了!本志出版的目的,是在把我们的研究和批评,传达于各处的爱阅诸君。现在我们的宣传,既然受了这样大的打击,我们努力的效力,除上海一个地方以外,便失了效力。"①在北洋军阀政府的各种干预下,《星期评论》从一个在全国有影响的副刊变成了一个足不出沪、孤鸣于一隅的闲谈所,这是刊物的主办者们不得不考虑停刊的原因。

(2)刊物的主办者自感知识、能力不足。"自去年以来,我们一面努力于本志的著作和发行,一面努力从事于学术研究。一年以来,狠感觉知识缺乏,有许多基本科学,都非从事于系统的研究不可。所以同人决意把本志中止刊行,暂时以刊行本志同样的努力,致力于学术的研究。"②

这是《星期评论》自己的言说。这两个原因,第一点无疑是能站住脚的,而第二点则显得有点牵强,好像在说"我们原来就是勉强地办着,现在刚好遇到这一困难,停刊正合我意"。

那么《星期评论》的停刊还有没有其他的原因呢?从相关资料看,还有以下原因:

戴季陶的离去。据陈望道回忆,1920年5月,戴季陶因孙中山要他去广州,电邀陈望道来沪接办该刊。戴季陶在同陈望道见面时曾大哭,说舍不得走,舍不得离开这个刊物。但不知何故,在戴、陈两人见面的第二天,《星期评论》的几位主编又开会决定停办。③ 戴季陶是《星期

---

① 本社同人:《星期评论刊行中止的宣言》,《星期评论》第53号,1920年6月6日。
② 同上。
③ 宁树藩、丁淦林:《关于上海马克思主义研究会活动的回忆——陈望道同志生前谈话记录》,《复旦学报(社会科学版)》1980年第3期。

评论》的核心人物,在当时有"提倡新思想的健将,革除旧习惯的先驱"①的美称。1926 年,蔡和森也说:"'五四'后学生起来革命化了,是需要新思想的,戴季陶、陈仲甫都是很重要的。"②把戴季陶与陈独秀并提,可见当时戴季陶在新文化运动阵营中的影响。尽管我们无法知道《星期评论》几位主编开会决定停刊的具体详情,但戴季陶的离去无疑是关键的因素。

欧阳军喜认为,新文化运动由"杂志的时代"进入"丛书的时代",这是导致《星期评论》停刊的重要原因。1920 年 6 月 6 日,《星期评论》在停刊宣言中说:"我们在本志中止刊行以后,预定的计划是:(一)研究基本学术,准备在近之将来,出版宣传社会主义的定期刊行品。(二)刊行有研究价值的关于社会主义的书籍(现在决定从事著译的约有六七种)。(三)平时研究所得,随时刊行不定期的小册子。"同一天,《民国日报》上刊登的国民党"社会经济丛书"的出版预告中说:"我们同人,在这一年中,作了多少研究,对于中国人知识上的要求,也供给了若干资料。近来觉得片断的批评,对于今后思想界没有多大的贡献,所以决定把现在定期刊行的事业,暂行中止,一面静心从事于系统的研究,一面把一年来的旧稿,努力增删,同时致力于翻译和著述。现在决定在一年以内,刊行下列各种书籍,定名为'社会经济丛书',共计十六种约五千六百页。"③对比这两段文字,可以看出,欧阳军喜的这个判读是准

---

① 《高尔松等致戴季陶的信》,上海《民国日报》副刊《觉悟》,1920 年 3 月 24 日。
② 蔡和森:《中国共产党史的发展》,参见中央档案馆编:《中共党史报告选编》,中共中央党校出版社 1982 年版,第 28 页。
③ 《"社会经济丛书"出版预告》,《民国日报》,1920 年 6 月 6 日。

确的。①

综合以上各点,可以得出结论,《星期评论》的停刊包括了核心人物的离开、发行的受阻和丛书潮的兴起三大原因,是综合影响而不是单一因素的结果。

六、影响、评价

《星期评论》在当时的中国究竟影响如何呢？我们从三个方面的材料加以考察。

一是《星期评论》的自我评价。1920 年 6 月,《星期评论》停刊,在以本社同人的名义发表的《星期评论刊行中止的宣言》中写道:"五四运动以后发刊的新出版品,比较在思想界有信用、读者最多的,要算本志。"②

二是来自五四时期其他刊物的声音。

《教育潮》是五四时期由经亨颐、夏丏尊、杨贤江等人主办的宣传新思潮、提倡新教育的刊物。该刊在第三期介绍《每周评论》时,把它与北方的《每周评论》并提,誉为"舆论界中最亮的两颗明星"。③

---

① 欧阳军喜认为,导致《星期评论》的停刊的原因有三：首先是新文化运动由"杂志的时代"进入了"丛书的时代",其次是因为政府的压迫和其他从事新文化运动派别的打压,第三是因为《星期评论》言论日益左倾,与孙中山的分歧越来越大。(参见欧阳军喜:《国民党与新文化运动——以〈星期评论〉〈建设〉为中心》,《南京大学学报》2009 年第 1 期) 第二点原因是《星期评论》在停刊宣言中已经公开揭示了,此处毋庸赘言。第三点原因不一定能成立,还有探讨的必要。比如说《建设》杂志,显然没有太多的激进色彩,也于 1920 年 8 月停刊,又如《民国日报》副刊"觉悟"与《星期评论》同样激进,宣传社会主义的色彩越来越浓,却一直在办。
② 本社同人:《星期评论刊行中止的宣言》,《星期评论》第 53 号,1920 年 6 月 6 日。
③ 《教育潮》第 3 期,1919 年 8 月出版。

1919年10月,傅斯年在《新潮》第二卷第一期发文,把《星期评论》与《新青年》《建设》《少年中国》《解放与改造》《每周评论》《湘江评论》称为五四运动时期"最有价值"的刊物。①

1920年1月,由周恩来主编的天津觉悟社社刊《觉悟》推介说:"诸君不满意于现在的世界么?该打破的是那些?该解放的是那些?该建设的是那些?请看《星期评论》。"②

三是同时代人的回忆。

1921年,蔡和森在法国致陈独秀的一封通信中,一面感慨"国内言论沉寂,有主义、有系统的出版物几未之见",一面称道说"从前惟《星期评论》差善"。③

1923年,杨贤江在《学生杂志》发表《十年来的中国与学生》一文,文中把《星期评论》称为民国八年"著名的几种"刊物之一。④

1926年,蔡和森应莫斯科中山大学旅俄支部邀请,作《中国共产党发展史》报告,在报告中,他坦言五四运动时期大学青年学生对《星期评论》《新青年》的欢迎"表现十分厉害"。⑤

1946年,周恩来回忆说:"当时戴季陶在上海主编的《星期评论》,

---

① 傅斯年:《新潮之回顾与前瞻》,张允侯、殷叙彝等:《五四时期的社团》(二),生活·读书·新知三联书店1979年版,第98页。
② 《觉悟》创刊号,1920年1月出版。
③ 蔡和森:《马克思学说与中国无产阶级》,《蔡和森文集》(上),人民出版社2013年版,第83页。
④ 杨贤江:《十年来的中国与学生》,《杨贤江全集》第1卷,河南教育出版社1995年版,第761页。
⑤ 蔡和森:《中国共产党史的发展(提纲)》,《蔡和森文集》(下),人民出版社2013年版,第792页。

专门介绍社会主义,北平胡适主编的《每周评论》,陈独秀主编的《新青年》,都是进步读物,对我的思想都有许多影响。"①

1956年,施复亮回忆说:"第一师范是当时浙江文化中心,全校共四百多人,订阅《新青年》一百多份,《星期评论》四百来份。"②

《星期评论》创刊不久,胡适在《每周评论》第28号(1919年6月29日)发表文章《欢迎我们的兄弟——〈星期评论〉》。8月31日,《每周评论》被查封,戴季陶在《星期评论》第14号上发表《可怜的"他"》,表达自己对北洋政府当局这一倒行逆施决定的抗议。这足以证明《星期评论》与《每周评论》同声相应同气相求的关系。再结合上文提及的三个方面的资料,我们认为把《星期评论》界定为五四运动时期宣传新思潮、新文化的主要阵地,应该不是言过其实。

众所周知,中国共产党的成立是五四新文化运动的重要果实。那么《星期评论》与中国共产党成立又有什么关系呢?

1926年,蔡和森在《中国共产党史的发展(提纲)》中承认,《星期评论》和星期评论社"应工人阶级之兴……宣传社会主义","并结合了一部分先进分子",对"党的形成及其初步的工作"起了比较重要的作用。③

1930年,李立三在《党史报告》中说,五四时期"中国青年界上发生许多文化团体的组织,在全国不下十数,可是和党的产生最有关系的有

---

① 《周恩来同美国记者李勃曼谈自己的经历》,《瞭望》1984年第2期。
② 参见施复亮:《中国共产党成立时期的几个问题》,中国社会科学院现代史研究室、中国革命博物馆党史研究室编:《"一大"前后》(二),人民出版社1980年版,第33页。
③ 蔡和森:《中国共产党史的发展(提纲)》,《蔡和森文集》(下),人民出版社2013年版,第792页。

几个:(1)新青年社;(2)星期评论社;(3)新中国社;(4)觉悟社;在湖南就有新民学会;在湖北就有共存社;还有少年中国学会,这是国家主义派的前身。这些文化团体以后并不是完全加入共产党,但是当时都是代表反抗帝国主义、反抗封建势力的思想,这中间最占势力的是新青年社和星期评论社"①。

1930年前后的一份未署名的《中国党史纲要大纲》把星期评论社和新青年社、新民学会、新中国社、少年中国学会、共存社、民生社、觉悟社并立,称为"共产党的细胞"②,也就是说,戴季陶、沈玄庐、李汉俊等人主办的《星期评论》参与并推动了中国共产党的诞生。

证诸事实,我们认为,这些说法是可靠的。

首先,星期评论社的社址设在上海。上海是中国当时最大的工业城市,与全国其他地区相比,上海工人阶级不仅人数最多,而且觉悟最高。《星期评论》敏锐地看到了工人运动在未来中国的价值,有意识地把研究和指导工人运动作为自己的重要使命。1920年5—6月,中国共产党的雏形——中共上海早期组织诞生。它们两者之间的密切关系自然是不言而喻的。

其次,星期评论社的核心成员戴季陶、沈玄庐、李汉俊直接参与了中共上海早期组织的创建工作。这可以从中共一大成立前后众多当事人的回忆得到证实。戴季陶虽然因为孙中山的强烈反对,没有加入中

---

① 李立三:《党史报告》,参见中央档案馆编:《中共党史报告选编》,中共中央党校出版社1982年版,第209页。
② 《中国党史纲要大纲》,中央档案馆编:《中共党史报告选编》,中共中央党校出版社1982年版,第200页。

国共产党,但确实参与了创建中共的酝酿工作。沈玄庐在1920年7、8月间加入中共上海早期组织。李汉俊也是中共上海早期组织的成员。① 1920年12月,陈独秀应陈炯明之邀,前往广东担任广东省教育委员会委员长,李汉俊在上海代理陈独秀在党内的职务,成为中共上海地区早期组织的负责人。

最后,中共上海早期组织的众多成员和星期评论社有着密切的关系。施存统、俞秀松和陈公培在参加北京工读互助团失败后来到上海,就住在星期评论社内。陈望道在1920年4、5月间应戴季陶、沈玄庐等人之邀来到星期评论社,准备在戴离开后主持该社的工作。据陈望道回忆,《共产党宣言》的第一个中文译本就是星期评论社约他翻译的,原拟在《星期评论》上刊登,后因该刊停办,才改出单行本。

后世的研究者把《每周评论》《星期评论》《湘江评论》《星期日》并称为五四运动时期宣传新思潮新文化的"四大周刊",那么在这四大周刊中,《星期评论》处于一个怎样的地位呢?对于这个问题,我们认为,可以从以下几个方面来讨论:

(1) 这四大周刊在当时都是属于以《新青年》为核心的新文化阵营中同声相应同气相求的兄弟刊物。

(2)《每周评论》创刊在1918年12月,时间最早,其他三个周刊的创刊、版式、栏目都受到《每周评论》的影响,带有它的影子。这在当时

---

① 1920年5—6月陈独秀、俞秀松、李汉俊、施存统、陈公培秘密开会,筹备成立共产党,并拟定了党纲。7月再次举行筹备会议,成立共产党组织。李汉俊参加了两次筹备会议,沈玄庐参加了后一次筹备会。

就有定论。①《每周评论》《星期评论》《湘江评论》《星期日》的创刊时间分别是1918年12月22日、1919年6月8日、1919年7月14日、1919年7月13日。《星期评论》虽然排第二,但早于其他两个刊物1个多月,对《湘江评论》和《星期日》的创办肯定也是有影响的。②

(3) 四大周刊中,《每周评论》《星期评论》《湘江评论》偏重于议论,针砭时弊,而《星期日》则长于文艺创作。③

(4) 四大周刊中,办刊时间最长的是《星期评论》(共53号,外加增刊1号),其次是《星期日》(共52号),再次是《每周评论》(共37号),最短的是《湘江评论》(共4号,外加临时增刊1号)。

(5) 四大周刊的发行量分别为:《每周评论》约5万份④,《星期评论》约3万份⑤,《湘江评论》5 000份⑥,《星期日》约3 000份⑦。

综上所述,参考当时人把《每周评论》和《星期评论》并提,誉为"舆论界最亮的两颗明星"的说法,我们认为把《星期评论》界定为五四时期舆论界的明星"是顺理成章的。

---

① 参阅《每周评论》第28号的《欢迎我们的兄弟——〈星期评论〉》和第36号对《湘江评论》《星期日》的介绍。
② 胡适在《每周评论》第36号介绍《湘江评论》和《星期日》时说:"这两个周刊,形式和精神上,都是同《每周评论》和上海的《星期评论》最接近的。"
③ 参阅胡适在《每周评论》第36号对《湘江评论》和《星期日》的介绍。
④ 戴季陶在《星期评论》第14号发表的评论《可怜的"他"》一文中引中美通信社的北京通信中说,"《每周》在京里销到五万份,大家都认他是一个最好的周刊"。
⑤ 参见吕芳上:《革命之再起——中国国民党改组前对新思潮的回应》,"中央研究院"近代史研究所1989年版,第59页。
⑥ 《五四时期期刊介绍》第一集,生活·读书·新知三联书店1978年版,第150页。
⑦ 同上书,第280页。

五四时期的互助思潮

——以《星期评论》为中心的研究

杨宏雨[*]

摘要：五四时期，互助思潮在中国兴盛一时。当时由国民党人创办的《星期评论》也是该思潮的助推者。该刊连续7号刊载克鲁泡特金的《国家论》，并在13篇文章中多次提及克鲁泡特金。该刊把互助进化论看作科学的进化公例，称颂克鲁泡特金是发明互助思潮造福人类的先驱。该刊对互助思潮的介绍集中在竞争与互助的关系、互助的好处及如何建设互助社会三个方面。互助思潮的兴盛，除了一战的原因外，还有互助主义符合中国传统道德伦理，竞争进化论不符合中国利益，以及社会主义的魅力、国际联盟的成立对人们的误导等因素。正确认识五四时期的互助思潮，不可因其受无政府主义影响而忽略其进步性、探索性，不可忘记这一思潮对新文化运动与马克思主义传播的助推作用。

关键词：《星期评论》；克鲁泡特金；互助思潮；互助之道

---

[*] 杨宏雨，复旦大学马克思主义学院教授，博士生导师。

五四时期,在多种因素的影响下,互助思潮在中国兴盛一时。当时,不仅《进化》《互助》《平民》《民钟》等无政府主义刊物大量刊载、宣传克鲁泡特金的互助学说,而且《新青年》《东方杂志》《每周评论》《星期评论》等非无政府主义刊物也很追捧该学说。① 学界过去涉及五四时期互助思潮的研究虽有不少,但重心大多放在了工读互助团的实践上,对引发工读互助实验的互助思潮往往一笔带过。有鉴于此,本文以《星期评论》上的相关资料为中心,对这一思潮作些深入的探讨。

一、克鲁泡特金:发明"互助"造福世界的先觉

了解中国近代思想史的人都知道,19世纪末20世纪初,活跃在中国社会的是达尔文的进化论。甲午战败后,严复"腐心切齿",遂"致力于译述以警世"。不久,他翻译了英国生物学家赫胥黎的《进化论与伦理学》的第一、二章,取名《天演论》。这是赫氏宣传、阐述达尔文进化论的重要作品。在翻译的过程中,严复采用意译而不是直译的方法,并加了不少按语,发挥自己的看法。《天演论》出版以后,达尔文的竞争进化学说不胫而走,"物竞天择之理,厘然当于人心"②。对于《天演论》及其宣传的生存竞争学说在当时的影响,胡适在《四十自述》中描写道:

> 《天演论》出版之后,不上几年,便风行到全国,竟做了中学生的读物了。读这书的人,很少能了解赫胥黎在科学史和思想史上

---

① 吴浪波:《互助论在近代中国的传播与影响》,湖南师范大学2005届硕士学位论文,第15—16页。
② 汉民:《述侯官严氏最近之政见》,《民报》第2号,1906年1月。

的贡献。他们能了解的只是那"优胜劣败"的公式在国际政治上的意义。在中国屡次战败之后,在庚子、辛丑大耻辱之后,这个"优胜劣败,适者生存"的公式确是一种当头棒喝,给了无数人一种绝大的刺激。几年之中,这种思想像野火一样,延烧着许多少年人的心和血。"天演""物竞""淘汰""天择"等等术语都渐渐成了报纸文章的熟语,渐渐成了一班爱国志士的"口头禅"。还有许多人爱用这种名词做自己和儿女的名字。①

从甲午战败到五四运动,前后不过二十多年,中国的社会思潮从"竞争"一变而走向了与其对立的"互助"。这种变动从《星期评论》对达尔文和克鲁泡特金的推介中可以略窥一斑。

首先,《星期评论》从第 36 号开始,连续 7 号(36—42 号)刊载徐苏中翻译的克鲁泡特金的《国家论》,却没有刊载过达尔文或其他竞争进化论者的任何作品。

其次,除了连载克鲁泡特金的作品外,《星期评论》还先后在 13 篇文章中合计提及克鲁泡特金 20 次——第 6 号(1 篇 1 次)、10 号(1 篇 1 次)、15 号(2 篇 2 次)、16 号(1 篇 1 次)、20 号(1 篇 2 次)、26 号(1 篇 2 次)、34 号第 2 张(1 篇 1 次)、39 号第 1 张(1 篇 1 次)、39 号第 2 张(1 篇 1 次)、40 号(1 篇 4 次)、42 号(1 篇 3 次)、47 号(1 篇 1 次),却仅在 6 篇文章②中提及达尔文 16 次——第 5 号(1 篇 2 次)、双十纪念号第 1 张

---

① 胡适:《四十自述》,欧阳哲生编:《胡适文集》(1),北京大学出版社 1998 年版,第 70 页。
② 林云陔的《唯物史观的解释》在《星期评论》双十纪念号第 1 张和第 20 号连载,算作两篇文章。

(1篇5次)、20号(1篇6次)、31号第2张(1篇1次)、31号第5张(1篇1次)、47号(1篇1次)。在提及克鲁泡特金的13篇文章中,没有译作;提及达尔文的6篇文章中,2篇为译作(第5号的《社会主义与两性问题》、第31号第2张的《马克斯传》)。无论是提及的文章篇数还是次数,克鲁泡特金都超过了达尔文。此外,在《星期评论》中,"互助"一词出现了260次,并10次出现在标题中;而"竞争"一词仅出现121次,两次出现在标题中。

在第一次世界大战等多种因素的影响下,五四时期,克鲁泡特金及其互助进化论在中国风靡一时,迅速取代了达尔文及其竞争进化论的地位,成为中国人的新偶像。这从毛泽东等人在长沙组织的文化书社书刊的销售情况可以略窥一斑。该社从1920年9月9日到1921年3月31日,售出《克鲁泡特金的思想》达200本,《达尔文物种原始》仅30部。①

第三,《星期评论》高度称颂克鲁泡特金。沈玄庐把他和勒氏肯②、马克思并列,称其为"大学问家""先觉",认为他们发明了"互助""这种造福世界的主义"。③戴季陶把克鲁泡特金和托尔斯泰并提,赞扬"他们为了多数人的自由,'地位''财产'都抛了出来,去信奉那'公众的所得应该公众享受'的道理",是俄国"革命思想的先觉""人道主义的精

---

① 《文化书社社务报告》,张允侯等编:《五四时期的社团》(一),生活·读书·新知三联书店1979年版,第63页。
② John Rusin(1819—1900),今一般译作罗斯金,英国作家、评论家,主张美术同劳动和社会生活相结合,倡导有计划地干预经济。罗斯金的名言"竞争的法则,常是死的法则。互助的法则,常是生的法则",在五四运动时期的中国影响很大。
③ 玄庐:《竞争与互助》,《星期评论》第6号,1919年7月13日。

神"代表。① 而同一时期,《星期评论》在提及达尔文时,除了肯定他在生物进化论上的功绩,并无其他赞美之词。沈玄庐曾用"分工种田"与"分头抢米"来说明互助与竞争的优劣:"互助如分工种田,竞争譬如分头抢米。大家抢米,米抢完了,大家饿死。田是年年可种,年年有收,种不了,吃不完,就断断不会饿死。"②

二、互助:科学的进化公例

从鸦片战争到五四运动,中国人对西方优势的认识大体上经历了器物—制度—文化三个阶段。到五四运动时期,中国人把西方的长处归结为科学精神与民主文化,当时国人对科学与民主的崇拜心态,在陈独秀发表在《新青年》上的《本志罪案之答辩书》中展现无余。

> 要拥护那德先生,便不得不反对孔教、礼法、贞节、旧伦理、旧政治;要拥护那赛先生,便不得不反对旧艺术、旧宗教。要拥护德先生,又要拥护赛先生,便不得不反对国粹和旧文学……我们现在认定只有这两位先生,可以救治中国政治上道德上学术上思想上一切的黑暗。若因为拥护这两位先生,一切政府的迫压,社会的攻击笑骂,就是断头流血,都不推辞。③

互助论的盛行与五四时期这种尊崇科学、科学至上的理性精神是

---

① 季陶:《俄国民族的特性》,《星期评论》第10号,1919年8月10日。
② 玄庐:《竞争与互助》,《星期评论》第6号,1919年7月13日。
③ 陈独秀:《本志罪案之答辩书》,《新青年》第6卷第1号,1919年1月15日。

密切相连的。当时,中国人认为与达尔文的竞争进化论相比,克鲁泡特金的互助进化论更科学、更合理。

《星期评论》上刊载的第一篇批评达尔文竞争进化学说的文章,是皮尔逊著、戴季陶译的《社会主义与两性问题》。在该文中,皮尔逊说:"'适者生存'是进化的一个原理。照达尔文学说,适者生存的原理,都是靠着'雌雄淘汰''食料争斗'两个法则来行的。从动物界的发达看来,这种法则,我们很容易承认。拿来说明人类进步和人类制度的变迁,似乎理由不充足。"①显然,当时人们已经认识到用竞争进化论来解释人类进步、发展的历史,并不十分科学、合理。而这正是从竞争进化论过渡到互助进化论的思想基础。

林云陔指出,与竞争进化相比,互助、合作进化更科学、更合理。他从四个方面讨论了互助进化论的科学性问题。(1)"竞争不是生活的公例,只是死了的",换言之,竞争进化论研究问题不全面,只考察了"死了的"、被淘汰了的种群失败的原因,没有看到活着的、保存下来的种群成功的原因。(2)"互相帮助,是走兽生活的公例。"互助理论基于克鲁泡特金对动物界,特别是高等动物的观察,是对竞争进化论的纠偏。克鲁泡特金通过自己的观察发现:"在各种走兽中,时有战斗的,时有绝灭的。但在同一种类中,尤以在同一社会中,互相维持、互相帮助、互相保卫的,社会的能力亦断不至比天演公例所许的竞争不如。"因此,如果说"互相竞争是进化的要因",那么互助显然也是进化的重要动力。(3)把达尔文的进化论简单概括为"为生存而竞争",不符合达尔文的

---

① 皮尔逊:《社会主义与两性问题(上)》,季陶译,《星期评论》第5号,1919年7月6日。

本意。林云陔指出,达尔文在"人的遗产"这一篇中曾说过两段非常重要的话:"在很多走兽社会中,为生存的竞争复推演替代以为生存的结合,看他们如何的替代,演出能力的发达,此能力就可以用来选择为生存之最宝贵的最适宜的状况。""凡社会的成员最能团结,而又占多数,就能充分发达,并且多子孙。"从以这两段话可以看出,把达尔文的理论概括为"为生存而竞争",并把这几个字称为"进化公例""进化铁律",是其信奉者对相关学说"狭义的解释",这一解释"太过抬高"该学说的适用性,最终必然导致生存竞争原理"因过于敷张反至失实了"。(4)竞争进化论不符合人类的历史。从历史上看,"那太古时代的人,居处和生活均采共产制度","完全不知道有所谓私有财产"。虽然"在部落和部落之间,不免时有战事",但"在每一部落的里面,通是同力合作的,没有争斗"。据摩尔根推算,如果我们人类社会迄今的历史有十万年的话,那么"至少必有九万五千年系部落共产的制",换言之,这九万五千年的人类史与所谓生存竞争的天演公例,完全不符。①

互助协作,是动物界和人类社会常见的现象。"许多雌统的生物,如蚂蚁、蜜蜂,他们都是有很严密的社会组织,和正规的分工。""雁群休息的时候,有几只雁专做警备的工夫,如果有敌人来袭击,任警备的便警醒群雁逃避。"穴居的动物里面,更有"许多分工协作共享果实的例"。② 从人类社会看,分工协作更普遍。在农业文明时代,有夫妻之间分工,"男子治外,女子治内"③;有兄弟之间协作,"弟兄在生产上皆

---

① 云陔:《唯物史观的解释(续纪念号)》,《星期评论》第 20 号,1919 年 10 月 19 日。
② 先进:《怎么样进化》,《星期评论》第 11 号,1919 年 8 月 17 日。
③ 蒋玉:《侮辱女子之男女解放说》,《星期评论》第 34 号第 2 张,1920 年 1 月 25 日。

为家族的协作者,故相互间的要求,只有协作"①,农忙季节更有大规模的"盘工":下种、耕耘、收割等,"须用大规模的合作,和他家交换劳力,叫做盘工——就是我先替他人作工,到我用着劳力的时光,他人来还工,反转来,也是这样"②。到了工业文明时代,社会分工越来越细致,一件普通的产品,譬如一张报纸,不仅需要"编辑、撰述、采访、校对",还需要"排字、印字、铸字"等"各种必须的工作分工协作"才能做成。③ 无处不在的协作互助现象,是五四时期中国知识界摒弃竞争进化论,认同互助进化论的重要原因。

关于人类进化之路,沈仲九的论述显得特别有学术味。他先从"人是什么"开始谈起。沈仲九说:"人是进化的生物,所以具有和生物共通的性质,和人类特具的特质。"从人的生物性这一角度看,它是"具有一定体相质力和生命的东西",是"有目的,能自动、能适应、求进化的东西"。除基本的生物性之外,人还有属于人类独有的特征,或者说人类区别于动物的特质。从这一角度看,"人的特征,最大的只有一种,就是——自觉"。所谓自觉,"就是自己知自己",就是自我意识。"动物虽然也能活动,也有感觉,但不晓得活动的感觉是那一个。所以他们只知认识外界,不能认识自己。"沈仲九认为人的自觉,或者说人的自我认识,约有三种:"第一是人格的自觉,就是晓得我自己的身体状况如何,精神的作用如何,身心联合的人格有如何价值;第二,地位的自觉,就是

---

① 季陶:《旧伦理的崩坏与新伦理的建设(二)》,《星期评论》第 25 号,1919 年 11 月 23 日。
② 乐勤:《农工和食米》,《星期评论》第 48 号(劳动纪念号)第 9 张,1920 年 5 月 1 日。
③ 《报馆的排印工人告读新闻者》,《星期评论》第 38 号,1920 年 2 月 22 日。

要晓得我自己和外我的关系如何,非我的现状况如何,我自己对外我处如何的地位;第三,趋向的自觉,就是晓得自己活动进行的方向,我们自己的人格和地位,就是知现在的自己;但是我们又要知过去的自己,又要根据过去的自己现在的自己,理解将来的自己应该怎样。这就是趋向的自觉。"因为人类有这三种自觉,所以它的生物性,即它的"目的""自动""适应""进化",与普通生物有着巨大的不同,"人的目的是明瞭的,不是盲目的;人的自动,是意志的自动,不是感觉的自动;人的适应,是主动的适应,不是被动的适应;人的进化是急激的进化,不是迟缓的进化"①。如果说生物进化走的是"物竞天择、适者生存"的"任天而治"路线,那么人作为"自觉的动物",它的进化不必走这一路线。因为人可以通过积极、主动的努力迅速达到预期的进化目标。沈仲九说:个人与社会是相互联系、不可分离的,一方面,"没有个人,当然不能组织社会";但另一方面,"没有社会,个人也不能生存"。社会对个人发展的意义包括两个方面:其一,从物质方面看,"个人住的、穿的、食的、和其余一切需要的东西,都要靠共同的工作,互相供给,决不是个人可以做的完全的";其二,从精神方面看,"思想道德学问,都要靠言文的交通,互相灌输的,决不是个人可以增进的"。因此个人对社会必然产生"发达同类"的同情欲与"完备共同组织"的互助欲两种意识。他相信,随着人类自我认识的提高,以同情欲与互助欲为基础的人的"社会欲",必然在全世界"扩充起来"②,届时,人类必能抛弃过去那种"为'私有'而工作"的人生态度,把"为工作而工作""为互助而工作"作为共同的信条,建设

---

① 仲九:《我的人生观(上)》,《星期评论》第 19 号,1919 年 10 月 12 日。
② 仲九:《我的人生观(中)》,《星期评论》第 20 号,1919 年 10 月 19 日。

一个"自由的、共产的、共同的、科学的新社会"。①

三、竞争与互助的关系

竞争与互助是一对矛盾统一体。五四时期,中国的知识分子虽然信奉、倡导互助论,但赤裸裸的现实告诉人们,生活中存在着竞争,而且有时竞争还会以激烈的方式,如斗殴、厮杀、战争等形式表现出来。因此,如何看待竞争与互助的关系,成为人们不得不面对的问题。

全面认识五四时期的互助思潮,首先要正确认识互助进化论。如前所述,互助进化论是克鲁泡特金等人对竞争进化论的一种"纠偏",而不是彻底否定和取代。互助进化理论的最早提出者凯斯勒(Kessler)说:"我虽不显然否认生存竞争,然而主张促进动物,尤其是人类之发展进化者,互助之力多于互斗之力。……一切生物有两种根本欲望:一是营养之欲望,二是传种之欲望。前者使其互相斗争、互相杀戮;后者使其互相接近、相互帮助。但我相信在有机界之进化中,在生物进步之变化中,个体间之互助,比互斗重要得多。"②克鲁泡特金的《互助论》有一个副标题:"进化的一个要素",他的基本思想是"互助为一个自然法则和进化的要素",他希望自己的这一思想可以弥补未被达尔文充分重视的"一个重大的空白"。③克鲁泡特金不否认竞争在进化中有着重要

---

① 仲九:《我的人生观(下)》,《星期评论》第 21 号,1919 年 10 月 26 日。
② 转引自陈正谟:《现代哲学思潮》,商务印书馆 1933 年版,第 37 页。
③ [俄]克鲁泡特金:《互助论:进化的一个要素》,李平沤译,商务印书馆 1963 年版,第 12 页。

价值,仅是强调"个人反对整体的斗争不是唯一的自然法则,互助也和互争一样,同样是一条自然法则"。① 与此同时,他也承认自己考察的有限性——"把互助作为进化的一个主要因素来考察","考察的不是所有一切的进化要素和它们各自的价值",并承认自己为了研究的需要,"不可避免"地"太强调了他们(指动物和人类——引者)的合群性,而对于他们反社会和利己的本能却几乎没有谈到"。②

在《星期评论》上讨论竞争与互助关系的是沈玄庐与戴季陶,两个人都作了一篇题为《竞争与互助》的文章来阐述这个问题。

沈玄庐试图从人类进步、发展的历史来探讨竞争与互助的关系。他认为:(1) 人类社会的发展趋势是从竞争走向互助。"人类最初为个人,最后也为个人。最初所为的个人,是个人的个人;最后所为的个人,是社会中的个人。最初为个人的行为,便是'竞争';最后为社会的行为,便是'互助'。"③人类的理想就是建立一个"物以下无人,人以上无人",人与人平等互助,共同"对物竞争","向利人方面努力精进"④的社会。(2) 人类进步与发展的历史是一个竞争与互助都不断扩大的过程。人类社会以往的历史大致可以分为个人与个人竞争、血族和血族的竞争、部落和部落竞争、国家和国家竞争四个阶段。"个人、血族、部落、国家",竞争的范围"层层扩大",同时内部的互助也随之扩大。(3) 在国家消亡以前,国家与国家是竞争关系,国家与国民个体之间是

---

① [俄]克鲁泡特金:《互助论:进化的一个要素》,李平沤译,商务印书馆1963年版,第41页。
② 同上书,第13—14页。
③ 玄庐:《竞争与互助》,《星期评论》第6号,1919年7月13日。
④ 玄庐:《"人"与"物"》,《星期评论》第12号,1919年8月24日。

互助关系。"要生存,便要竞争;要竞争,便要互助。"这是竞争社会的铁律,同时也是竞争社会的悲哀。个人是组成国家的分子,"个人的发育有需于国家全体","分子与全体相互相助,国家不过包容各个人互助的进步,为国家的进步,便是全体的进步"。①

沈玄庐运用互助理论对人类历史进行了高度的概括。同克鲁泡特金一样,这个概括显然太强调了理论的完美性而忽略了一些不利的事实。这在理论讨论上当然是允许的,但同时也遗漏了一个应该讨论的内容,即同一社会组织内部个体之间的关系。

戴季陶的讨论从一个发问切入。"无论一个甚么制度,到了将要破坏的时候,忠于那一个制度的人,总是要尽力去保护他。'保护色'的彰著,就是说明攻击者的势力。这算是竞争呢,还是算是互助呢?"戴季陶的这一发问,实际上说明他清醒地意识到任何一个制度内部,都有两种对立的力量存在——破坏者和维护者,当一个制度接近崩溃时,维护者和破坏者的对立、竞争是很严重的。而此时,这一制度对外的竞争力肯定是很有限的。因此,戴季陶提出:"对内是说不到互助,对外也说不到竞争。"②"最能互助的,最是最适于生存的,就是最能竞争的。拉努珊③氏说:'为生存的竞争,为竞争的共同。'这两句话不像达尔文那样高唱'竞存',也不像苦鲁泡特金那样专说互助是主要的功用。把竞争和互助这两个向心离心的原则,都能表现出来,不单在生物学上是一个很大

---

① 玄庐:《竞争与互助》,《星期评论》第 6 号,1919 年 7 月 13 日。
② 季陶:《猎人会》,《星期评论》第 45 号,1920 年 4 月 11 日。
③ J. L. Lanessan,今译为拉纳桑或拉来桑,法国生物学家,其著作《生存互助论》在 1932 年由商务印书馆纳入"百科小丛书·新中学文库"出版。

的功绩,就是在伦理学上也给了我们一个很大的启示。真是不能互助的,一定不能竞争;一定不适于生存。"①

同样是讲"要生存,便要竞争;要竞争,便要互助"②,沈玄庐的讨论着眼于国家与个人的关系,而戴季陶关注的则是同一个共同体内部个体之间的相互关系。从这一角度看,戴季陶的讨论是对沈玄庐的补充。

四、互助的好处

五四时期,中国的知识界非常推崇互助思想。戴季陶等人把"自由、平等、互助"并称为民主主义的"信条",看作现代国家建设所应遵守的基本方针,同时也是现代国际关系的基本准则。③ 一个国家的政治发展,只有按照"'自由、平等、互助'的真精神"进行,才能求得"国家的统一"和"有秩序的进步"。④ 世界只有"废除一切国际的社会的资本主义和武力主义,使一切种族、一切民族都在自由、平等、互助的原则下面,完成社会的生活"⑤,才有永久的和平可言。

在《星期评论》上,众多作者从多个角度讨论了互助的价值和意义。

第一,助人即是自助。这是一个很古老的思想。孟子说:"爱人者人恒爱之,敬人者人恒敬之。"五四运动时期,在互助主义思潮的影响下,这一思想得到了发扬光大。在《星期评论》关于"女子解放从哪里做起"的讨论中,沈仲九一面肯定"女子解放,应该女子自己做起",另一方

---

① 季陶:《竞争与互助》,《星期评论》第47号,1920年4月25日。
② 玄庐:《竞争与互助》,《星期评论》第6号,1919年7月13日。
③ 本社同人:《关于民国建设方针的主张》,《星期评论》第2号,1919年6月15日。
④ 季陶:《国际同盟和劳动问题》,《星期评论》第2号,1919年6月15日。
⑤ 季陶:《俄国劳农政府通告的真义》,《星期评论》第45号,1920年4月11日。

面提出"从男子做起,也未始不可"。他说:"男子助女子解放,何尝不是一种互助的行为?""若因为女子自己没有做,就眼看他,岂是'人'对'人'应该么?"男子去做女子解放的事业,一方面是男子"尽自己互助的责任",另一方面,可以"引动女子自觉自动,使女子得以发挥自己的能力"。① 查光佛认为在中国旧式家庭制度下,无论是男子还是女子,"都不是社会上共同生活的一个人,只是某的夫,某的妻……男子替女子作牛马,女子替男子作牛马,一生一世,不得开交了"。因此,"女子解放,当从男子解放做起"。② 查光佛关于男女互动、互助解放的思考,大大影响了《星期评论》的同人,朱执信《男子解放就是女子解放》、李汉俊的《男女解放》,都承认男女解放"实在是一个题目,决不是两个题目,是不能够把他们拿来分开的"。③ 从女子解放到男子助力女子解放,进而到男女互助、共同解放,《星期评论》同人们在讨论中对互助意义的认识得到了升华。

第二,互助是分工的需要。分工可分为社会分工和劳动分工两类。"劳动是人的本能",是人类生存和发展的前提。社会分工的存在,使"人类现在和将来的生活,决不是单独劳动、单独生活。必须交换劳动结果之所得,才能完成各个的生活"。④ 而这种劳动成果的交换,其实就是一种互助。从劳动分工看,随着社会的进步,"分工渐趋渐细"⑤,许多工作已经不可能由单个人独立完成,有些工作虽然仍可由个人独

---

① 仲九:《女子解放从那里做起》,《星期评论》第 9 号,1919 年 8 月 3 日。
② 光佛:《女子解放当从男子解放做起(一)》,《星期评论》第 22 号,1919 年 11 月 2 日。
③ 李人杰:《男女解放》,《星期评论》第 31 号(新年号)第 6 张,1920 年 1 月 3 日。
④ 玄庐:《子孙主义》,《星期评论》第 7 号,1919 年 7 月 20 日。
⑤ 廖仲恺:《革命继续的工夫》,《星期评论》双十纪念号第 2 张,1919 年 10 月 10 日。

立完成,但费时耗力,互助合作不仅成为一种必然,而且成为提高劳动生产率的重要手段,"人类发明机械、分配工作的程度,日益进步,人类的劳动,也就日益省时省力"。①

第三,弱者互助,变成能者、强者。在《星期评论》上,沈玄庐专门写了一篇题为《互助的好处》的小短文,谈弱者互助,有利于大家克服困难,达到单个个体难以实现的目标。

> 上海南京路中段,电车轨道交叉的地方,要算交通最辐辏了。常常有初到上海的人,或缠足的妇女,到了十字路口,不敢穿过,要叫车子"摆渡"的。一天,我看见三个人一串,纤纤徐徐在那交叉路上走,印度巡捕轮着眼朝他三个人很很注视了注视,四面的车马,正风雨般来,我很替他们三个人着急,一会儿,他们安全地过去了。一看,头一个不过高与胯齐的矮子,第二个是个跛的,第三个还是个双眼失明的瞎子。诸君请把他们三个拆散了,除却矮子还可以过得去,那个跛的和瞎的,却真是没法经过这热闹关头呵!②

弱者互助,成为强者,达到共赢,这在现实生活中屡见不鲜。

五四时期,中国知识分子把互助论和马克思的阶级斗争学说结合起来,强调工人阶级在反抗资本家压迫的斗争中,应该团结起来,互相帮助。戴季陶把拉努珊的"为生存的竞争,为竞争的互助"一语和劳工

---

① 陶孟和:《六时间之劳动》,《星期评论》第 52 号,1920 年 5 月 30 日。
② 玄庐:《互助的好处》,《星期评论》第 10 号,1919 年 8 月 10 日。

运动联系起来,解释在反抗资本家的斗争中工人实行同盟罢工的重要意义。"'同盟罢工'这一个名词,说明劳动者与资本家的斗争非常明显,比英文的 Strike 含意还要充分。'同盟'就是结合,'罢工'就是斗争的手段。'为生存的竞争,为竞争的互助',就是同盟罢工的本意,也就是阶级斗争的本意。详细说就是:'同盟罢工的目的,是联合同利害休戚、从事于生产事业的工人,对于资本家表示反抗,且加以打击,使其改良待遇工人的条件;或联合同阶级的人,反抗占领生产机关的非劳动者,使其放弃占领和享用收益管理的权利,由劳动者自己劳动,自己管理、自己享用。'"①"劳动者就个人来看,都是些弱者",无力和拥有资本、政权的资本家抗争,获得应有的利益,"只有多数的劳动者,一致团结起来,构成一个阶级的势力,以多数的力量,去压伏那些资本家,方才能够成功"②。沈仲九也说:"工人要和资本家争斗,必须要有阶级的自觉和阶级的团结。凡是一个人的利益,决不能离开阶级的利益而独自保全的。所以要谋各个人的利益,必须和利害相同的同一阶级的人,联合起来,才能得到效果。"③值得一提的是,在十月革命和马克思主义的影响下,《星期评论》的不少作者已经懂得了"全世界无产者联合起来"的重要性。李汉俊说:"工人呵!你们的阶级就是你们的国!"④沈仲九说:"现在的时代,是阶级斗争的时代。在这个时代当中,我以为应该合

---

① 季陶:《上海的同盟罢工》,《星期评论》第 48 号(劳动纪念号)第 3 张,1920 年 5 月 1 日。

② 同上。

③ 仲九:《香港机器工的同盟罢工》,《星期评论》第 48 号(劳动纪念号)第 4 张,1920 年 5 月 1 日。

④ 先进:《国民是不是应该分家的?》,《星期评论》第 36 号,1920 年 2 月 8 日。

各国劳动阶级的力量,和本国资产阶级斗争,才能打破资本阶级。所以劳动阶级当中,决不当再分什么种界国界。"①戴季陶也认为"自由劳作、自由管理、自由享用的互助世界",需要"联合世界上一切被掠夺的人"去共同争取。②

第四,互助增进文化发展。沈玄庐指出:"'孤陋寡闻'和'深闭固拒'都是增进文化的大障碍。"要破除这两大障碍,应该发展教育,加强交流。文化的发展,除了要靠"自己发明"以外,学习、模仿他人也是非常重要的方法。"文化除却由摹仿性所生的发明性,无从增进。"从人类文明的发展进程看,文化发明可以看作是以文化积累为基础的一种创造性模仿。在文化上"摹仿自己所得未曾有"和"发明了要他人摹仿",其实都是推进人类文化向前发展的"互助"行为。③

第五,互助促进社会和谐。戴季陶等人在倡导劳动者团结起来,和资本家斗争的同时,也主张劳资调和,促进社会的和谐、进步。戴季陶承认"适应"——"物竞天择、适者生存"——是进化的重要原则,承认自然界存在着激烈的竞争,但他认为与自然界的生存斗争不同,人类社会的进化可以得益于互助——相互妥协,他特别欣赏"社会民主化的英国政治"和英国的"阶级退让的精神"。英国"工人在社会运动上虽有很大的势力,但是一点不滥用他的势力",政府对于工人罢工,"不压迫他们,不用干涉的态度、威吓的说话",而是尽量和他们谈判、"协商",这样,工人方面"也就多少退让一点",给政府留出解决问题的时间和空间,"免

---

① 仲九:《为什么要赞同俄国劳农政府的通告?》,《星期评论》第45号,1920年4月11日。
② 季陶:《俄国劳农政府通告的真义》,《星期评论》第45号,1920年4月11日。
③ 玄庐:《竞争与互助》,《星期评论》第6号,1919年7月13日。

了许多扰乱和流血的悲惨"①,是一种非常符合社会进步、人道要求的做法。五四运动时期,中国的现代产业还很有限,劳资对立尚不严重,戴季陶等人希望中国的工人能"保持与雇主阶级的调和"②,从组织工会、增加工资、提高文化知识、争取八小时工作制、改善劳动待遇等方面入手,理性地开展工人运动,同时希望资本家和工商业者觉悟起来,"赶快做工人资本家接近调和的功夫,不好把工人的生活问题当做和自己不相干",把"工人的教育""工人的安慰""工人家族的待遇""工人的保险""失业者的救济"等工作,"切切实实一件一件作起来",以避免将来社会革命的总爆发和残酷的流血牺牲。③ "要学英国阶级退让的精神,不要步俄国阶级压迫的后尘"④,戴季陶的这一呼喊,包含着他对中国走阶级互助之路,通过和平、渐进的变革达到理想社会的热望。

第六,工读互助,构成圆满的生活。戴季陶把工读互助理解为"自体保存的欲望"和"自体发展的欲望"的结合。⑤ 施存统是当时北京工读互助团的成员,他把工读互助的意义概括为"救济个人生活的枯燥"。他说:"工是劳力,读是劳心","劳心劳力,不宜有偏"。工读互助,"一面劳力,一面劳心;终身工作,终身读书",可以使"身体平均发达",是真正"人的生活"。⑥ 施存统的这一思想在当时有着广泛性和普遍性。上海

---

① 季陶:《社会民主化的英国政治》,《星期评论》第 4 号,1919 年 6 月 29 日。
② 季陶:《组织工会第一层的注意事项》,《星期评论》第 13 号,1919 年 8 月 31 日。
③ 季陶:《国际同盟和劳动问题》,《星期评论》第 2 号,1919 年 6 月 15 日。
④ 季陶:《社会民主化的英国政治》,《星期评论》第 4 号,1919 年 6 月 29 日。
⑤ 季陶:《我对于工读互助团的一考察》,《星期评论》第 42 号,1920 年 3 月 21 日。
⑥ 存统:《"工读互助团"底实验和教训》,《星期评论》第 48 号(劳动纪念号)第 7 张,1920 年 5 月 1 日。

工读互助团为募捐而撰写的介绍中说:"现在中国的社会,是受教育的人不能做工,做工的人不能受教育。受教育的不做工,所以教育几成一种造就流氓的东西;做工的不受教育,所以职业几成一种造就奴隶的东西。现在中国的学制,是求学的时代,不能谋生活,谋生活的时代,不能求学。求学的时代不谋生活,学问就变成形式的、机械的了;谋生活的时代不求学,学问就是不永续的、不进步的了。"工读互助,就是要从根本上解决"教育与职业""生活与学问"的矛盾冲突,为青年人找到一条"合理的教育、正当的生活"的道路。①

五、互助之道

五四时期,中国的知识界不仅极端推崇"互助",而且还具体探讨了互助之道——如何实现互助的问题。

第一,笃信互助,把互助当公理。朱执信认为,要建设互助的社会,首先要把互助当公理。所谓公理,就是说它是普适性的,是"没有国界的",不存在中国的公理、美国的公理、日本的公理等说法,因为"公理只有一个"。"公理与权利是不同的",公理是世界主义,权利是"国家本位"。针对当时流行的"强力拥护公理"一说,朱执信指出,这其实是一个似是而非的错误说法,它把公理和权利混为一谈了。所谓强力拥护公理,它看重的是强力而不是公理,它的真正含义是拿强力拥护权利。"拿强力去拥护权利,就会同公理冲突,就会翻身转到'强力就是公理'的地位"。各国有各国的利益,每个国家都希望最大程度地拓展自己的

---

① 《介绍上海工读互助团》,《星期评论》第40号,1920年3月7日。

利益,但各国的利益是不一致的,大家都用强力拥护自己的权利,矛盾、冲突一旦不能妥协,必然要进行战争,杀个你死我活,分出输赢高下。把互助当公理,就是把人类共同的利益放在第一位,"拥护全世界人类的公理",做一个"超国家的世界的人"。① 沈仲九把强权看成公理的死敌,他认为,要"组织新社会,实行互助",就应该"拥护公理,抵抗强权","积极的主张公理,扑灭强权"。②

第二,明了互助的真义,防止把利用当互助。沈仲九说:"'利用'的本质,有两种不好的地方:一种是蔑视他人的人格。凡是要利用人的人,一定预先存一个被利用的人,能够任我利用的念头。这种念头,就是不认被利用的人有独立自由的意志,就是蔑视他人的人格,实在是不应该的。……二种就是依赖性。凡是要利用人的人,大都想依赖他人。如果自己的创造力和独立性很强,那是断断不会想利用人的。""利用和互助,是截然不同的。互助是光明正大的,人己两利的。利用是阴谋诡计的,损人利己的。"③

第三,抛弃独善其身主义。中国传统文化主张"穷则独善其身,达则兼济天下"。因此,在中国社会,不作为的独善其身主义一直很有市场。譬如民国初年,李石曾、吴稚晖、张继、汪精卫等人在上海发起进德会,主张不做官、不做议员、不喝酒、不吸烟、不吃肉、不嫖、不赌、不纳妾。戴季陶肯定他们的出发点是高尚的,但认为这仅是一种消极的做法,没有"从积极上做工夫",对中国社会产生不了实质性的影响。"既

---

① 执信:《不可分的公理》,《星期评论》第 16 号,1919 年 9 月 21 日。
② 仲九:《我的人生观(下)》,《星期评论》第 21 号,1919 年 10 月 26 日。
③ 仲九:《读孙少侯的忏悔文》,《星期评论》第 31 号(新年号)第 4 张,1920 年 1 月 3 日。

然晓得官僚是腐败的,为甚么不去积极革除官僚的腐败?晓得做议员的有许多是社会国家的罪人,为甚么不到议院里面去增进议员的人格?晓得嫖娼是不好的,为甚么不去把那些娼妓从火坑里面救出来?这样做好人,就算是有多少一生不破戒的同志,也不过是几万万中国人里面多了几多个洗耳的巢父。中国的政治,永远不会因此改革的,中国的社会,永远不会因此进化的。"①互助主义则是一种积极的行动主张,用孔子的话表述就是"仁",就是"己欲立而立人,己欲达而达人",就是联合起来与不合理、不公平、腐朽、罪恶的社会作斗争。T. T. S. 也说:"我们的周围,充满的是腐败恶劣的'因袭'。这个'因袭'的锋利爪牙,一个不当心,就要把我们抓将去。我们在这腐败恶劣的'因袭'堆中,不是要学'战战兢兢、如履薄冰'的态度。'战战兢兢、如履薄冰'的态度,最多只能够成为一个自命为能独善其身的'乡愿'。我们是要这腐败恶劣的因袭,做我们恶战苦斗的对象。自由、平等、博爱、互助的新世界,是要用尽我们自然赋与的最善能力,透出腐败恶劣的因袭,才可以求得的。"②

第四,努力自省、包容过失、共创造美好新社会。互助是一种基于"同情心"的善德。互助的社会是"一个有同情心的热烘烘的社会",提倡互助的人是"一个有同情心的热烘烘的人"。互助的社会和有互助心的人,应该有"一种襟度","对于人家作一件好事,固然要赞美他,就是对于人家作了坏事,也要详细考察他所以作坏事的原因,不好去苛责一个人"。人非圣贤,孰能无过,过而能改,善莫大焉。对那些一时不慎做

---

① 季陶:《上海的社会改造(上)》,《星期评论》第 5 号,1919 年 7 月 6 日。
② T. T. S.:《马克斯逸话一节》,《星期评论》第 31 号(新年号)第 2 张,1920 年 1 月 3 日。

了错事的人,要让其有改过自新的机会,"万不能断定他是不能为善的人,尤其不应该妨害人家为善的道路"。一个人犯了错,社会不给他忏悔、改过的机会,他只会在错误的道路上越走越远。"一个强盗,刑期满了,出了狱,社会上大家仍然当他作强盗,没有人和他做朋友,没有地方容他作工。他没有法子,也只好重新作起强盗来。"要创造自由平等、互助的理想社会,离不开积极的奋斗。这个奋斗,一是向恶社会、黑暗势力斗争,二是帮助那些有过失、能忏悔的人走上进步之路,三是和旧我斗争,努力"做自省的工夫","倘若发现出自己的罪恶来,就要从光明正大之社会的良心上下一个决心,切切实实的从否定旧生活里去肯定他的新生活"。①

第五,注重社会教育,把互助变成国民常识。互助是一种进步的理念,但理念的养成要靠教育,"将新思想散布在能发育的土地上"。学校教育是常规教育,能用"诗文"传播互助的知识和意义,自然是非常重要和必不可少的。除此之外,还应该注重社会教育,多多利用"匾额、屏幅、联语以及书画种种""凡此种种所发生的影响,要比诗与文普遍"。这样的社会教育,不仅受众特别广泛,而且可以"将他壁上、梁上、门上、扇子上,那些旧字样都刮洗去",换上符合互助、自由、平等、进步理念的新文字、新话语。这些新文字新话语,不仅可以改变成人的思想,更为重要的是能改变未来社会的主人——儿童——的思想。儿童对世界充满好奇,最喜欢问"是什么""为什么"等,当他们看到壁上、梁上、门上这些含有新思想新观念的文字,"自然会要求他父母兄姊的解识。经一度

---

① 季陶:《热社会与冷社会》,《星期评论》第30号,1919年12月28日。

的解识,要比在出版品上宣传的效力大得许多"。① 当互助思想深入国民的内心,成了常识、习惯,互助的社会自然就容易实现。

第六,重视实践,言行一致。知与行的关系一直是中国历代思想家思辨的一个重要问题,代表性的观点有老子的"不行而知"、子皮的"知易行难"、荀子的"知之不若行之"、朱熹的"知先行后"、王阳明的"知行合一"、魏源的"及之而后知"、孙中山的"知难行易"等,除了老子以外,其他的思想家都重视"行",强调实践的重要性。在如何建设未来理想的互助社会问题上,沈玄庐提出:(1)言行一致,不能说是一套,做又是一套。例如做教师的不能"讲堂班所讲的一大堆仁义道德博爱互助的话,禁不得下了讲台就去打扑克叉麻雀谈嫖经说赌例"。青年学生"模仿性是最大的",如果教师言行不一,教育的效果不仅微乎其微,而且可能适得其反,"当教师的,费了千日口,敌不过一日手"。(2)行动是最好的教育,"书本上的教育,无非记述过去的运动形迹和研究未来的运动方法;现时的运动,便是改进过去的运动,实行研究的运动"。当时北京的教育界因为当局阻碍教育独立、拖欠教育经费、迫害爱国师生而罢工,沈玄庐盛赞他们联合起来向恶社会、黑暗势力争斗的壮举,指出他们"根据共同的意思,和那些龌龊黑暗的当局奋斗。这就是最善良的、最容易普及的教育"。"教职员集合运动的事,即是表现教职员的社会的态度,和他对于全社会负责任的态度。这种态度,就是青年学生很好的教育,也是全国国民很好的教育,不可当作一时的风潮轻轻看过。"②

---

① 玄庐:《新旧文学一个大战场》,《星期评论》第 24 号,1919 年 11 月 16 日。
② 玄庐:《对于教职员罢工的感想》,《星期评论》第 32 号,1920 年 1 月 11 日。

第七,发掘、利用传统文化中的互助资源。由于凯斯勒、罗斯金、克鲁泡特金等人的倡导,19世纪末20世纪初,互助主义风行一时,但从思想史上看,互助主义的出现并不是无源之水、无本之木,无论是东方还是西方,都有丰富的思想渊源。就西方而言,如《荷马史诗》中的"依靠相互间的信赖和帮助,能够完成伟大的事业,并有伟大的发现";西塞罗的"人世间没有比互相竭尽心力、互相照料更加快乐的了";《圣经》上"帮助别人的人,必得相助";"那把食物分给穷人的人,必然蒙福"……就中国而言,墨家的兼爱思想,儒家的大同理想,老子的"即以为人,己愈有;既以与人,己愈多",韩非子的"虽有尧之智,而无众人之助,大功不立;有乌获之劲,而不得有助,不能自举"等等,都是对互助的倡导和肯定。五四运动时期,不少中国知识分子都看到了中国传统文化中可资利用的丰富资源,戴季陶在《星期评论》上提出:"我们中国人是从古以来就有平和、互助的精神的,我中国从古以来对于社会组织就是极力排斥'自利',赞美'利他'的。我们如果把中华民族'利他'的精神恢复起来,把'科学的精神'来做肥料,我们这样大的一块土地,这样多的人民,真可以做成一个理想的'平和国家',理想的'互助社会'。"①

第八,自由组合、试验新生活。在如何建设自由、平等、博爱、互助的理想社会问题上,五四运动时期中国的知识界已懂得有"组织小社会"与"组织大社会"两种不同的方法。前者是"集合同志,组织理想的小社会,实行新生活";后者则是"先用群众的、公开的、精神的运动,拥

---

① 季陶:《对付"布尔色维克"的方法》,《星期评论》第3号,1919年6月22日。

护公理,抵抗强权,然后自由联合无数小社会,组织大社会"。① 在这两种方法中,他们更欣赏第一种方法,这也是五四运动时期新村主义、工读互助在中国活跃一时的原因。施存统把自己加入北京工读互助团的原因归结为"试验新生活"和"改造社会"两个方面。当时他们希望"用工读互助团去改造社会,改造社会的结果,就是一个顶大的工读互助团——工读互助的社会"。改造的步骤,"第一步巩固团体的基础","第二步是扩张团体","实行主义的宣传","第三步联络各处同志,结成一个大团体,实行世界革命"。在团体与个人的关系上,他们主张在团体建立时,成员要主义一致、情投意合、自愿加入,团体建立后,团员要把团体当成"终身以之"的机构,"凡是团员都该一心一意尽忠于团体;团的利害,就是个人的利害"。做到"我即是团,团即是我"。②

第九,脑力劳动者与体力劳动者合作,共同建设互助的新社会。拉来桑说:"教育能增进知识,知识是生存竞争的最重要的武器",因此应该"使每个人都受充分的教育"③。在五四运动时期,这一思想被知识阶层高度重视。李汉俊说,智识阶级"是'靠脑力的劳动'生活的人",它的"地位和永久的利害,是与'体力的劳动者'一样的",在未来的社会改造中,智识阶级不仅应该注意团结体力劳动者,而且应该十分重视体力劳动者的教育问题,在他们"知识上开发做工夫"④,启迪他们的阶级觉

---

① 仲九:《我的人生观(下)》,《星期评论》第 21 号,1919 年 10 月 26 日。
② 存统:《"工读互助团"底实验和教训》,《星期评论》第 48 号(劳动纪念号)第 7 张,1920 年 5 月 1 日。
③ 拉来桑:《生存互助论》,吴克刚译,商务印书馆 1932 年版,第 62 页。
④ 先进:《最近上海的罢工风潮》,《星期评论》第 21 号,1919 年 10 月 26 日。

悟。工人的觉悟是工人团结、互助的前提。倘若"他们没有阶级的觉悟,就是有充分的要素,他们是决不会有发生相互间的同情心、互助观念,有团结、有组织的"。① 戴季陶非常重视劳动者的教育问题,曾在《星期评论》第三号专文讨论"工人教育问题",并把文化运动和劳动运动结合在一起,强调"文化运动和劳动运动,是有同一意义的东西,离开劳动是没有文化可言的"。"文化运动的意义,就是使一个经济体里面大多数不得享受文化利益的人享受文化的利益。"②

六、互助思潮兴盛的原因

五四时期,互助思潮在中国影响相当广泛,根据相关学者的研究,受其影响的不仅是无政府主义者,还包括文化保守主义者、国民党人、早期共产主义者,以及像蔡元培、高一涵这样的民主主义者。③ 北京工读互助团的发起者包括顾兆熊、李大钊、蔡元培、陈独秀、胡适、周作人、陶履恭、程演生、王星拱、高一涵、张崧年、李辛白、孟寿椿、徐彦之、陈溥贤、罗家伦、王光祈等17人。④ 纵观这17个发起者的经历、信仰和此后的人生道路,我们不难看出互助思潮对当时中国思想界的感染。

不少学者在著述中都提及第一次世界大战与互助思潮兴盛的关

---

① 汉俊:《浑朴的社会主义者底特别的劳动运动意见》,《星期评论》第50号,1920年5月16日。
② 季陶:《文化运动与劳动运动》,《星期评论》第48号(劳动纪念号)第2张,1920年5月1日。
③ 吴浪波:《互助论在近代中国的传播与影响》,湖南师范大学2005届硕士学位论文,第21—32页。
④ 王光祈:《工读互助团》,张允侯等编:《五四时期的社团》(二),生活·读书·新知三联书店1979年版,第373页。

系,这一点在《星期评论》上可以得到充分的印证:

> 全世界,很受赞美的欧洲文明,被此次世界大战造出来的荒乱,剥落尽了。——李大钊①
>
> 这回欧洲大战的原因,有许多人说是商务工业的竞争。——蒋梦麟②
>
> 此次亘五年的世界大战,是由各资本文明国商品生产堆积所发生的爆发结果。换言之,是以奖励资本竞争为目的之国家组织他们本身所必然发露的破绽。——戴季陶③
>
> 从欧洲大战之后,正是以前受经济所决定的旧环境破坏的时代,以后经济的新环境将要决定的时期。凡是人类都要求适应这个新环境,创造新生活状态,所以大家要收起狠狠的争夺脸子,提起笑嘻嘻的互助精神来做一个人。——沈玄庐④

蒋梦麟、戴季陶把竞争看作是大战爆发的原因,沈玄庐把互助精神的盛行看作是大战的结果。蒋作宾则全面讨论了"竞争""互助"两种思潮此消彼长与第一次世界大战的关系,"自达尔文生存竞争的学说出现

---

① 李大钊:《"五一"May Day 运动史》,《星期评论》第 48 号(劳动纪念号)第 1 张,1920 年 5 月 1 日。
② 梦麟:《实验主义理想主义与物质主义》,《星期评论》双十纪念号第 4 张,1919 年 10 月 10 日。
③ 季陶:《上海的同盟罢工》,《星期评论》第 48 号(劳动纪念号)第 3 张,1920 年 5 月 1 日。
④ 玄庐:《介绍"工读互助团"》,《星期评论》第 29 号,1919 年 12 月 21 日。

后,数十年来,种族的竞争,比较从前一日更烈似一日。其结果如何,就是演成这回欧战的一大惨剧。但是经了这一大打击之后,晓得世界上的人类,是要互相扶助,共谋生活,才能得到幸福的,不是侵略攘夺,一族所能独霸的","从前弱肉强食的主义,要改换为相互扶助的主义了。"①

从《星期评论》上显示的资料看,五四时期互助思潮的兴盛,还与以下因素有着密切的关系:

(1) 竞争与互助都是日常生活中常见的现象。互助进化论不仅符合人们的认知,而且合乎道德伦理,被克鲁泡特金等人揭示以后,人们恍然大悟,转而质疑竞争进化论的真理性。

(2) 互助主义符合中国传统的道德伦理。李怡认为,中国传统文化带有很明显的"不竞不争""道德治世""道德万能"的特点,因此,近代中国的知识分子很容易"将其道德的文化兴趣与'互助论'相联结","这种文化嫁接的结果是,形成了一种'道德改造社会'的新武器,在当时中国社会中产生了很大影响"。② 戴季陶呼吁恢复和发扬中国传统"利他"精神③,沈玄庐说中国人"只知道有互助,不知道有竞争"④,施存统等人在进行工读互助实验的过程中,不肯与平民争利⑤,这些都证明互

---

① 蒋作宾:《战后游历欧美的感想》,《星期评论》第 31 号(新年号)第 5 张,1920 年 1 月 3 日。
② 李怡:《近代中国无政府主义思潮与中国传统文化》,华中师范大学出版社 2001 年版,第 113—120 页。
③ 季陶:《对付"布尔色维克"的方法》,《星期评论》第 3 号,1919 年 6 月 22 日。
④ 玄庐:《竞争与互助》,《星期评论》第 6 号,1919 年 7 月 13 日。
⑤ 存统:《"工读互助团"底实验和教训》,《星期评论》第 48 号(劳动纪念号)第 7 张,1920 年 5 月 1 日。

助主义与中国传统文化有着内在联系。

（3）竞争进化论不符合中国的利益。马克思说："理论在一个国家实现的程度，总是取决于理论满足这个国家的需要的程度。"①当时的中国是一个贫穷落后的大国，中国需要觉醒、崛起、现代化，才能在弱肉强食的世界中有效地维护自己的利益。这就是甲午战败后竞争进化论得以风行一时的原因。但是中国和西方存在着巨大的时代差，中国的崛起和现代化不可能一蹴而就，中西之间的鸿沟不可能在短时间填平，因此，强调竞争并不符合中国的利益。沈玄庐说："现在的世界，岂不是提倡'互助主义'的世界吗？世人为什么要提倡这互助主义呢？无非感受互相争夺、杀戮欺凌的痛苦。中国人要算受痛最深的了，应该有实行互助的必要。"②中国在弱肉强食的世界受尽了西方列强的欺凌，反抗无效，一时又难以翻身，碰到倡导互助、友爱的思潮，自然喜出望外，热烈欢迎。

（4）国际联盟被误认为是世界告别竞争、走向互助大同、走向永久和平的先声。第一次世界大战结束前夕，美国总统威尔逊提出了包括杜绝秘密外交、取消经济壁垒、保障民族自决、建立一个旨在维护国际和平的国际联盟等在内的十四点和平计划。威尔逊的这十四点和平建议给中国人带来了无尽的期望。陈独秀盛赞威氏"光明正大"，是"现在世界上第一大好人"。③ 陈氏如此，当时国内绝大多数人也差不多。

---

① 马克思：《黑格尔法哲学批判导言》，《马克思恩格斯选集》第 1 卷，人民出版社 2012 年版，第 11 页。
② 玄庐：《子孙主义》，《星期评论》第 7 号，1919 年 7 月 20 日。
③ 陈独秀：《〈每周评论〉发刊词》，《陈独秀著作选编》第 1 卷，上海人民出版社 2009 年版，第 453 页。

"在五四运动爆发前夕,北京政府徐世昌总统、研究系梁启超、北京大学的新文化派以及西南军阀等,从各自的利益出发,竞相以威尔逊主义为旗帜。"有充分资料可以证实,威尔逊主义是"五四运动的一个外来的重要源动力"。① 巴黎和会上中国外交失败后,中国的知识分子对依靠美国等西方列强谋求公道、正义非常失望,正如《星期评论》第二号所言:

> 欧战终结以后,威尔逊大总统提了十四款的信条,和一个国际联盟案,去到巴黎。这时世界上的言论,都是用"和平""正义""人道""民族平等""人类幸福"的字样布满了。我们中国的国民,被这些极华丽极高尚极优美的名词,迷了个眼睛花耳朵聋,以为世界上战胜的国家,总可以主张世界的公理的。谁想这个凡尔赛会议决议的东西,依然是保障"大国的强权",依然是扶持"军国主义"。我们这"极大的小国国民",更失望到了极点。②

但从《星期评论》提供的其他资料看,这种失望是局部的而不是整体的,是失望中有期待而不是彻底绝望。这从戴季陶等人对第一届国际劳工大会的评说中可以看出,从沈玄庐等人对国际联盟的肯定中更能得到证实。沈玄庐把国际联盟的成立看作是人类"宣告竞争终了",

---

① 马建标:《塑造救世主:"一战"后期"威尔逊主义"在中国的传播》,《学术月刊》2017年第6期。
② 本社同人:《关于民国建设方针的主张》,《星期评论》第2号,1919年6月15日。

"打破国界的先声"①,蒋作宾也把国际联盟的成立看作是人类"要废掉国界的起点",并断言"大同世界,不久总有实现的一日"。②

(5) 社会主义的魅力。五四时期传入中国的学说虽然纷繁复杂,但按其属性来分,大致可以分为自由主义和社会主义两种。自由主义因其强调个人权利优先、放任资本逐利和市场调节,在儒家文化占绝对优势的中国,真正的信奉者并不多。20世纪初,正是世界社会主义运动风起云涌之际,在欧美劳工运动和俄国十月革命的影响下,社会主义思潮接榫中国传统的大同理想、仁爱观念、家国情怀等因素,迅速在中国繁荣滋长。1920年,冯自由说:"现在社会主义的一句话,在中国却算是最时髦的名词了。"③1926年,胡适把社会主义称为西洋近代文明的新宗教信条,"十八世纪的新宗教信条是自由,平等,博爱。十九世纪中叶以后的新宗教信条是社会主义"④。据不完全统计,1918—1922年,中国公开发表过同情社会主义主张观点的约240人,发表过介绍或同情社会主义主张的文章的报刊多达220余种,约占这一时期出版的280余种重要社科杂志、报纸的80%。⑤ 在各种社会主义思潮中,克鲁泡特金的互助主义、基尔特社会主义和马克思主义三者力量最大。基

---

① 玄庐:《竞争与互助》,《星期评论》第6号,1919年7月13日。
② 蒋作宾:《战后游历欧美的感想》,《星期评论》第31号(新年号)第5张,1920年1月3日。
③ 冯自由:《社会主义与中国》,康文龙主编:《列宁主义在中国早期传播史料长编》(1917—1927),武汉大学出版社2019年版,第222页。
④ 胡适:《我们对西洋近代文明的态度》,欧阳哲生编:《胡适文集》(4),北京大学出版社1998年版,第10页。
⑤ 转引自杨奎松、董仕伟:《海市蜃楼与大漠绿洲》,上海人民出版社1991年版,第193页。

尔特社会主义因罗素来华而名噪一时，却又因不顾当时的潮流，把"开发实业"作为解决中国贫困问题"唯一之要求"①而备受指责。克鲁泡特金把无政府主义与共产主义相结合，因颇能自圆其说，被人誉为"科学的无政府主义"②。五四时期中国人对克鲁泡特金的互助论和马克思主义之间的差异尚不是很清晰，往往将其看作是相似或相通的理论。在《星期评论》上，沈玄庐把马克思主义同无政府主义混同起来，在《竞争与互助》一文中，他写道："本篇所讲的'互助'，如苦鲁泡金、勒氏肯、马克思等，多少大学问家所研究过来的，几位先觉，发明了这种造福世界的主义。"③

七、正确看待互助思潮

在过去很长一段时间里，五四时期的互助主义被界定为无政府主义思潮，工读互助团的实验被界定为无政府主义影响下的空想社会主义实践，工读互助团的失败证明"实现社会主义不是一种人道主义的慈善事业，不是凭善良的愿望，依靠和平的渐进手段就可以建立新社会、改造旧社会"④。毫无疑问，这些都是对的，但显然又有些简单化。

首先，互助主义是一种善的理论。自达尔文《物种起源》一书出版以后，"许多科学与哲学思想的代表者受了达尔文学说（只是片面的解释，并非达尔文的真意）的影响，也开始认定支配世界的普遍法则只有

---

① 东荪：《现在与将来》，《改造》第3卷第4号，1920年12月15日。
② 中国人民大学马克思列宁主义基础系编：《无政府主义批判》（下），中国人民大学1959年印刷，第93页。
③ 玄庐：《竞争与互助》，《星期评论》第6号，1919年7月13日。
④ 皮明麻：《近代中国社会主义思潮觅踪》，吉林文史出版社1991年版，第269页。

一个——就是'生存竞争律',由于此种假定,他们在无意中竟为哲学的无道德论张目了"①。尼采更是鼓吹生命就是追求权力的意志,他在《善恶的彼岸》一书中说,"权力意志就是生命意志","生活本身本质上就是侵占,就是侵犯,就是对外人和弱者的征服,就是弹压,就是严酷,就是强人从我,就是兼并他人"。一个生机勃勃的团体,"它必然变成为有血有肉的权力意志,它要努力生长,赢得阵地,支配环境,取得优势,——这不是因为什么道德或不道德,而是因为它生活着,并且因为生活就是权力意志"。② 这种完全抛弃道德的主张不仅向理性主义、人道主义哲学提出了挑战,而且公开为种族主义、帝国主义、侵略主义、殖民主义张目。在此背景下,克鲁泡特金决定要"从科学的见地来证明自然界并不是无道德的""道德乃是社会生活的进化之自然的产物",他的《互助论》就是他道德学说的一个绪论。克鲁泡特金在《互助论》和其他一些著述中阐发说:"人的力量在孤独中不能产生,而是由于和同胞、和人民、和劳动群众联合一起而形成的。""人类的进步是绝对不能和社会的生存分开的。生活在社会中,其结果就不可避免地使人类与动物生出了社会性的本能——互助;这种本能在人类中便进而发达,则变为慈爱,同情及爱之感情。此等本能与感情生出了人类道德,即道德的感情,知觉,概念之总和。后者在最后形成了一切道德学说的基本规则:'你不愿意别人加到你身上的,也就不要加到别人身上。'"克鲁泡特金还把互助、正义、自我牺牲看作是道德的三要素,认为"此等要素虽未具

---

① 《〈伦理学的起源和发展〉俄文原本编者莱伯代甫序》,李存光编:《无政府主义批判——克鲁泡特金在中国》,江西高校出版社 2009 年版,第 109 页。
② 周辅成编:《西方伦理学名著选辑》(下),商务印书馆 1987 年版,第 792 页。

有论理律中的普遍性与必然性之特征,然而却是人类的伦理学的基础"。①克鲁泡特金的伦理学是和他的无政府共产主义联系在一起的。"他的社会主义的原理是'各尽所能,各取所需';他的伦理公式便是'无平等则无正义,无正义则无道德'。"②正因为克鲁泡特金特别重视道德、伦理,所以他被人尊称为"伟大的,人道主义科学家"③。

雨果说:"善是精神世界的太阳。"在一切道德品质中,善良是人类最需要的品质。这不是说善能解决一切问题,也不是说善的理论无懈可击,更不是说善的理论就是科学的、合理的,但教人行善、彰善瘅恶应该是人类的基本准则。

其次,克鲁泡特金的互助理论包含着不少真理性的认识。《互助论》并不是克氏闭门造车、凭空臆想的作品,"作为他的学说之根柢的乃是那无数客观地搜集起来的事实。作者根据他对于生物学、人类学、社会学以及历史之渊博的知识来处理这丰富的材料。每一引证均注明它的出处,或是生物学者的实验,或是探险家的报告,或是人类学者的记录,或是社会学家的研究结果,我们都可以用批评的眼光来考察它们"。克鲁泡特金的研究或许有偏颇与不完善的地方,但"互助的学说是立在坚实的基础上面的"。④

---

① 《〈伦理学的起源和发展〉俄文原本编者莱伯代甫序》,李存光编:《无政府主义批判——克鲁泡特金在中国》,江西高校出版社2009年版,第110页。
② 巴金:《〈伦理学的起源和发展〉汉译本译者前记》,李存光编:《无政府主义批判——克鲁泡特金在中国》,江西高校出版社2009年版,第107页。
③ 《〈伦理学的起源和发展〉俄文原本编者莱伯代甫序》,李存光编:《无政府主义批判——克鲁泡特金在中国》,江西高校出版社2009年版,第108页。
④ 巴金:《〈互助论〉中译本前记》,李存光编:《无政府主义批判——克鲁泡特金在中国》,江西高校出版社2009年版,第84页。

克鲁泡特金的互助进化论在科学发展史上有着重大的意义,"《互助论》应该说是《人类由来》的续篇"。克氏的思想不是对达尔文学说的否定,而是对"达尔文学说之正确解释"①,是对达尔文学说中被人忽视的思想的发扬光大。克氏认为,导致生物进化的因素有很多种②,竞争是其中的一种,互助也是其中的一种,互助如果不比竞争更重要,起码也和竞争同等重要。克氏关于生物进化的这一见解为许多达尔文的信徒所认同。据说赫胥黎看见克鲁泡特金在《互助论》中所提供的证据,后来便改变了自己的见解。达尔文的友人,英国博物学家亨利·沃尔特·贝茨称赞克氏的见解"是真正的达尔文主义"。③

第三,不宜简单地用阶级斗争学说去否定克鲁泡特金的互助理论。众所周知,1848年马克思和恩格斯在他们合著的《共产党宣言》中提出:"至今一切社会的历史都是阶级斗争历史。"④后来恩格斯发现了这一说法的问题,在1888年的英文版上加了一个注——"这是指有文字记载以来的全部历史。"对于阶级斗争学说,笔者不打算在此全面讨论,仅提出以下看法:(1)马克思主义是人类文明成果的一个组成部分,马

---

① 巴金:《〈互助论〉中译本前记》,李存光编:《无政府主义批判——克鲁泡特金在中国》,江西高校出版社2009年版,第84页。
② 克鲁泡特金在《进化论》一书的引言中说:"这是一本论述互助法则的书,它把互助作为进化的一个主要要素来考察——它所考察的不是所有一切的进化要素和它们各自的价值。"(见[俄]克鲁泡特金:《互助论:进化的一个要素》,李平沤译,商务印书馆1963年版,第14页)克氏在"所有一切的"下面还打了着重号,这表明他已经意识到导致生物进化的原因是多样的。
③ [俄]克鲁泡特金:《互助论:进化的一个要素》,李平沤译,商务印书馆1963年版,第12页。
④ 马克思、恩格斯:《共产党宣言》,《马克思恩格斯选集》第1卷,人民出版社2012年版,第400页。

克思主义同其他学说不是绝对对立的,不能简单地用马克思主义否定其他人类文明的成果。(2)不能只重视马克思恩格斯的阶级斗争学说,而忽视他们的其他思想。(3)在以上两点的基础上,可以推论出第三点——不能把阶级斗争学说绝对化、神圣化。过去那种把马克思主义"千条万绪"的道理简单地归结为一句"造反有理"的提法,就是把阶级斗争学说绝对化、神圣化的表现,其在实践中的错误及其后果众所周知,毋庸赘言。

克鲁泡特金的社会互助论显然不同于马克思的阶级斗争说,但这并不能否定这一学说积极的反抗意义。《互助论》首先是抗议侵略、抗议强权、抗议那些为侵略和强权辩护的学者及其学说的人道主义作品。其次,"它还交给我们一个斗争的武器,这便是互助"。克氏通过他的学说告诉人们,"互助是最好的武器,无论是用来抵御外敌的侵略或与残酷的自然斗争。能够使用这武器的物种或人类决不会灭亡"。① 在五四时期,"北京政府通令禁止克鲁泡特金《互助论》、马克斯《资本论》……等书籍八十余种"。他们这样做,"无非为禁止共产主义、集产主义、无政府主义的传播"。② 北洋政府之所以要禁止这些学说的传播,无非是因为恐惧这些学说的进步性与革命性。换言之,五四时期,无政府主义、共产主义、集产主义等都是作为中国专制独裁政治的对立物存在的,在反对当时中国黑暗政治和腐朽社会的斗争中,它们是同盟者。它们之间虽然有矛盾和斗争,但这属于新文化、新思潮内部的分

---

① 巴金:《〈互助论〉中译本前记》,李存光编:《无政府主义批判——克鲁泡特金在中国》,江西高校出版社 2009 年版,第 85 页。
② 仲九:《主义的研究与禁止》,《星期评论》第 40 号,1920 年 3 月 7 日。

歧,无碍其反封建、反专制的革命性。

在如何看待克鲁泡特金的社会互助理论与马克思的阶级斗争学说的关系上,中国早期马克思主义者李大钊提供了一个非常值得关注的视角。李大钊从人道主义和自由主义去解读马克思主义,把俄国十月革命看作是"以人道、自由为基础"的革命。① 俄国十月革命胜利标志着"人道的警钟响了! 自由的曙光现了!"② 对于克鲁泡特金的互助论与马克思主义的阶级斗争说,李大钊并没有简单地接受一方摒弃另一方。他说:社会主义"不论是科学派、空想派",都是拿"互助友谊的精神"作基础的。③ 克鲁泡特金的"互助论"与马克思的"阶级竞争"学说,表面上看"仿佛相反",但实际上是一致的,是可以合作的。"这最后的阶级竞争,是改造社会组织的手段。这互助的原理是改造人类精神的信条。我们主张物心两面的改造,灵肉一致的改造。"④

第四,克鲁泡特金的互助论是五四运动时期很多中国知识分子接受马克思主义的一个媒介。相关资料显示,中国最早的一批马克思主义中很多人有过信仰克鲁泡特金无政府共产主义的经历。李大钊不止一次说:"生物的进化,不是靠着竞争,乃是靠着互助。人类若是想求生

---

① 李大钊:《法俄革命之比较观》,《李大钊全集》第 2 卷,人民出版社 2006 年版,第 227 页。
② 李大钊:《Bolshevism 的胜利》,《李大钊全集》第 2 卷,人民出版社 2006 年版,第 263 页。
③ 李大钊:《再论问题与主义》,《李大钊全集》第 3 卷,人民出版社 2006 年版,第 3 页。
④ 李大钊:《阶级竞争与互助》,《李大钊全集》第 2 卷,人民出版社 2006 年版,第 355—356 页。

存,想享幸福,应该互相友爱,不该仗着强力互相残杀。"①1917年,恽代英与一些友人在武昌创立互助社,"取克鲁泡特金新进化论的意义"。②毛泽东在《民众的大联合》一文中,称马克思为激烈派,克鲁泡特金为温和派,并赞赏克氏的互助论,"这派人的意思,更广,更深远",希望中国能以"民众的小联合"作基础,走向"民众的大联合",把中国建设成"黄金的世界,光荣灿烂的世界"③……从《星期评论》提供的资料看,李汉俊、沈玄庐、施存统、俞秀松等活跃在上海的中共早期组织的成员都不同程度地接受过克鲁泡特金的互助论。有学者估计,中共一大召开时,全国各地的几十名党员中,40%以上的人受过各种无政府主义的影响。④ 中国大量早期马克思主义者接受过无政府主义,特别是克鲁泡特金的互助论,显然不能简单地用"受其蒙蔽"来解释,而只能说明克氏的无政府共产主义对年轻人和革命者有着特殊的魅力。这种魅力是和克氏无政府大同理想的美妙、理论的严谨密不可分的。从李大钊、恽代英、毛泽东等中国第一代马克思主义者的成长经历可以看出,"互助进化观风靡五四时期为马克思主义的传播奠定了一定的思想基础"⑤,

---

① 李大钊:《新纪元》,《李大钊全集》第2卷,人民出版社2006年版,第267页。类似的说法在其《阶级竞争与互助》等作品中也有反映。
② 《互助社的第一年》,张允侯等编:《五四时期的社团》(一),生活·读书·新知三联书店1979年版,第118页。
③ 毛泽东:《民众的大联合》,中共中央文献研究室、新华通讯社编:《毛泽东新闻作品集》,新华出版社2014年版,第37—46页。
④ 刘勇:《对早期马克思主义者与无政府主义斗争的再评价》,《中国青年政治学院学报》1993年第2期。
⑤ 毕青松:《竞争与互助:清末民初进化论思想内涵的嬗变研究》,哈尔滨师范大学2017届硕士论文,第65页。

"许多青年对共产主义社会的向往,常常是以无政府主义为过渡的,无政府主义在不知不觉之中成了人们接受马克思主义的启蒙老师"。①因此,在这个意义上,我们完全可以说克鲁泡特金的互助论是五四时期很多中国知识分子通向马克思主义的一个桥梁。

第五,要认真考量五四时期中国互助思潮与克鲁泡特金社会互助理论的异同。五四时期中国互助思潮和工读互助运动,从理论来源上看大致包括四个:其一为克鲁泡特金的互助理论;其二为马克思的社会主义学说,特别是其中的"各尽所能、各取所需"共产主义愿景和"全世界无产者联合起来"的思想;其三为托尔斯泰的泛劳主义;其四为中国传统的大同思想和仁爱学说。当然不排除还有其他的因素,但以这四个为主。在这四个理论来源中,克鲁泡特金的互助理论自然处于首要位置,但从《星期评论》提供的材料看,五四时期,中国的互助思潮与克鲁泡特金的学说之间也有很大的差异性,或者说是有取舍、有发展。中国知识分子接受的主要是克氏的人群互助理念,反对战争反抗强权的意识,对未来共产大同世界的勾画,脑力劳动与体力劳动相结合的思想,并把这一思想发展成知识分子要与劳工大众相结合,教育、引导劳动大众,启迪他们的觉悟,共同为建立理想的互助大同社会而斗争。对克氏提出的工业和农业联合的意见、工业分散和以全工代替分工的主张,基本上没有什么人传播。不仅如此,社会分工理论反而是五四时期中国知识界理解和接受互助论的一个基础。

在评价克鲁泡特金时,一定要懂得不可因他是无政府主义者而忘

---

① 朱义禄、张劲:《中国近现代政治思潮研究》,上海社会科学院出版社 1998 年版,第 244 页。

记他是"一个忠实的归纳的科学家,一个前进的哲学家,一个社会主义的思想家"①,不可忽略了其人格的伟大、学识的渊博、眼光的深透、论述的雄辩。在评价五四时期的互助思潮时,不可因其受无政府主义学说的影响而忽略其探索性、进步性,不可忘记这一思潮对新文化运动与马克思主义传播的助推作用。这些应该成为共识和前提。

---

① 巴金:《〈克鲁泡特金全集〉总序》,李存光编:《巴金研究资料》(上),海峡文艺出版社1985年版,第118页。

中共一大前夕不同阵营刊物传播马克思主义的共性及差异
——基于《新青年》与《星期评论》的比较

马先睿*

摘要：中共一大前夕，早期共产主义知识分子与国民党理论家在各自创办的报刊上积极引介马克思主义，共同推动了马克思主义传播的春潮。其中，分属两大阵营的《新青年》与《星期评论》最具代表性。两刊在传播马克思主义的主体、内容、方法等方面彰显出诸多共性，但囿于各自迥异的政治立场，其共性背后仍潜藏若干差异。总体上看，两刊传播马克思主义的共性大于差异，但这些差异却深刻影响了两大阵营日后的关系发展。

关键词：马克思主义早期传播；《新青年》；《星期评论》；中共一大前夕

从五四新文化运动勃兴到中国共产党正式宣告成立的一大前夕，

---

* 马先睿，西南交通大学马克思主义学院副教授，复旦大学马克思主义学院博士后。

马克思主义在中国的传播呈现出空前繁荣。一部分进步知识分子怀抱改造中国社会、挽救民族危亡的壮志担当,逐渐将目光聚焦到马克思主义之上。他们一面加紧对这一全新理论的研究,在比较和争鸣中探寻救国救民的真理,一面积极投身马克思主义的宣传事业,尝试以"思想陶融的工夫"收新文化运动未竟之功。其势之凌厉,以致"德""赛"二位先生亦黯然失色。正是在这一过程中,一支渐具规模、成分驳杂的马克思主义传播队伍宛然成形,并从此将马克思的名字镌刻在古老东方的广袤大地上。

作为五四运动后国内宣传和研究马克思主义的代表刊物,早期共产主义知识分子主持的《新青年》以及国民党理论家①开办的《星期评论》,无论从发行量还是影响力观之,在马克思主义早期传播阵地中都占据着最为瞩目的位置。周恩来后来就曾表示:"当时戴季陶在上海主编的《星期评论》专门介绍社会主义,北平胡适主编的《每周评论》,陈独秀主编的《新青年》,都是进步读物,对我的思想都有许多影响。"②上述两份不同阵营刊物在介绍和研究马克思、恩格斯及其学说时,不只停留于文本的浮浅附会,而是相对完整地对唯物史观、剩余价值理论、阶级斗争学说进行了阐释,在传播主体、内容、方法诸方面彰显出明显共性。这不仅从客观上合力推动了五四运动以后马克思主义传播的春潮,并且催生了伟大的中国共产党。与此同时,两刊在呈现共性之余,也潜藏

---

① 主要是指戴季陶、沈玄庐、胡汉民等中华革命党理论家。1919年10月,中华革命党改组为中国国民党。为表述便利,文中统称其为国民党理论家。
② 中共天津市南开区委党史资料征集委员会编:《南开党史资料汇编》(第一册),中共天津市委党史资料征集委员会内刊1991年版,第41页。

若干复杂差异,反映出不同阵营知识分子在对待马克思主义时秉持的迥异政治立场。这些共性与差异,深刻体现了马克思主义在中国早期传播的复杂嬗递过程。

源于两刊对马克思主义的深入传播,《新青年》与《星期评论》都同中国共产党的创建发生了密切联系,被党的早期领导人誉为推动中共诞生的"最初细胞"[①]。过去学界在考察上海共产党早期组织(又称中共上海发起组、上海共产主义小组)的筹建情况时,大都不约而同提及两刊及其相关的重要人物。但相较之下,学者们对于《新青年》的关注程度远甚于《星期评论》,对两刊的评价也过于悬殊。这一情况的存在,同真实还原马克思主义早期传播宏伟画卷、完整呈现中共创建历程的理论和现实需要是极不相称的。特别是在中国共产党甫走过百年征程之际,回到党诞生的源头,重新梳理马克思主义在中国早期传播的历史脉络,比较不同阵营知识分子传播马克思主义的功过异同,具有十分重要的意义。正因如此,本文拟聚焦中共一大前夕《新青年》与《星期评论》的理论活动,对两刊传播马克思主义的共性及差异做一探讨,从一个维度丰富马克思主义早期传播史和中共创建史领域的研究。

一、两刊传播马克思主义的概况

五四运动结束后,中国出版业迎来了显著发展。短短半年内,全国便出现超过四百种以研究各种社会主义思想为主题的进步刊物。[②] 周

---

① 瞿秋白:《中共党史纲要大纲》,转引自中央档案馆编:《中共党史报告选编》,中共中央党校出版社1982年版,第200页。
② 郑大华:《民国思想史论》(续集),社会科学文献出版社2010年版,第112页。

佛海当时就表示,"若把国内的新出版物翻开起看,差不多没有一本没有'社会主义'四个字的,无论他们是宣传他或是反对他,总可见近来的思想界,对于社会主义这种东西,都是热心去研究了"①。在这种泥沙俱下的局面下,马克思主义凭借对社会发展规律的深刻认识以及对未来社会的合理擘画,赢得了一部分进步知识分子的青睐,从而获得了在中国传播的最初依托。一批致力于研究和传播马克思主义的理论阵地,自此相继涌现。

在中共一大前夕刊行的一众出版物中,《新青年》先声夺人、颇引人注目。早在1915年,该刊就率先在"尊孔"与复辟的喧嚣声中吹响了新文化运动的号角。陈独秀、李大钊等知识分子高举"德先生""赛先生"两面大旗,反对独裁专制与迷信盲从,提倡以科学观点理性地判断事物,并广纳各种新思潮。十月革命的消息传入中国后,李大钊更先后在《新青年》上发表《庶民的胜利》《Bolshevism 的胜利》《我的马克思主义观》等文章,初步影响了该刊的办刊方向。直至1920年陈独秀由京赴沪,伴随其思想由激进民主主义转向马克思主义,《新青年》也在迁沪后逐渐转型为马克思主义宣传刊物。同年9月,该刊正式成为上海共产党早期组织的机关刊物,并从第8卷1号开始,在封面、内容、版式上都出现明显变化。其中所开设之"俄罗斯研究"专栏,积极刊登苏维埃俄国的政治、经济、社会情况,并大量译介由苏俄舶来的马克思主义著作。此后终其停刊,《新青年》一直将马克思主义作为最主要的传播内容。

在当时,由国民党理论家创办的《星期评论》,其影响力与知名度皆

---

① 周佛海:《社会主义的性质》,《解放与改造》第2卷第10号,1920年5月15日。

不亚于《新青年》。中共早期领导人李立三就曾在1930年撰写的《党史报告》中将两刊等量齐观,称之为五四运动后国内"最占势力的两份刊物"①。该刊创刊于1919年6月,存续时间仅一年,一度以"新文化运动的言论机关"自居,"销到十几万份"②。马克思主义作为当时社会主义思潮的重要一支,被《星期评论》所关注。直至停刊前,该刊先后刊登了《唯物史观的解释》《马克斯传》《科学的社会主义与唯物史观》等一系列阐释和宣传马克思主义的文章,在思想文化界产生了广泛舆论影响。1920年初,李汉俊接手主持《星期评论》后,该刊的马克思主义倾向进一步得到加强。从第50号开始,李汉俊相继撰写《浑朴的社会主义者底特别的劳动运动意见》《劳动者与"国际运动"》等文章,对张东荪等研究系学者假社会主义之名而行改良之实的基尔特社会主义倾向展开了批判。这也使《星期评论》成为当时国内最早揭橥反对基尔特社会主义的理论阵地。在传播马克思主义的同时,该刊主创还与陈独秀建立起密切联系,并协助其发起上海"马克思主义研究会",进而成立中共上海早期组织。这一从理论到实践的发展过程,是《星期评论》传播马克思主义的必然结果,标志该刊对马克思主义的理解和认识已达一定程度。

综观两刊传播马克思主义的历程,双方主创者之间的互动一直十分密切。早在开办《每周评论》期间,陈独秀、李大钊等人就时常同远在上海的戴季陶、沈玄庐等国民党理论家互称"兄弟"③,李大钊更亲自担

---

① 李立三:《党史报告》,转引自中央档案馆编:《中共党史报告选编》,中共中央党校出版社1982年版,第209页。
② 同上。
③ 胡适:《欢迎我们的兄弟——星期评论》,《每周评论》第28号,1919年6月29日。

任了国民党理论刊物《建设》杂志在北京的发行人。陈独秀由京到沪后,《新青年》与《星期评论》的主创者互为对方供稿,并相互转载对方文章,在传播马克思主义上采取一致态度。1920年4月11日,《星期评论》首次全文刊登了苏俄对华宣言,并公开译介了《俄国劳农政府通告的真义》《为什么要赞同俄国劳农政府通告》等文章,《新青年》第7卷6号立即予以转载。同年5月1日,当《新青年》推出"劳动节专号"后,《星期评论》跟进出版"劳动日纪念号",两份刊物同时在头版刊登了李大钊的《"五一"May Day 运动史》。孙中山更亲笔为《新青年》专号题写了"天下为公"四字。不仅如此,为"刊行有研究价值的关于社会主义的书籍"①,两刊主创还共同编纂丛书。如在"社会经济丛书"第一期出版的《共产党宣言》《资本论解说》《布尔色维克底俄国》等20余种马克思主义书籍中,其编者名单里随处可见陈独秀、李汉俊、戴季陶、沈玄庐等两刊主创者的名字。他们在书中彼此互称"同人",显见其在传播马克思主义的问题上都视对方为志同道合的同志。

二、两刊传播马克思主义的共性

作为中共一大前夕国内两大重要的马克思主义理论传播阵地,《新青年》与《星期评论》受当时特殊的文化氛围与社会环境影响,在传播主体、传播内容、传播方法诸方面呈现出突出的共性。

(一)传播主体的共性

正如毛泽东所指出的那样,五四运动这场"伟大而彻底的文化革

---

① 本社同人:《星期评论刊行中止的宣言》,《星期评论》第53号,1920年6月6日。

命"①,使不同政治倾向的知识分子得以在救亡图存、改造中国的共同时代任务感召下,突破界限逐渐聚合在一起。从《新青年》与《星期评论》这两份不同阵营刊物来看,其致力传播马克思主义的核心人物中,既有以陈独秀、李大钊为代表的早期共产主义知识分子,也有戴季陶、林云陔等国民党理论家,同时不乏陶孟和、蒋梦麟等其他有识之士。可以说,在当时党际界限尚未明晰的情况下,不同阵营知识分子尚能保持相当的合作,均视对方为"新文化统一战线里边的一员"②,彼此呼应、相互唱和,共同活跃在马克思主义传播阵线上。这种合作基础,明确反映在传播主体的共性上。

在年龄结构方面,两刊传播马克思主义的撰稿群都呈现明显的年轻化趋向。若以是否热衷介绍马克思、恩格斯、列宁生平,宣传十月革命与苏俄发展,阐释马克思主义某一方面学说为划分依据,当时两份刊物上可归类为马克思主义传播者的主要有陈独秀、李大钊、袁振英、李达、杨明斋、李季、李汉俊、施存统、戴季陶、沈玄庐、胡汉民、林云陔、朱执信、徐苏中等人。如表1所示,除陈独秀、胡汉民生于1879年外,其余皆为19世纪"80后""90后"一代的年轻人。其中,戴季陶、沈玄庐创办《星期评论》时,前者尚不满30岁,后者亦刚过35岁。《新青年》迁沪时,主编陈独秀也不过40岁出头。如果将35岁作为中、青年分界线的话,那么两刊上传播马克思主义的"85后"人士就达9位之多。这说明五四运动之后,中国产生了一支以青年为主体的马克思主义传播队伍。

---

① 毛泽东:《毛泽东选集》(第二卷),人民出版社1991年版,第699页。
② 中国社会科学院现代史研究室编:《"一大"前后:中国共产党第一次代表大会前后资料选编》(二),人民出版社1980年版,第51页。

他们各自怀抱不同的思想动机,先后投入介绍和研究马克思主义的活动当中。这种年龄结构上的特点,为不同阵营的青年知识分子相互沟通、彼此协作提供了重要前提和基础。

表 1　中共一大前夕,《新青年》《星期评论》传播马克思主义主要人物统计表

姓　名	笔　名	出生年	五四运动时年龄
陈独秀	独秀、陈独秀、记者、T.S.	1879	40
李大钊	明明、守常	1889	30
李　达	H.M.、李达	1890	29
袁振英	震瀛	1894	25
杨明斋	杨明斋	1882	37
李　季	季子	1892	27
戴季陶	季陶	1891	28
沈玄庐	玄庐	1883	35
李汉俊	先进、李人杰	1890	29
施存统	存统、光亮	1898	21
朱执信	执信、民意、无名	1885	34
胡汉民	汉民	1879	39
林云陔	云陔	1883	36
徐苏中	苏中、徐苏中	1886	33

在学历背景方面,这批传播马克思主义的知识分子大多具有海外留学经历,既受过专业系统的西学训练,又兼具良好的国学基础。在中共一大前夕求新求变的时代环境下,这种特殊的教育背景,对于中国知识分子在各种纷繁的思潮中反复推求比较、选择和传播马克思主义具有重要意义。一方面,他们学贯中西,不少人掌握一门甚至多门外语,

在接触和翻译马克思主义著作时具有极强的语言优势。李汉俊与戴季陶、朱执信三人,就曾以高畠素之的日译版为底本,合作翻译过考茨基的名篇《马克斯资本论解说》。此后,胡汉民更凭一己之力补译了该书的后三章内容。《星期评论》刊行期间,主编戴季陶不仅依靠深厚的日文功底①译介了大量国外社会主义著作,同时还邀请陈望道翻译《共产党宣言》,并交由《新青年》的主编陈独秀校对。这种"猛看猛译"马克思主义文本的长处,显然受益于其独特的教育经历。另一方面,他们兼容并蓄的文化素养,使其在传播马克思主义的过程中,充满现代知识分子自由表达与独立思考的文化个性。这不仅有利于淡化不同阵营知识分子在政治立场上的矛盾冲突,也使《新青年》和《星期评论》在内容上不约而同呈现出开放多元的气度和倾向。

在传播动机方面,两刊知识分子之所以热衷介绍马克思主义,从最初动因看,主要源于自身强烈的民族意识。在五四运动后的特殊氛围下,救亡图存是中国有识之士衡量一切的价值标准。文化活动为民族救亡服务,成为他们理解和认识世界、探索救国方案的一种必然。中共一大前夕《新青年》与《星期评论》在马克思主义传播阵线上的一致勠力,其合作基础即来源于此。李达等人在后来发行的《新青年》季刊第一期上说得十分明白,"新青年杂志是中国革命的产儿",其目标就是指导劳动阶级"真正地解放中国"。②《星期评论》主创也在发刊词中多次

---

① 关于戴季陶的日文水平,其留日同窗谢铸陈曾有过一段描述。谢形容戴对日语的熟稔,达到了"能够在隔壁房里听不出是中国学生"的程度。见谢铸陈:《谢铸陈回忆录》,文海出版社1961年版,第25页。
② 《〈新青年〉之新宣言》,《新青年季刊》第一期,1923年6月15日。

用"国家是我的国家"①一语宣示其办刊动机。可以说,两大阵营"救国之途虽疏,爱国之心则同"②,双方在救亡图存的根本目标上具有相当的一致性。正因怀抱强烈的民族意识,两刊在解读马克思主义时都比较突出国家民族之间的差异。李季在《新青年》第 8 卷 6 号上撰文指出,马克思曾"以为理想社会的实现,一定在英、美、德、法等国,不料事实上竟在经济制度极不完备的俄国"。可见,学习马克思主义不能"孔趋亦趋,孔步亦步",要结合每个国家的不同情况加以分析。③ 戴季陶也在《星期评论》中表示,"全世界的民族各有各的历史的精神",传播马克思主义必须体现"民族的价值"。④ 上述话语既委婉蕴含了马克思主义要同中国实际结合的思想萌芽,同时也凸显出当时中国知识分子普遍具有的厚重民族观念。

(二)传播内容的共性

近代以降,中国的仁人志士不约而同把目光对准欧美,试图从海洋彼岸寻求救国救民的解方。但诚如毛泽东所言,"帝国主义的侵略打破了中国人学西学的迷梦"⑤。直至 20 世纪初叶,马克思主义才在十月革命的隆隆炮声中悄然来到中国,并被致力于改造中国社会的知识分子所关注和青睐。这种独特的背景,使知识分子在传播马克思主义的过程中同时兼具传播者与革命者的双重角色,其理论工作和政治革命密切

---

① 沈玄庐:《发刊词》,《星期评论》第 1 号,1919 年 6 月 8 日。
② 中央文献研究室第二编研部编:《邓颖超自述》,解放军出版社 2014 年版,第 184 页。
③ 李季:《社会主义与中国》,《新青年》第 8 卷 6 号,1921 年 4 月 1 日。
④ 戴季陶:《"世界的时代精神"与"民族的适应"》,《星期评论》第 17 号,1919 年 9 月 28 日。
⑤ 毛泽东:《毛泽东选集》(第四卷),人民出版社 1991 年版,第 1470 页。

结合,进而造成其传播内容亦根据政治需要而不断深化。这一特点,深刻体现在《新青年》与《星期评论》关于马克思主义的传播内容当中。

首先,实用价值是两刊最初关注马克思主义的共同起点,也是其传播马克思主义时着力突出的重点内容。从《新青年》《星期评论》的相关著述看,无论是早期共产主义知识分子还是国民党理论家,都十分注意用国内外的客观现实检验马克思主义学说。李大钊在《新青年》7卷2号上发表的《由经济上解释中国近代思想变动的原因》一文中明确指出,"新思想是应经济的形态、社会的新要求发生的,不是几个青年凭空造出来的"①。正因如此,《新青年》在7卷5号、8卷1号、8卷5号特别开辟了"社会调查"专栏,大量刊登调查类文章,通过剖析社会底层生活与劳工情况来验证和运用马克思主义学说。戴季陶、朱执信等亦特别在《星期评论》中考察了马克思、恩格斯等人在德、英、美、俄等国领导共产主义运动的情况。他们发现,"马克斯及其同志所想望的革命是要秩序的政治的占领国家",其成功经验"在政治组织上和经济组织上,是狠(很)切实的模范,我们尤其不能不切实研究"。② 这种传播马克思主义的实用倾向,实际上是中国近代知识分子在寻求救国方案时普遍具有的经世致用心态的一种体现。

其次,相较过去那种片段式的零散介绍,两刊对马克思主义的理解已趋于完整,但在内容选择上具有各自的倾向。通过对比《新青年》与《星期评论》的刊行轨迹,可以明显发现两刊对于马克思主义的传播共

---

① 李大钊:《由经济上解释中国近代思想变动的原因》,《新青年》第7卷2号,1920年1月1日。
② 戴季陶:《关于劳动问题的杂感》,《星期评论》"劳动日纪念号",1920年5月1日。

同呈现出一条明晰的路线图,即:首先从马克思、恩格斯等经典作家的生平入手,在初步明确马克思主义实用性价值的基础上,运用唯物史观论证社会变革的必然性,再以剩余价值为突破口,从经济学角度进一步揭示社会变革的深层原因,并依据中国传统的大同理想,论证社会主义是人类必由之路。但值得注意的是,陈独秀等早期共产主义知识分子更加聚焦苏俄社会主义经验及马克思主义阶级斗争学说的阐释,国民党理论家则采取了一种类似群体协作的方式,在传播内容上各有选择、各有侧重。譬如胡汉民、林云陔等偏重于论述唯物史观中"单纯经济的理论"①,戴季陶、沈玄庐则侧重"从经济上观察中国的乱源"②。可见,国民党理论家虽然也能比较完整地介绍马克思主义,但其关注点与早期共产主义知识分子存在一定差异。

最后,关于马克思主义著作的大量译介,是两刊传播马克思主义的又一共同特点。过去学界在谈及马克思主义早期传播的历史局限时,多认为时人"对马克思主义的原著看得不多"③。然而,单就两份刊物的内容观之,这一论断下得似乎有些草率。通过梳理《新青年》和《星期评论》的著述可知,恩格斯的《社会主义从空想到科学的发展》(徐苏中翻译,发表于《星期评论》)、李卜克内西的《马克斯传》(戴季陶翻译,发表于《星期评论》)、河上肇的《见于资本论的唯物史观》(徐苏中翻译,发表于《星期评论》)、列宁的《过渡时代的经济》(袁振英翻译,发表于《新

---

① 胡汉民:《唯物史观批评之批评》,《建设》第1卷第5号,1919年12月1日。
② 戴季陶:《从经济上观察中国的乱源》,《建设》第1卷第2号,1919年9月1日。
③ 田子渝等:《马克思主义在中国初期传播史(1918—1922)》,学习出版社2012年版,第32页。

青年》)、列宁的《俄罗斯革命之五年》(瞿秋白翻译,发表于《新青年》)等都先后出现在两刊的相关栏目中。特别是李汉俊在《星期评论》上发表的《唯物史观的解释》中,一口气引证了恩格斯1889年《致约·布洛赫》、1894年《致瓦·博尔吉乌斯》等多封有关历史唯物主义的通信。上述对马克思主义著作的大量译介,虽然语句仍显晦涩,但观点是基本正确的。这说明中共一大前夕两大阵营的马克思主义传播者已善于从原著中汲取养分,显示出较强的解读马克思主义的能力。

(三) 传播方法的共性

恰如李大钊所说,"桐叶落而天下惊秋,听鹃声而知气运"①。五四运动以后,不同阵营知识分子积极回应社会舆论,大力引介包括马克思主义在内的各种新思潮,形成了一股前所未有的宣传风气。从方法上看,《新青年》与《星期评论》在解构马克思主义这一庞大理论体系时,都是一面注重对马克思主义的通俗性推广,吸引一般民众对于"新文化"的关注,一面借助对国外相关成果和国内传统资源的消化吸收,从马克思主义学说中抽取有助于理解中国现实问题的概念工具。这种独特的传播方法,与两刊知识分子的革命目标是一致的,反映了当时特殊历史环境对于传播马克思主义的客观要求。

第一,为扩大传播的受众规模,两刊皆尝试以通俗易懂的方式演绎马克思主义的相关内容。列宁曾指出,"最高限度的马克思主义=最高限度的通俗化"②。要使马克思主义能够在"群雄逐鹿"的五四舆论界突破重围,必须借助形象的事例、通俗的形式在科学理论和人民群众之

---

① 任建树编:《陈独秀著作选》(第1卷),上海人民出版社1993年版,第185页。
② 《列宁全集》(第36卷),人民出版社1985年版,第467页。

间搭建一座沟通便捷的桥梁。正因如此,《新青年》与《星期评论》在传播马克思主义时不约而同刊登了诸多描述马克思、恩格斯、列宁、卢森堡、李卜克内西等经典作家生平活动的文章。如《可怜的"他"》《德国社会民主党的政纲》《马克斯传》等传记,平实生动,语言简洁,在读者心中塑造了马克思主义者的光辉形象。而在形式的通俗化上,最早倡议白话文运动的《新青年》自不必说,《星期评论》也大胆引入新诗、标语、图画等新颖形式,吸引一般市井平民对马克思主义的关注。该刊主编沈玄庐曾以《红色的新年》为题,做新诗一首讴歌列宁和十月革命。另一位主编戴季陶更明确指出,"今后如果要把组织新国家、新社会的真理,印到多数国民的脑髓里去,韵文的陶融一定是少不了的"①。显然,在中共一大前夕的特殊环境下,文艺作为一种传播便利的韵文,被《新青年》《星期评论》等马克思主义传播刊物所尝试。

第二,两刊都十分注重对国外相关研究成果的吸纳和借鉴,以此便利对马克思主义的宣传和解读。如在介绍唯物史观时,包括《新青年》的李大钊和《星期评论》的李汉俊在内,都较多参考了河上肇等日本社会主义者的观点,在一定程度上将唯物史观视为"经济史观",简单地从生产工具的状况出发理解社会形态的变迁。又如李达在《新青年》上发表的《俄国农民阶级斗争史》《讨论社会主义并质梁任公》等文章,与戴季陶等在《星期评论》发表的《上海的同盟罢工》《劳动运动的发生及其归趣》一样,基本都沿袭了马克思关于欧洲社会主义革命的认识范式,或把官僚买办和民族资产阶级等量齐观,或把帝国主义和国内资产阶

---

① 戴季陶:《白乐天的社会文学》,《星期评论》第 4 号,1919 年 6 月 29 日。

级视同整体。究其原因,在马克思主义初入中国的时代条件下,通过从第三方"中转"的方式认识和理解马克思主义,可以极大缩短中国知识分子对于马克思主义内容的消化阐释过程,便利其在中国的传播。这种做法虽有利于传播者从一开始便抓住马克思主义的概貌,却也在一定程度上影响了他们对于马克思主义的准确运用。

第三,两刊不约而同将对中国社会问题的思考融入对马克思主义的传播当中。如前所述,中共一大前夕,不同阵营知识分子都是将马克思主义视作改造中国社会的可能理论工具加以介绍和研究的。换言之,他们消化、吸收、传播马克思主义学说,本身就是为了运用马克思主义分析中国的本土问题、理解并改变本国的社会现实。陈独秀在《新青年》迁沪以后,就相继在《马尔塞斯人口论与中国人口问题》《劳动者底觉悟》《上海厚生纱厂湖南女工问题》等文章中运用马克思主义的相关原理分析中国的现实问题,进而提出只有"阶级战争"才能避免"德莫克拉西"成为"资产阶级永远把持政权抵制劳动阶级底利器"的观点。① 《星期评论》主编戴季陶也提出要用"革命底精神"改写中国历史,并以剩余价值学说为基础,将"中国经济底乱原"归咎于不公平的生产方式。可见,两刊都是一面传播马克思主义,一面从中撷取改革中国社会的动力,加深对中国国情的认识。这与两大阵营知识分子当时共同追求的社会改造目标是相符合的。

三、两刊传播马克思主义的差异

从五四运动到中共一大的这段时期内,《新青年》与《星期评论》虽

---

① 陈独秀:《谈政治》,《新青年》第 8 卷第 1 期,1920 年 9 月 1 日。

然同处马克思主义的传播阵线,但囿于各自主创迥异的政治立场,彼此仍在诸多共性背后蕴藏若干难以消弭的差异。这些差异虽无碍于当时两大阵营对马克思主义的共同研究和宣传,但其消极影响却在日后的历史发展中逐渐表现出来。

其一,两刊传播马克思主义的深度存在差异。相较《新青年》在迁沪以后对于马克思主义的推崇一以贯之,《星期评论》则在传播马克思主义之余,介绍和编选了不少其他社会主义流派的文章,带有一定的"兼容并包"色彩。如该刊曾将克鲁泡特金与托尔斯泰并称为"革命思想的先觉",盛赞二氏"为了多数人的自由,地位、财产都抛了出来,去信奉那'公众的所得应该公众享受'的道理"①。在主编戴季陶安排下,《星期评论》自第36号开始,连续七期译登了克鲁泡特金的《国家论》。特别是在工读互助运动兴起以及杜威来华以后,受时风影响,大量无政府主义文章亦趁机充斥《星期评论》之上。这与当时坚定马克思主义立场的《新青年》形成了鲜明对比(编辑部迁沪以前,蔡元培、黄凌霜等无政府主义者也曾一度在《新青年》上鼓吹克氏与托氏的理论)。究其原因,在各种"主义"泥沙俱下的情形下,国民党理论家较之早期共产主义知识分子在思想工具的选择上秉持更加开放的态度,显示出较强的工具理性。他们在反复对比并做出最终抉择以前,仍将所有新思想皆视为可能选项之一。这种相对保守的做法,既与国民党理论家当时的特殊处境有关,同时在五四运动后反盲从、反权威的文化氛围下,也有其一定的合理性。

---

① 戴季陶:《俄国民族的特性》,《星期评论》第10号,1919年8月10日。

其二，两刊传播马克思主义的立场有所不同。《新青年》的马克思主义办刊方向是同李大钊、陈独秀等人的政治思想发展相同步的。特别是自1920年陈独秀来到上海以后，伴随其组党工作的不断推进，《新青年》传播马克思主义的立场也日益坚定，表现出运用马克思主义指导中国革命的鲜明动机。相较之下，《星期评论》在刊行过程中，其对待马克思主义的态度立场虽然也随国民党理论家的政治思想发展不断变化，但却显示出一定的摇摆倾向。譬如，戴季陶虽然多次宣示"赞同唯物史观"①，但却一再将唯物史观等同于"单纯经济的理论"，只求"在经济的历史观上"与马克思同调。② 他在《星期评论》中尽管宣称赞成马克思主义的阶级分析方法，认为阶级之间的争斗"是不能免的"，但又始终反对在整个社会层面推行"阶级战争"，坚持认为"温和的、不流血的进步，是最好的"。③ 正是由于《星期评论》这种前后矛盾的态度，导致后人在评断其历史作用时常常得出迥异的结论。《星期评论》传播马克思主义的摇摆立场，实际上也反映在该刊主创者的行为表现上：他们有时英勇无畏，不惧北洋政府的弹压，有时又怯懦自艾，哀叹自身力量的弱小，以致《星期评论》仅存刊一年便匆匆退出马克思主义传播舞台；他们有时以"社会主义者"自居，声称自己推崇马克思主义的"这一个态度是决定的"④，有时又难舍三民主义者的身份，在阶级斗争问题上逡巡再三。从根本上看，这同资产阶级的软弱性质以及政治立场密切相

---

① 戴季陶：《致陈竞存论革命的信》，《建设》第二卷第1号，1920年2月1日。
② 戴季陶：《到湖州后的感想》，《建设》第二卷6号，1920年7月1日。
③ 戴季陶：《工人教育问题》，《星期评论》第3号，1919年6月22日。
④ 戴季陶：《关于劳动问题的杂感》，《星期评论》"劳动日纪念号"，1920年5月1日。

联,是中国复杂社会矛盾在文化思想领域的一种反映。

其三,两刊在社会改造道路的选择上明显相异。《新青年》与《星期评论》传播马克思主义的出发点虽然都是救亡图存、改造中国社会,但二者的阶级基础毕竟不同。较之陈独秀、李大钊等人对于建立共产主义社会的矢志追求,国民党理论家更多是利用马克思主义获取保持和发展中国民族资本主义的理论资源,进而为其资产阶级革命服务。其政治思想内容虽然庞杂,却可统一在这个最根本的前提之下。正因如此,《新青年》与《星期评论》在社会改造道路的选择倾向上大相径庭,前者具有突出的革命特点,后者则呈现改良倾向。譬如,当《新青年》疾呼"若不经过阶级战争,若不经过劳动阶级占领权力阶级地位底时代,德谟克拉西必然永远是资产阶级底专有物"[1],《星期评论》却一再强调"劳动问题"的最终解决,有赖于"阶级之间的彼此调和",需"行一种渐进的努力"。[2] 显见,两刊在传播马克思主义时尽管都对阶级斗争学说进行了深入探讨,但国民党理论家并不如早期共产主义知识分子那样追求激烈的劳工运动,其对工人阶级出路的思考主要还是从"阶级调和"的角度出发,追求一种改良式的资产阶级民主政治。

四、结语

综上所述,中共一大前夕,《新青年》与《星期评论》这两份不同阵营刊物在马克思主义传播过程中都扮演了十分重要的角色。两刊同声相应、同气相求,在舆论界中掀起了讨论和研究马克思主义的热潮。在这

---

[1] 陈独秀:《谈政治》,《新青年》第 8 卷第 1 期,1920 年 9 月 1 日。
[2] 戴季陶:《工人教育问题》,《星期评论》第 3 号,1919 年 6 月 22 日。

一过程中,《新青年》与《星期评论》在传播马克思主义的主体、内容及方法上显示出诸多共性,同时亦因两刊主导者阶级基础的不同,彰显出若干差异。这些共性与差异,深刻反映了中共一大前夕特殊的政治文化环境,对于马克思主义在中国的生根发展乃至中国共产党创立后的国共关系走向都产生了深远影响。

一方面,两刊传播马克思主义的共性大于差异。这是后来两刊学人合作发起上海马克思主义研究会,进而成立上海共产党早期组织的重要前提。从本质上看,《新青年》与《星期评论》在传播主体、内容和方法上之所以存在上述共同特点,主要是由当时特殊的政治文化环境决定的。在中共一大召开前,早期共产主义知识分子与国民党理论家虽在国家建构模式上仍存分歧,但这种意识形态领域的争论还不至带有过多的政治斗争色彩。在双方头脑中,民主主义理论与马克思主义理论所指引的理想社会之间,未必横亘着不可逾越的鸿沟。没有党际界限和意识形态的牵绊,两大阵营知识分子得以在《新青年》与《星期评论》之间交互流通。双方既是同处一社的同事,又互为对方刊物供稿,既合作主导马克思主义在上海乃至全国传播的声势,又相互促进彼此的马克思主义理论学养。你中有我,我中有你,始终保持着密切来往。《新青年》在陈独秀赴沪后转向马克思主义,就与《星期评论》主创者的影响不无关联。上海共产党早期组织发起人之一的施存统后来也坦承,"我之所以由无政府主义转过来相信马克思主义,直接给予我以最大影响的,就是季陶先生在《星期评论》社中给予我的指导"①。

---

① 蔡尚思编:《中国现代思想史资料简编》(第 2 卷),浙江人民出版社 1982 年版,第 680 页。

另一方面，两刊之间的共性并不能掩盖双方之间的差异。这些差异是造成后来早期共产主义知识分子与国民党理论家在文化思想领域分道扬镳甚至彼此对立的源头。相较陈独秀、李大钊等《新青年》成员将马克思主义视为改造中国社会的指导思想，戴季陶等《星期评论》主创者更多算是马克思主义的研究者而非信仰者。他们对待和传播马克思主义的态度，是建立在服务于资产阶级革命这一前提之下的。尽管两刊的主导者同样憧憬着"没有私产，各取所需"的美好社会，但随着马克思主义传播和研究的日趋深入，各自阵营在社会改造道路选择上的矛盾不可避免地暴露出来。当马克思主义所代表的无产阶级利益与资产阶级发生冲突时，国民党理论家还是本能地站在维护本阶级利益的角度，试图以调和立场去"免除种种阶级冲突阶级竞争的苦恼"[①]。正因如此，他们虽在一段时间内与早期共产主义知识分子合作无间，但其世界观不可能是唯物辩证的，同时也很难真正认同无产阶级专政。这也是为什么诸如戴季陶这样曾被陈独秀、瞿秋白盛赞的"对马克思主义信仰甚笃""中国第一批的马克思主义者"，最终没能在中共建党活动中更进一步，乃至最终走上马克思主义对立面的原因所在。

在过去相当长的一段时间里，学界在探讨中共成立以前马克思主义早期传播的相关问题时，研究对象多落脚于《新青年》及其他中国共产党的党刊、党报，而对《星期评论》的挖掘相对阙如。这固然与《星期评论》本身存续时间较短有关，但未必不是受到该刊主创者政治归宿的影响。正如恩格斯晚年所提出的"历史合力论"观点，马克思主义早期

---

① 戴季陶：《访孙先生的谈话》，《星期评论》第 3 号，1919 年 6 月 22 日。

传播的绚丽思想画卷是由共产主义知识分子、国民党理论家以及其他有识之士合力绘就的。在中共一大前夕，国民党理论家也曾一度将马克思主义作为数次改革失败后的一种新思想加以研究和传播，其用勤之深、著文之丰，甚至不输同时期的诸多共产主义知识分子。《新青年》与《星期评论》共同为马克思主义传播倾力，并在此基础上合作筹组上海共产党早期组织，这是无可回避的历史事实。今天，中国共产党对马克思主义的理解日臻完善，马克思主义传播的对象、任务和目的同过去相比也已有所不同，但内涵本质与基本功能并没有改变。我们仍有必要回到党诞生的起点，仔细梳理马克思主义在中国生根茁壮的历史脉络，比较其间各种刊物对待和传播马克思主义的共性及差异。唯此方能揭示马克思主义早期传播的真实样貌，并完整呈现中国共产党创建的伟大历程。

建党时期中国共产党人的劳动观

——以《劳动界》为中心的研究

杨宏雨　吴昀潇*

摘要：《劳动界》是建党时期中国共产党人创办的面向劳动大众宣传社会主义、启发劳动者觉悟的刊物。从《劳动界》可以看出，建党时期中国共产党人对马克思主义的劳动观已经有了相当全面的认识。劳动是"世界上第一桩神圣事业"，"没有劳动，便没有现在的社会"；"尊重劳动"，"无工无食"；社会主义是"劳动问题的根本解决方法"，"实行社会主义，是我们劳工的责任"；劳动者要觉悟，要联合起来，"组织真的工人团体"，向资本家争取"人的生活"，进而实现劳动阶级的彻底解放。《劳动界》积极宣传马克思主义劳动观，对五四运动前后兴起的"劳工神圣"思潮起了推波助澜的作用。

关键词：劳工神圣；《劳动界》；马克思主义劳动观

---

* 杨宏雨，复旦大学马克思主义学院教授、博士生导师；吴昀潇，复旦大学马克思主义学院硕士，复旦大学国际关系与公共事务学院博士。

一、"劳工神圣"思潮的兴起与《劳动界》的创办

什么是思潮,梁启超有一段绝妙的解释:"凡文化发展之国,其国民于一时期中,因环境之变迁,与夫心理之感召,不期而思想之进路,同趋于一方向,于是相与呼应汹涌,如潮然。始焉其势甚微,几莫之觉;浸假而涨——涨——涨,而达于满度;过时焉则落,以渐至于衰熄。凡'思'非皆能成'潮',能成'潮'者,则其'思'必有相当之价值,而又适合于其时代之要求者也。"①20世纪初年,中国劳动运动的发生与发展、中国共产党的成立都是与五四运动前后"劳工神圣"思潮的兴起密切相连的。

最早在中国提出"劳工神圣"这一口号的是蔡元培。② 1918年11月16日,蔡元培为庆祝第一次世界大战的结束与协约国的胜利,在北京天安门发表演讲。在演讲中,他有感于中国在欧洲战场无一兵一卒,是十多万华工用他们的生命和汗水为祖国赢得了战胜国的地位,大声地喊出:"此后的世界,全是劳工的世界。""我们要自己认识劳工的价值。劳工神圣!"③蔡元培喊出的"劳工神圣"的口号过去被当作十月革命影响中国的例证,近年来有学者指出这一认识是背离事实的。蔡元培对中西文化"兼容并包"——"凝结中国固有文化的精英,采撷西洋文

---

① 梁启超:《清代学术概论》,《梁启超论清学史二种》(朱维铮校注),复旦大学出版社1985年版。
② 1911年中国社会党成立时通过的《宣告》中有"劳动者,圣神也"一语,但考察前后文,其意思应该是"劳动圣神",不同于蔡元培所说的"劳工神圣"。
③ 蔡元培:《劳工神圣》,《蔡元培全集》(高平叔编)第三卷,中华书局1984年版,第219页。

化的优美"①,是他把中国传统的"民贵说""民本"思想发展到"劳工神圣"的思想基础。②

  1919年11月底,同样是为了庆祝协约国的胜利,李大钊在北京中央公园发表题为《庶民的胜利》的演讲。"这回大战,有两个结果:一个是政治的,一个是社会的。政治的结果,是'大……主义'失败,民主主义战胜。""社会的结果,是资本主义失败,劳工主义战胜。""今后的世界,变成劳工的世界。"这就是历史发展的潮流。与蔡元培不同的是,李大钊的思想明显地受到了十月革命的影响,他毫不掩饰自己对一年前发生在俄国的那场震惊世界但却争议颇多的十月革命的景仰,直言道:"一个人心的变动,是全世界人心变动的征兆。一个事件的发生,是世界风云发生的先兆。一七八九年的法国革命,是十九世纪中各国革命的先声。一九一七年的俄国革命,是二十世纪中世界革命的先声。"③

  蔡元培与李大钊,一个是北大的校长,一个是北大的图书馆主任,他们的演说,拉开了五四运动前后"劳工圣神"思潮的帷幕。几个月之后,五四运动爆发。1919年6月5日上海工人为营救北京被捕的学生,发动了有数万人的大罢工。这次彪炳史册的历史事件曾被认为是中国工人阶级开始觉醒,成为独立政治力量的标志。但近年来也有学者指

---

① 罗家伦:《伟大与崇高——敬献于吾师蔡先生之灵》,《追忆蔡元培》(陈平原、郑勇编),中国广播电视出版社1997年版,第202页。
② 参阅冯志阳:《从"民贵说"到"劳工神圣"——从蔡元培的民本思想谈起》,《史林》2009年第6期。张晓唯也认为蔡元培演讲中体现出的"泛劳动"的激进平民思想,"看不出它与一年前发生在俄国的工人革命有何直接关联。"(张晓唯:《蔡元培评传》,百花洲文艺出版社1993年版,第90页。)
③ 李大钊:《庶民的胜利》,《李大钊文集》(上),人民出版社1984年版,第593—595页。

出,虽不能排除"一小部分工人的罢工可能是自发的",但就整体而言,"五四期间上海工人的罢工实际上是帮会组织自行指挥的"①。笔者估计今后有关这次罢工的真相的争执将越来越多,但有一点是无可置疑的,那就是它对正在探索中国出路的中国知识界产生了巨大影响。当时中国的知识阶层,"在五四运动以前几乎没有认识群众力量,到了五四运动以后一般进步青年,便受了这个浪潮的冲击,认识国民革命前途,必须唤起广大的群众来参加,尤其是工人群众。所以到工人中去,成为当时一部分革命青年的口号"。② 1920年5月1日是世界第31个国际劳动节。与以前的冷冷清清相比,这一年的中国分外热闹,北京、上海、广州、哈尔滨、九江、唐山、长沙、汕头、漳州等十多个城市的工人群众浩浩荡荡地走向街市,举行了声势浩大的游行、集会;北京《晨报》、天津《大公报》,上海《民国日报》《时报》和《申报》等主要报刊或发表纪念文章,或以大量篇幅报道各地庆祝"五一"的盛况;北京的《新青年》《新社会》《北京大学学生周刊》,上海的《民国日报》副刊《觉悟》、《星期评论》,四川的《星期日》等刊物为庆祝五一劳动节专门出版了纪念专号。《新青年》7卷6号出版的"劳动节纪念专号"篇幅是平时的2倍多,除孙中山、蔡元培等社会名人为该刊专号题词外,还有13名工人为该刊专号题词。《新社会》旬刊从1920年4月第17号开始连出3期"劳动号"。《星期评论》在第48期"劳动节纪念号"共推出了10张(平时仅1张)。这一切,正如当时的报纸所言:"五四运动以后,新文化的潮流

---

① 邵雍:《五四运动与青红帮会》,《史林》2005年第3期。
② 李立三:《中国职工运动概论》,中国人民大学历史系中国工人运动史教研室编:《中国工人运动史参考资料》第一集,中国人民大学出版社1959年版,第23—24页。

滚滚而来,'劳工神圣'的声浪也就一天高似一天。"①

"劳工神圣"思潮的勃兴对中国革命的发展有着巨大的意义:"首先,'劳工神圣'的思想启蒙回应了十月革命后显示的20世纪世界精神,它明晰地摆脱了旧民主主义效法欧美资本主义发展的旧途,使中国的社会革命开始汇入世界无产阶级社会主义革命的新潮流。第二,'劳工神圣'的思想启蒙汇集并引导了国内各种民主主义思想的发展演化,它突出而明确地为中国民主主义革命运动注入了全新的阶级内容。第三,'劳工神圣'的思想启蒙引发了中国民主主义革命基本指导思想的根本改换,它不再停留于18世纪欧洲资产阶级启蒙的一般民主主义精神,而是代之以马克思主义社会革命批判的理论。因此,'劳工神圣'作为一个最初形态的马克思主义新启蒙口号,以其生动鲜明的特征,展示了中国近现代社会交替转换、旧民主主义向新民主主义革命历史性过渡的时代精神。"②劳工圣神思潮在五四运动之后的勃兴产生了一个影响中国未来走向的结果——中国共产党的诞生。1920年6月,陈独秀等人在上海秘密开会,成立了一个名叫"社会共产党"的组织,并拟定了简单的党纲;8月,陈独秀等人再次举行会议,改组织名称为"中国共产党",拟定了比较完整的党纲。稍后,北京、长沙、武汉、济南、广州等地也先后成立了名称不一的中国共产党早期组织。1921年7月,中国各地共产党早期组织代表及共产国际代表共计13人在上海举行会议,通过党纲和相关决议,成立中央局,选举陈独秀等人为党的领导人,一个

---

① 《劳工节的北京》,上海《民国日报》,1920年5月1日。
② 徐中振:《"劳工神圣"——一个不容忽视的五四新启蒙口号》,《江汉论坛》1991年第7期。

全国性的中国共产党组织正式成立。

《劳动界》是中国共产党人创办的第一份面向工人大众的读物。1920年8月,陈独秀等人在上海成立共产党后,决定创办《劳动界》周刊,报道国内外劳工运动,调查中国劳工的生活状况,向劳工宣传社会主义知识,启发其阶级觉悟,引导其明瞭自己担负的历史使命,起来改变自身命运。劳动问题、劳工命运是《劳动界》关注的核心问题。《劳动界》每七天出版一册,每册16页,32开本,逢星期日出版①,基本栏目有"演说""国内劳动界""本埠劳动界""国外劳动界"。每册根据稿件情况和不同的需要,再列入"国内时事""国外时事""调查""闲谈""读者投稿""小说""趣闻""诗歌""工人投稿"等栏目。该刊"发起人李汉俊、陈独秀"②,主要供稿人有陈独秀、陈望道、李汉俊、沈玄庐、李达、李中、柯庆施等。他们都是上海早期共产党组织成员,李中则是中国最早的工人党员。从俄国来华指导中国革命的共产国际代表维经斯基也有言论在该刊发表。上海的《劳动界》、北京《劳动音》、广州《劳动者》是建党时期中国共产党早期组织面向工人宣传马克思主义和革命道理的三大刊物。在这三大刊物中,《劳动界》创办最早、影响最大、坚持最久。

1920年8月15日,《劳动界》第1册出版。现存的《劳动界》为1—24册,时间跨度为1920年8月15日至1921年1月23日。

二、没有劳动,便没有现在的社会

建党时期中国共产党人把马克思主义的劳动观概括为简单而通俗

---

① 从目前能找到的《劳动界》看,第11册出版在1920年10月23日,这一天是星期六。这样第11册和第10册间隔6天,第12册和第11册间隔8天。
② 《〈劳动界〉出版告白》,《民国日报》,1920年8月17日。

的一句话:"社会上什么东西,都是劳动做出来,没有劳动,便没有现在的社会。"①

"没有劳动,便没有现在的社会"包含着丰富的内涵:

第一,劳动是人类生存与发展中最基本的活动,离开劳动者的劳动,就没有人类社会的一切。"我们平常生活的要素,是'衣''食''住',试问这衣食住三项,那一项不由'工作'而来?"②"人生在世必缺不了衣食与居住。但是若不种田纺棉,那里来得衣食?若不盖房筑室,人向那里住居?种田纺棉盖房筑室的是什么人?不是农工劳动么?那个财主花百十万银盖的高楼大厦少了瓦匠木匠能成功?那个赛过邓通的阔老缺了胼手胝足的农夫不饿死?人的世界实在由农工养活着。吾刚才说的衣食居住,不过举几个大端。此外细看看那一样好的、必须的事情,没有劳动能存在?(学问艺术劳心居多。)人的世界一天没劳动,一天就会消灭。"③

建党时期的中国共产党人还向劳工简单地解释了分工协作的道理:"种田的人虽然自己不做屋不织布做衣,他用劳力做米的粮食,可以供给做屋的人做衣的人吃用,因此可以说是拿自己的劳力做成的粮食换来别人劳力做的房屋和衣服。做房屋做衣服的人虽不种田,他能拿自己的劳力做成的房屋和衣服去换粮食,这也是份所当然。"④

马克思说:"任何一个民族,如果停止劳动,不用说一年,就是几个

---

① 震瀛:《无工无食》,《劳动界》第 14 册,1920 年 11 月 14 日。
② 季原杓:《我们要做"真正的工作"!》,《劳动界》第 14 册,1920 年 11 月 14 日。
③ 张赤:《打破现状才有进步!》,《劳动界》第 6 册,1920 年 9 月 19 日。
④ 陈独秀:《两个工人的疑问》,《劳动界》第 1 册,1920 年 8 月 15 日。

星期,也要灭亡,这是每一个小孩都知道的。"①"一切人类生存的第一个前提,也就是一切历史的第一个前提,这个前提是:人们为了能够'创造历史',必须能够生活。但是为了生活,首先就需要吃喝住穿以及其他一些东西。因此第一个历史活动就是生产满足这些需要的资料,即生产物质生活本身,而且这是这样的历史活动,一切历史的一种基本条件,人们单是为了能够生活就必须每日每时去完成它,现在和几千年前都是这样。"②建党时期的中国共产党人用通俗易懂的语言,向劳动大众宣传了马克思主义关于劳动问题的这一基本理论。

第二,劳动创造财富。钱或者说货币在文明社会是财富的象征。一个人有了钱,就意味着有了财富,就能够购买他想要的一切商品。那么能不能说钱或者说货币创造了财富呢?建党时期具有初步共产主义思想的知识分子利用马克思主义理论,分析指出:"'为什么布、米、砖头、瓦片会值钱呢?'因为是人工做出来的。'为什么铜、铁、锡、铅也有价值呢?'因为是人工锻炼出来的。'那么,煤炭为什么也要化钱去买呢?'因为是人工取得来的。'为什么同是人工做出来的东西,皮鞋比布鞋价值贵,布鞋比草鞋贵呢?'因为人工费得越多的东西,价值就越贵;人工少费点,价值就便宜些。但是凡拿来交易买卖的东西,没有不经过劳动者底工作的。这样来看,值价钱的不是东西底本身,是劳动者底工作。"③

劳动者、劳动对象、劳动资料是劳动的三要素,任何有价值的劳动

---

① 《马克思恩格斯选集》第四卷,人民出版社1995年版,第580页。
② 《马克思恩格斯选集》第一卷,人民出版社1995年版,第78—79页。
③ 玄庐:《价值和公道》,《劳动界》第7册,1920年9月26日。

都是这三者的有机结合,离开了劳动对象和劳动资料(特别是劳动对象)的劳动是无意义的,也是不存在的。"劳动不是一切财富的源泉。"这是马克思经典作家在《政治经济学批判》《资本论》《哥达纲领批判》,以及《劳动在从猿到人的转变中的作用》中多次阐明了的理论。陈独秀在阐述劳动的价值时,指出:"我们吃的粮食,住的房屋,穿的衣裳,都全是人工做出来的,单靠天然的原料是不行的。"[①]显然,他已经懂得"劳动首先是人和自然之间的过程,是人以自身的活动来引起、调整和控制人和自然之间的物质变换的过程。"[②]"劳动和自然界一起才是一切财富的源泉。自然界为劳动提供了材料,劳动把材料变成了财富。"[③]

从劳动创造财富、创造价值的认识出发,建党前后的中国共产党人还有力地批判了当时社会上流行的金钱至上、有钱能使鬼推磨等思想。"人人都说钱尊贵。钱为什么尊贵呢?因为有了钱,就有房子住,衣服穿,饭吃。但是房子,衣服,饭是那里来的呢?都是工人和农夫的劳力造出来的。那么,钱尊贵就是因为有工人和农夫的劳力了。钱是要有了工人和农夫的劳力,才尊贵的。如果没有工人和农夫的劳力,钱是没有什么尊贵的,是没有什么用处的。上海地方钱是很多的,但是如果那几十万的工人都罢了工,工场也不能出东西了,粮食也不能进来了,我怕上海的人都要饿死在钱堆里面呢!那么,钱还有什么尊贵呢?还有什么用处呢?所以钱是要有了工人和农夫的劳力,才会尊贵,才会有用处,换一句话来说,钱的尊贵用处,是工人和农夫的劳力生出来的。如

---

① 陈独秀:《两个工人的疑问》,《劳动界》第1册,1920年8月15日。
② 《马克思恩格斯全集》第23卷,人民出版社1972年版,第201—202页。
③ 《马克思恩格斯选集》第四卷,人民出版社1995年版,第373页。

果说钱尊贵,劳力就比钱更要尊贵了。钱不过是代表劳力的一种东西罢了。"①

从劳动创造财富、创造价值的认识出发,建党时期的中国共产党人对儒家宣扬的所谓"劳心者治人,劳力者治于人"的思想进行了有力的批判:"从前有些狗君子,更有一些臭圣贤。他们爱造一些不平的阶级,把劳工压倒无限深的泥底边。不知道人类受自然界的困苦,要靠着你们来安全。只说'劳心'管'劳力',不顾你们苦怜怜。酿成这种含着冤素的不良习惯遗传下来,害了你们多年。"②陈独秀激愤地说:"中国古人说:'劳心者治人,劳力者治于人。'现在我们要将这句话倒转过来说:'劳力者治人,劳心者治于人。'"③

"劳工神圣"的口号是蔡元培首先提出来的,按照蔡元培的说法,"我说的劳工,不但是金工、木工等等,凡是用自己的劳力作成有益他人的事业,不管他用的是体力、是脑力,都是劳工。所以农是种植的工;商是转运的工;学校职员、著述家、发明家,是教育的工;我们都是劳工"。④ 因此,蔡元培所讲的劳工既包含劳力者,又包含劳心者,没有抬高以劳心为主的知识分子,也没有贬低以劳力为主的下层民众,体现出一种平等的精神境界。

建党时期的中国共产党人大多是知识分子,所以陈独秀那样激愤

---

① 汉俊:《金钱和劳动》,《劳动界》第 2 册,1920 年 8 月 22 日。
② 王梁:《喻工友》,《劳动界》第 14 册,1920 年 11 月 14 日。
③ 陈独秀:《劳动者底觉悟——在上海船务、栈房工界联合会演说》,《新青年》第 7 卷第 6 号,1920 年 5 月 1 日。
④ 蔡元培:《劳工神圣》,《蔡元培全集》(高平叔编)第三卷,中华书局 1984 年版,第 219 页。

的说法并没有引起共鸣。相反,我们听到的更多的是赞成蔡元培所倡导的体现平等精神的理性声音。比如震瀛在《无工无食》中一方面批评说:"我中国古代的圣贤,把社会分为心和劳力两阶级,以为'劳心者治人,劳力者治于人';这种区别,明明是欺骗人咧。"另一方面,他显然不赞成陈独秀的那种一百八十度转弯,倒过来要"劳力者治人,劳心者治于人"的说法,他说:"一个平等的社会,哪是应该治人的?和哪是应该被治的?治人的不对,被治的也不对。纯正的社会,人人应该劳心,也应该劳力。一方面要做工,一方面要读书。做工是辅助身体的强壮,读书是辅助知识的增长。偏于一方面,便不算是完人。"①邵力子也说:要实行"劳工神圣",就要让"本来用手的人,要叫他能够用脑,可以用脑;本来用脑的人,要叫他能够用手,情愿用手"。② 显然,他们认为一个理想的社会应该是人人平等的社会,是劳心与劳力能有机结合的社会。

季原杓则进一步从社会分工的角度论证了劳心者与劳力者应该平等。"拿自己的劳力,做成有益于人类的事业,这就是'真正的工作'。什么是有益于人类的事业呢?就是人类必需普遍的,能教人类物质上,或是精神上,得到满足的快乐,这都可算是有益于人类的事业。""我们只要能劳力——真正的工作——无论用体力,或是用脑力,都可算是工作的人,并无阶级之可分。"③换句话说,他已经认识到劳心也是一种劳力,脑力劳动与体力劳动只是一定社会条件下的一种社会分工,本质上

---

① 震瀛:《无工无食》,《劳动界》第 14 册,1920 年 11 月 14 日。
② 邵力子:《劳工神圣》,上海《民国日报》,1920 年 2 月 7 日。
③ 季原杓:《我们要做"真正的工作"!》,《劳动界》第 14 册,1920 年 11 月 14 日。

都是人类劳动,都是人类生存和社会发展所必须的劳动。

建党时期的中国共产党人还认识到,工人的劳动虽然同知识分子的劳动工作形式不同,但它也是包含了心智的劳动,并不是单纯的体力劳动。"工者,须具有'技术''生产'两种能力;劳者不出'心思智力'的范围;所谓劳工者,须用心思智力在技术上而能生产的是。"①"我们在各工厂工作,是有学识的工作,是有价值的工作,是生产的工作,与别的奴隶牛马工作不同。故世界上的大文豪,认定我们曰'劳工神圣'。"②

第三,劳动是资本增值的源泉。《劳动界》用通俗的语言解释了剩余价值产生的过程。在资本主义制度下,"资本家仗着金钱的势力,放出手段,来压制我们,出了些少的工资,要我们做十余点钟的工作"③,"一个工人一天的工作,实在应该得一块钱的,他们只给他三角钱,还有那七角钱他们便作为利钱,卷上腰包去。""如一个工人每天穿的吃的住的,只消五角钱,只要做六点钟的工作,便可以造出和五角钱相当的货色,他们却硬要强迫着工人做十二点钟的工,仍旧只给他五角钱的工钱,于是还有六点钟内所作的东西,他们也就作为利钱卷上腰包去了。他们的利钱,就是从这里来的。"④换言之,资本家发财致富的秘密就在于他们无偿地占有了工人劳动的剩余价值。"金钱这样东西,又没有男

---

① 《湖南劳工会筹备会纪事》,《劳动界》第13册,1920年11月7日。
② 《湖南劳工会发起会纪事》,《劳动界》第13册,1920年11月7日。
③ 非梦:《快些起来奋斗》,《劳动界》第18册,1920年12月12日。
④ 参阅季陶:《劳动者应该如何努力?》,《劳动界》第10册,1920年10月17日。在对剩余价值的来源问题上,当时戴季陶的介绍比较全面、准确。戴季陶参加了筹建中国共产党的活动,但最终因为孙中山的反对,没有参加中共。

女的性别,又不会雌雄交媾,何以他会生儿子呢?"①

马克思主义认为,劳动是人的本质,是人类最重要的社会活动,没有劳动就没有人类社会。建党时期中国共产党人从劳动是人类必不可少的生存活动、是财富的源泉、是资本增值的源泉这三个方面向劳工大众阐发了马克思主义劳动观,这些阐述即使在今天看来也已经相当全面。建党时期的中国共产党人还肯定劳心也是一种劳力,肯定脑力劳动的意义,有了尊重知识与尊重劳动相结合的思想萌芽,更是难能可贵的。

三、只有实行社会主义,才能解决中国的劳动问题

中国共产党是一个无产阶级政党,所以从表面上看,主张实行社会主义以解决中国的劳动问题似乎是题中之义。但从《劳动界》提供的有关信息看,当时中共党内对这个问题的认识并不一致,不少人对此时能否用社会主义解决中国的劳动问题心存疑虑。

《劳动界》中第一次提及"社会主义"一词的是陈独秀的《此时中国劳动运动底意思》。该文刊登在1920年9月5日出版的《劳动界》第4册。在此文中,陈独秀说:"此时中国劳动运动底意思,一不是跟着外国底新思潮凑热闹,二不是高谈什么社会主义,不过希望有一种运动好唤起我们对于人类底同情心和对于同胞底感情,大家好来帮助贫苦的劳动者,使他们不至于受我们所不能受的苦恼。"②在1920年11月21出版的《劳动界》第15册上,陈独秀又说:"此时劳动运动效果带了政治的

---

① 季陶:《劳动者应该如何努力?》,《劳动界》第10册,1920年10月17日。
② 陈独秀:《此时中国劳动运动底意思》,《劳动界》第4册,1920年9月5日。

臭味,不但劳动者不能够了解,而且恐怕政客利用",主张"专心在工会组织和工人生活改良上做工夫"①;1920年10月3日,《劳动界》第8册刊登的《器电工界向社会呼吁》,内容中有"望资本家顾惜工人";"吁求各界劝劝资本家,顾怜我们的大苦楚"的提法②;1920年12月19日,杨明斋在上海工人游艺会成立大会发表演讲说:成立这个游艺会的好处有三:"免去暴动""输入知识""活泼精神"。③

  产生上述现象的原因可能有以下几个方面:(1)中国工人的文化、组织、觉悟程度低下。文化程度差是一个毋庸多言的共识。组织和觉悟程度低下的问题,近年来学术界已有相关文章直接或间接涉及。④ 我们从《劳动界》"读者投稿"栏目中刊登的《劳工要有两种心》《谁叫我们这样苦斗》《工人应该觉悟的地方》《我们为什么要让人家不当人看待》等文章也可以直接或间接地看出。(2)欧美发达国家的社会主义政党是在工人运动蓬勃发展的基础上建立起来的,而中国的无产阶级政党的建立显然主要是在国际社会主义思潮的影响下建立起来的。中国知识分子素有"天下兴亡,匹夫有责"的使命感,他们认同社会主义、建立政党主要是为了救世——救国救民。建党初期知识分子在中共党员中占绝对优势,这些知识分子主要是从人道的角度去理解社会主义的⑤,他

---

① 陈独秀:《此时劳动运动的宗旨》,《劳动界》第15册,1920年11月21日。
② 《器电工界向社会呼吁》,《劳动界》第8册,1920年10月3日。
③ 杨明斋:《工人游艺会的益处》,《劳动界》第20册,1920年12月26日。
④ 参阅[美]裴明理:《上海罢工:中国工人政治研究》,江苏人民出版社2001年版,第99—104页。
⑤ 参阅陈少峰:《生命的尊严——中国近代人道主义思潮研究》,上海人民出版社1994年版,第225—234页。

们从事工人运动,也就容易带有悲天悯人的色彩。选择阶级斗争和俄国式的革命,"是无可奈何的山穷水尽诸路皆走不通了的一个变计"①,并不是他们理想中的方法。他们还想尝试、探索。(3)陈独秀等人认为"世界劳动者的觉悟,计分二步:第一步觉悟是要求待遇,第二步觉悟是要求管理权"。"我们中国的劳动运动,还没有萌芽,第一步觉悟还没有,怎说得到第二步呢?"②换言之,他认为中国的劳动运动应该是一个循序渐进的过程,应该有一个等待和启发劳动者觉悟的过程,不能一步走上社会主义。

尽管这时候党内不少人对如何解决中国的劳动问题还在探索,还有分歧,但一个总的趋势也是明显的,那就是在俄国十月革命和国内"劳工神圣"思潮的双重影响下,用社会主义和社会革命的方式解决中国的劳动问题的认识日渐成为主流。1921年7月,中共一大召开,大会把"推翻资产阶级""采用无产阶级专政""废除资本家私有制,没收一切生产资料"等内容写入党纲。

1920年9月19日,《劳动界》第6册刊登张赤的《打破现状才有进步!》一文,流露出用社会革命的方式解决中国劳动问题的思想。在文章中,作者指出:"现状不打破,绝不会有进步来。经济的不平等,不公道的现状不打破,待遇的平等,男女的平等,教育的平等,知识的平等,等等都是没影的事。"他呼吁中国劳动者组织起来、联合起来,"自己作

---

① 毛泽东:《致蔡和森等》,《毛泽东书信选集》,人民出版社1983年版,第6页。
② 陈独秀:《劳动者底觉悟——在上海船务、栈房工界联合会演说》,《新青年》第7卷第6号,1920年5月1日。

主",改变自身的命运。① 接着在《劳动界》第 7 册,李中在《一个工人的宣言》中说:"将来的社会,要使他变个工人的社会;将来的中国,要使他变个工人的中国;将来的世界,要使他变个工人的世界。"②此后断断续续的有一些宣传社会主义思想,揭露、批判资本主义剥削制度的文章发表。1920 年 11 月 28 日,《劳动界》第 16 册发表李达的《劳动者与社会主义》,文章指出:社会主义是"劳动问题的根本解决方法","一个最大的根本解决方法"。③ 这是《劳动界》上首次明确把实行社会主义和解决劳动问题联系起来的文章。

建党时期中国共产党人关于用社会主义解决中国劳动问题的思想主要包括以下内涵:

第一,资本主义制度是造成劳动者贫困、产生劳动问题的总根源。马克思在《资本论》中曾深刻地分析资本积累的一般规律,指出"在资本主义体系内部,一切提高社会劳动生产力的方法都是靠牺牲工人个人来实现的;一切发展生产的手段都变成统治和剥削生产者的手段",因此资本积累的过程就是"在一极是财富的积累,同时在另一极,即在把自己的产品作为资本来生产的阶级方面,是贫困、劳动折磨、受奴役、无知、粗野和道德堕落的积累"。④《劳动界》的"闲谈"栏目中的不少内容,如"霍乱和痢疾""老爷们的卫生""人价不及猪价""人命不及狗命""有嘴不许说话""沉痛的话"等,以讽刺和幽默的形式,勾画了当时中国

---

① 张赤:《打破现状才有进步!》,《劳动界》第 6 册,1920 年 9 月 19 日。
② 李中:《一个工人的宣言》,《劳动界》第 7 册,1920 年 9 月 26 日。
③ 立达:《劳动者与社会主义》,《劳动界》第 16 册,1920 年 11 月 28 日。
④ 《马克思恩格斯全集》第 23 卷,人民出版社 1972 年版,第 707—708 页。

劳工的命运。建党时期的中国共产党人从中国劳动者岌岌可危、痛苦不堪的生存状况中深刻体会了马克思资本积累学说的真理性,他们指出:"劳动问题就是资本制度发达的结果产生出来的东西。"①"因为生产机关许人私有,所以资本家才能强迫工人每日做十五六个钟头的工,发生种种不卫生的事情。因为生产机关归资本家所有,所以新机械的发明和工业的进步,不能减少工人的负担,只能使资本家减少工人的需要。因为生产机关归资本家所有,所以资本家得以掠夺工人,越发发财,工人越穷,以致不能受相当教育,得相当能力。"②

第二,中国应该及早实行社会主义,预防资本主义的弊害。建党时期的中国共产党人看到了一个事实,那就是中国的经济发展落后,与欧美、日本的发达程度不可同日而语。那么,在这样的情况下中国是不是也应该提倡社会主义呢?当时中国共产党人给予了肯定的答复。他们指出,无论"中国的资本家有不有,工业发达不发达",但有一点事实是清楚的,那就是中国有劳动者。③ 中国劳动者的"工钱,在世界上要算最少了";"工作的时间,在世界上也要算最多了"④。中国劳动者的境遇,比欧美、日本的劳动者更惨无人道⑤,所以,中国劳动运动的发生就是一个必然。他们认为:"物质文明不高,不足阻社会主义之进行"⑥,中国不仅不应该缓行社会主义,而且应该乘着这一时机,及早实行社会

---

① 立达:《劳动者与社会主义》,《劳动界》第 16 册,1920 年 11 月 28 日。
② 怪君:《失业问题与社会主义》,《劳动界》第 24 册,1921 年 1 月 23 日。
③ 潘阿芳:《现时中国的劳动运动与劳动者》,《劳动界》第 24 册,1921 年 1 月 23 日。
④ 吓劳:《致全国劳动者书》,《劳动界》第 24 册,1921 年 1 月 23 日。
⑤ 参阅陈独秀:《此时中国劳动运动底意思》,《劳动界》第 4 册,1920 年 9 月 5 日。
⑥ 《新民学会文献汇编》,湖南人民出版社 1980 年版,第 142 页。

主义。"我们中国工业的发达,还是狠幼稚,受资本界的痛苦,不像欧美那般利害。但我们中国现在的趋势,不把他来纠正,恐怕又要步欧美的覆辙。"①

中国产业尚在幼稚时代,应该抓住这一机遇,用社会主义开发实业,防止资本主义发展带来的种种悲惨和不人道的现象。这是1920年年底陈独秀、李达等社会主义者和梁启超、张东荪等人论战时秉持的一个基本观点。中国共产党人的这一思想无疑可以印证我们前面所说的当时不少共产党人是从人道主义去理解和接受社会主义的观点。陈独秀等共产党人的这一思想可能有两个来源:一个是俄国十月革命的示范;一个是孙中山的"文明有善果,也有恶果,须要取那善果,避那恶果"②的民生主义。

建党时期中国共产党人的这一思想具有正确的一面:把握了中国社会发展的大方向;但同时也有很大的不足:忽视了资本主义在中国实现的进步意义,没有意识到,在资本主义不发达的落后国家"工人阶级与其说是苦于资本主义,不如说苦于资本主义发展得不够。因此,资本主义的最广泛、最自由、最迅速的发展同工人阶级有绝对利害关系。消灭一切妨碍资本主义广泛、自由和迅速发展的旧时代的残余,对工人阶级是绝对有利的"。③ 中国革命此时不是也不能是反资本主义的社会主义革命,而是反帝反封建的民主革命。中国共产党人理论上的这

---

① 震瀛:《罗素与工人》,《劳动界》第11册,1920年10月23日。
② 《孙中山全集》第1卷,中华书局1981年版,第327页。
③ 列宁:《社会民主在民主革命中的两种策略》,《列宁全集》第11卷,人民出版社1987年版,第32页。

种缺陷是和当时马克思列宁主义在中国传播的不足联系着的。列宁1905年的重要著作《社会民主在民主革命中的两种策略》当时还没有传入中国。列宁许多肯定资本主义、利用资本主义的思想都不为中国共产党人所知。

第三,尊重劳动,不劳动者不得食,让劳动者能得着人的生活、有体面的劳动。建党时期,中国共产党已经认识到劳动是人类最基本同时也是最重要的社会活动:"世界上、第一桩神圣事业,劳动"①,"人的世界一天没劳动,一天就会消灭。"②在此基础上,他们接过"劳工神圣"的口号,提出了"尊重劳动"③的思想。

尊重劳动,就要承认"无工无食"——不劳动者不得食——的社会主义原则。建党时期的中国共产党人主要从正义的角度来认识"无工无食"的原则。他们认为,"人人做工,才是正当的社会。现在不正当的社会,不做工的丰衣美衣,做工的反挨饥抵饿,这实在是很不平等的"。"做工是人类应尽的义务,衣食住便是我们的报酬,不做工的人,便应该没有衣食住。因为他们是社会的寄生虫,阻碍社会进化,那些劫夺劳动生产的,便是人类社会的蟊贼,罪大恶极,比强盗还利害咧!"④

主张无工无食,就是要消灭"把一切人类的人格、品性、技能,都融化在金钱里面。只有金钱的威光,没有人类的自由"的资本主义制度,"建设以平等、自由、互助为基础的新社会"⑤。在这样的新社会里,"大

---

① 《劳动歌》,《劳动界》第23册,1921年1月16日。
② 张赤:《打破现状才有进步!》,《劳动界》第6册,1920年9月19日。
③ 震瀛:《无工无食》,《劳动界》第14册,1920年11月14日。
④ 同上。
⑤ 季陶:《劳动者应该如何努力?》,《劳动界》第10册,1920年10月17日。

家都要做工,都能得饭吃得衣穿,资本家也变为劳动者了,大家都享自由,都得平等"。① 很显然,建党时期的中国共产党人已经认识到贫富不均、人剥削人、人压迫人的罪恶是资本主义制度造成的,没有资本主义制度,就没有资本家。所以,社会主义者的主张是消灭资本主义制度,建立一个人人平等、人人劳动、人人得饱暖的公正社会,而不是要向资本家个人复仇。在社会主义制度下,过去的资本家成为自食其力的劳动者,享有和其他劳动者平等的权利和地位。

尊重劳动,就是要尊重劳动者的人权,努力改善劳动者的待遇,让劳动者能体面劳动,能享受"人的生活"②。"现在的劳工,是极苦的劳工,是没有饱饭吃的劳工,是没有饱衣穿的劳工。"③

《劳动界》以大量的篇幅,揭露了中国劳工在资本主义私有制下所遭受的苦痛和非人道的境遇,进而指出"他们(指富人、资本家——引者)是人,我们(指穷人、劳动者——引者)也是人,人和人中间,难道应该有这种不平底现状?"④劳动者也是人,是人,就应该有人的权利和人的生活,就应该"星期日休息""每天只做八点钟工""每月工钱加上三元五元"⑤。这些要求并不是中国劳动者贪心不足的奢侈愿望,而是基于人道的起码要求⑥,是世界劳动运动的底线。

建党时期的中国共产党人对当时中国工厂不合理的管理制度进行

---

① 立达:《劳动者与社会主义》,《劳动界》第16册,1920年11月28日。
② 潘阿芳:《现时中国的劳动运动与劳动者》,《劳动界》第24册,1921年1月23日。
③ 陈为人:《劳工要有两种心》,《劳动界》第18册,1920年12月12日。
④ 慕痴:《我们为什么要让人家不当人看待》,《劳动界》第13册,1920年11月7日。
⑤ 陈独秀:《中国劳动者可怜的要求》,《劳动界》第11册,1920年10月23日。
⑥ 在《劳动界》第1、5、11、13、16、23册都提到了"人道"这个概念,有时还多次提及。

了揭露和批判:"一进厂,就同卖身一样,稍有干犯,打骂交加,重则除名罚工,一听他便";"工人放工的时候,一走到厂门,身上都要搜过,恐防偷了他的东西。来搜查的人,是厂里专门雇来搜查用的。女工用女人来搜查,男工用警察搜查。搜查的法子,是在门口做起七弯八弯的栏杆来,工人出厂。要一个个走从这样栏杆里出来;到出口的地方,就须站住听凭搜查;从头摸到脚,袋子里,跨带上,都要摸得清清楚楚,才放你出来。"①劳动者也是人,是人,就应该有人的尊严,他们的人格就应该得到尊重。②他们愤怒地谴责这种不把工人当人,不尊重工人人格的搜查工人制度,说:"这种非人道的待遇是不是简直当工人是贼呢?就是个贼,我们没有确实的赃据,也不能够直接去搜查他们。现在用这样的手段来待遇工人,试问工人的人格,还有存在的余地吗?"③

向资本家争人权——人的待遇、人的生活、人的尊严——这表明,建党时期的中国共产党人已经有了体面劳动的思想。

第四,劳动者的解放、社会主义的实现要靠劳动者自己。"劳动人民不能指望别人,依靠别人,只有靠自己。劳动者如果自己不解放自己,谁也不会把他从贫困中解放出来的。"④建党时期的中国共产党人向劳工传播了马克思主义的这一思想。

"社会主义,是各人尽各人所能够尽的能力,做出有益于人类的东西来,各人得到各自需要的均等的享用;多余的,拿来供给大家底老年

---

① 翼成:《一个工人的报告》,《劳动界》第1册,1920年8月15日。
② 《劳动界》第1、10、15、16册都提到了"人格"这个词,有时提及多次。
③ 翼成:《一个工人的报告》,《劳动界》第1册,1920年8月15日。
④ 《列宁全集》第7卷,人民出版社1986年版,第118页。

人,小孩子,生病的。"①建党时期的中国共产党人用通俗易懂的语言向工人解释了什么是社会主义,然后在此基础进一步指出:"社会主义正是'做工不够饱,没钱养老小,出力不讨好的人底救星'。"②"社会主义这个名词,凡自不做工的,有钱的人,听到这个名词就会发抖;做工的人,听到这个名词就很快活;所以世界各国凡有点觉悟的劳动者,都爱组织团体趋向'社会主义'。"③劳工阶级只有推翻资产阶级的统治,实现社会主义,"产生工人的中国"④,才能"打破老爷少爷的阶级,得到那饱衣饱食平等的乐境"⑤。工人的解放是劳动者自力的解放,"实行社会主义,是我们劳工的责任!"⑥

劳动者要依靠自力实现解放,首先要有觉悟。"劳动问题,是劳动者自身死活的问题,劳动者自己非有觉悟不可。"⑦建党时期的中国共产党人非常重视启发劳动者的觉悟。《劳动界》的发刊词写道:"工人在世界上是最苦的。工人在世界上已经是最苦的,而我们中国的工人比外国的工人还要苦。这是甚么道理呢?就因为外国工人略微晓得他们应该晓得的事情,我们中国工人不晓得他们应该晓得的事情。我们印这个报,就是要教我们中国工人晓得他们应该晓得他们的事情。我们中国工人晓得他们应该晓得他们的事情了,或者将来要苦得比现在好

---

① 玄庐:《什么叫做"非社会主义"?》,《劳动界》第12册,1920年10月31日。
② 同上。
③ 同上。
④ 李中:《一个工人的宣言》,《劳动界》第7册,1920年9月26日。
⑤ 陈为人:《劳工要有两种心》,《劳动界》第18册,1920年12月12日。
⑥ 陈为人:《今日劳工底责任》,《劳动界》第15册,1920年11月21日。
⑦ 立达:《劳动者与社会主义》,《劳动界》第16册,1920年11月28日。

一点。"①"觉悟"一词在《劳动界》中出现的频率非常高②,建党时期的中国共产党人希望中国劳动者能有四种觉悟——"人格上底觉悟""待遇上底觉悟""教育上底觉悟""团体上底觉悟"③,希望工人打破"什么命运不好呀!没有福气呀!"④等迷信思想,组织起来和资本家抗争——"合起大家的力量,向资本家争回你们应得利益。"⑤《劳动界》在启发工人阶级觉悟方面卓有成效,被劳动者称为"工人的喉舌""工人的明星"⑥。

其次,要加强联合,建立真正的工人团体。劳动者的团结与联合,有利于克服劳动者个体势单力薄的不利因素,有利于化解劳动者因罢工被资本家开除,失去生活保障的威胁。过去中国工人罢工屡遭失败,"不是不能抵抗,也不是怕他(指资本家和官府——引者)的势力,实在原故,是没团结力"⑦。"'资本家生产制'唯一的势力,就是在资本家的联合。你们要作成劳动者的势力,也是在劳动者的团结。团结越坚,势力越大,你们的生活改良和生活组织改造的曙光,便都由这团结的里面,发生出来了!"⑧建党时期的中国共产党人号召工人为了自身的解放,要加强联合与联络,建立真正的工人团体。"劳动者唯一的靠着,就

---

① 汉俊:《为什么要印这个报?》,《劳动界》第1册,1920年8月15日。
② 《劳动界》第2、5、8、9、11、13、14、15、16、18、20、24册都出现过"觉悟"一词,占现存的24册总数的一半。
③ 量澄:《工人应该觉悟的地方》,《劳动界》第16册,1920年11月28日。
④ 沈玄庐:《劳工组织团体的重要》,《劳动界》第20册,1920年12月26日。
⑤ 吓劳:《对于工人失业寻死的感想》,《劳动界》第23册,1921年1月16日。
⑥ 《通信:文焕致独秀》,《劳动界》第5册,1920年9月12日。
⑦ 黄雄:《一个工人的觉悟》,《劳动界》第11册,1920年10月23日。
⑧ 季陶:《劳动者应该如何努力?》,《劳动界》第10册,1920年10月17日。

是'劳动联合'"①;"要产生工人的中国,首先就要工人联络"②;"要结团体,要组织工会"③。工会是工人团结起来,协调行动,维护自己利益的重要组织。组织工会,是实现工人联络、劳动联合的重要方法。但当时的中国工会组织,不是为资本家操纵,就是为政客把持,基本上和劳动者无关。工人要改善自己的待遇,维护自己的利益,一定不能依靠这类资本家的团体,"资本家底团体总靠不住,非自己赶快起来组织真正的团体不可"④。《劳动界》多次呼吁工人建立"真的工人团体"⑤,希望工人组织的工会,"第一不要变为资本利用的工会;第二不要变为同乡观念的工会;第三不要变为政客和流氓把弄的工会;第四不要变为不纯粹的工会;第五不要变为只挂招牌的工会"⑥。

工人有了觉悟,有了自己的组织,再相互联合起来,就是一种改变社会的巨大力量,就可以和资本家对抗,"要求雇主增加工资,减少工作时间,设立病伤保险费,设置卫生设备"⑦;等到时机成熟,更进一步,"大家起来照社会主义改造社会"。⑧

建党时期,中国共产党人利用《劳动界》等刊物向工人通俗地宣传

---

① 陈望道:《劳动者唯一的"靠着"》,《劳动界》第 17 册,1920 年 12 月 5 日。
② 李中:《一个工人的宣言》,《劳动界》第 7 册,1920 年 9 月 26 日。
③ 黄雄:《一个工人的觉悟》,《劳动界》第 11 册,1920 年 10 月 23 日。
④ 力子:《工人底两个好教训》,《劳动界》第 18 册,1920 年 12 月 12 日。
⑤ 独秀:《真的工人团体》,《劳动界》第 2 册,1920 年 8 月 22 日。此外,《劳动界》的第 7、9、18、20、22 册也都提到了要建立真正属于工人的、代表工人利益的组织。
⑥ 《上海机器工会开发起会纪略》,《劳动界》第 9 册,1920 年 10 月 10 日。
⑦ 同上。
⑧ 怪君:《失业问题与社会主义》,《劳动界》第 24 册,1921 年 1 月 23 日。

"没有劳动,便没有现在的社会"的伟大真理,倡导用社会主义解决中国的劳动问题,把五四时期兴起的"劳工神圣"思潮推向了一个新的高度。比较全面、丰富的马克思主义劳动观是中国共产党的建党基础,是动员群众的有力武器,为1922—1923年第一次工人运动高潮的到来播下了种子。

天津报刊与马克思主义早期传播

王 纳 李延华[*]

摘要: 报刊是马克思主义早期传播过程中的主阵地。天津早期进步报刊中《益世报》《新民意报》等民间报刊,《天津学生联合会报》《觉悟》等学生报刊以及其他党团组织影响下的《劳报》与《妇女日报》等成为马克思主义传播的主要媒介,为天津马克思主义早期传播发挥了重要的作用。在传播内容上不仅注重对马克思和早期马克思主义者的介绍,且注重对马克思主义唯物史观、剩余价值学说及科学社会主义的阐释,并结合当时革命实践对马克思主义妇女观进行宣传。在马克思主义传播的基础上,有力地唤醒了人民群众的觉悟,推动人民群众思想觉醒;报刊与革命运动相互呼应,报刊积极为革命运动造势声援,推动了天津地区革命运动的开展。

关键词: 天津报刊;马克思主义早期传播;马克思主义传播史

---

[*] 王纳,复旦大学马克思主义学院博士研究生;李延华,河北工业大学马克思主义学院副教授。

天津报业是随着1860年天津被迫开埠后发展起来的,五四运动时期是报刊发展的第三次高潮。五四运动前后,一半以上的报刊都在不同程度上介绍、宣传社会主义思想。天津也涌现出许多致力于传播新思潮、传播马克思主义的进步报刊。报刊作为一种传播媒介,一头连接传播主体,一头连接传播客体即受众。

一、天津地区早期传播马克思主义的报刊

据现有掌握的材料,天津在五四运动前后出现了90多种中外文报刊。① 对马克思主义传播做出贡献的报刊也有许多,如民国四大报中的《大公报》《益世报》,马千里等人创办的《新民意报》,"觉悟社"创办的《觉悟》等学生社团所办的报刊以及党团组织影响下的刊物都在这一时期内发挥了作用。

(一)天津早期的民间办报

五四运动之前,天津已有中文报纸近50种,各种外文报纸约20种。民国时期的中国四大名报中,《益世报》与《大公报》都创办于天津,《大公报》是天津地区最早报道"共产主义"的报纸,对共产主义给予了高度评价,但是在这一时期的《大公报》因是"皖系军阀的机关报,言论不正,看者太少"②。

1917年11月7日,俄国十月革命爆发,11月10日天津《益世报》便刊登报道将这一消息公之于世,并在此后两天接连刊登《俄国军工代表推倒新共和政府》等文章,积极报道俄国十月革命的情况。1919年7

---

① 马艺:《天津新闻史传播纲要》,新华出版社2005年版,第80页。
② 《五四运动在天津——历史资料选辑》,天津人民出版社1979年版,第660页。

月25日,苏俄发表《俄罗斯苏维埃联邦社会主义共和国对中国人民和南北政府的宣言》,《益世报》积极地对此作了报道。1921—1922年周恩来赴法勤工俭学期间为《益世报》撰写了56篇海外通讯(《旅欧通信》),详细介绍了欧洲的具体情况,勤工俭学活动的背景、原因、遇到的问题以及学员的思想状况,及时报道欧洲工人运动的情况。

民间创办的进步报刊还有《新民意报》,1920年9月15日正式创刊。《新民意报》开办了众多副刊,其副刊有着与"四大副刊"①几乎齐名的美誉。前后编印的副刊有《星火》《朝霞》《明日》等十八种,其中对传播马克思主义做出贡献较大的主要是《星火》《觉邮》《女星》《明日》和《女权运动同盟会直隶支部特刊》。《星火》于1923年1月1日创刊,马千里任编辑主任。该刊不仅发表了一系列介绍十月革命和苏俄状况的文章,而且转载了李大钊以及李达的相关重要论述,刊载了《马克思传》《马克斯经济史观》《我为什么要做一个社会主义者》等马克思主义理论观点鲜明的文章。《明日》旬刊作为副刊之一,于1923年1月5日创刊,虽只出了三期,却是该报副刊中唯一一个专门传播马克思主义的刊物。《觉邮》创刊于1923年4月5日,是由觉悟社国内外成员用来通讯的刊物。伍豪(周恩来)在《觉邮》上发表多篇文章,分析当时的局势并表现出对马克思主义的坚定信仰。

(二)天津早期的学生报刊

五四运动中弥漫的爱国主义情怀与新闻出版业的发展使得学生们抓住了"报刊"这一利器,学生报刊应运而生。天津学生联合会创办机

---

① "四大副刊"是指《时事新报》副刊《学灯》、北京《晨报》副刊《晨报副镌》、上海《民国日报》副刊《觉悟》、北京《京报》副刊《京报副刊》。

关报《天津学生联合会报》,"觉悟社"社员创办《觉悟》,南开学校学生救国团主办的《南开校风》和《南开思潮》(后改为《南开日刊》)等学生报刊在这一历史时期发挥了其历史作用。

《天津学生联合会报》创办于 1919 年 7 月 21 日,作为天津学生联合会的机关报发行,周恩来主编,致力于传播各种新思潮。《天津学生联合会报》始终坚持抨击反动政府,抨击安福派,发表《黑暗势力》等文章,揭露了军阀政府的凶恶面目。1919 年 9 月 21 日被迫停刊后,10 月 7 日复刊,复刊后的《天津学生联合会报》力求"选择各种有关世界新潮流的讨论同主张,供给现在正求解放的中国"[①]。

《觉悟》是由"觉悟社"创办的社刊,1920 年 1 月 20 日创刊,仅出版一期便被查禁。但在当时的人们看来,这一期《觉悟》"全是攻击社会现状的文章",其中"讨论的各问题,全是长篇而有秩序,为现在各出版物中所未有"[②]。在《觉悟》一文中指出对社会现状不满的解决的办法,便是开辟一条新的道路。从内容中可以看出觉悟社的成员对当时的社会现状的强烈不满以及对未来美好社会的追求与向往,并在十月革命的影响下开始学习和讨论马克思主义。[③]

《南开日刊》[④]于 1919 年 5 月 26 日出版。中途虽遭受到警察厅的干涉被迫停刊,但经过激烈的斗争又成功复刊。《南开日刊》相继发表

---

① 《天津学生联合会报》,1919 年 10 月 7 日。
② 《新人》一卷四期《文化运动批评号》上,1920 年 8 月 18 日。
③ 崔志勇:《觉悟社》,政协天津市河北区委员会 2012 年版,第 7 页。
④ 《南开日刊》前身是南开学校学生救国团(前身为"敬业乐群会"和"自治励学会")主办的《南开校风》,南开中学为适应当时瞬息万变的学生运动的消息和发表刻不容缓的宣传文字将《南开校风》(周刊)改为日刊。

了多篇文章,详细介绍俄国十月革命和马克思主义的基本观点。在《青年思想根本的改造》一文中,指出青年学生要尊重劳工神圣,"世界有劳工,才有进化"①。后又在第六十号发表了《马克斯劳动时间的主张》《布尔扎维司目同布尔什维克》等旗帜鲜明的文章。《南开日刊》在第十期出版之后就已经从一个单纯的学生爱国运动的刊物一跃成为一个全国性的群众爱国运动刊物。②

除上述学生报刊外,还有《北洋大学日刊》、《醒世》周刊、《平民》半月刊以及"新生社"出版的《新生》和"真学会"出版的《新生命》,天津"新心学会"的出版物《导言半月刊》,"又新学社"出版的《又新周刊》和《七天评论》等刊物,报刊的性质虽然不尽相同,但是在宣传新思潮的过程中也起到了一定的作用。

(三)其他党团组织影响下的天津报刊

1921年7月,中国共产党诞生。在中国共产党的领导下,天津的革命运动蓬勃开展,共产党领导的新闻出版业也发展起来。1924年天津党组织正式成立之前,张太雷组建的天津社会主义青年团创办机关报《劳报》受到党组织的领导;天津女星社的成员与党组织联系密切,共产党员刘清扬参与了《妇女日报》的创办工作,故《妇女日报》也间接受到了党组织的领导。

在李大钊的指导下,1920年11月张太雷等人便创建了天津最早

---

① 章志:《青年思想根本的改造》,《南开日刊》第四十一、四十二号,1919年7月19、20日。
② 天津历史博物馆南开大学历史系《五四运动在天津》编辑组:《五四运动在天津》,天津人民出版社1979年版,第785页。

的社会主义青年团的组织——天津社会主义青年团。① 后又出版天津社会主义青年团的机关报《劳报》,《劳报》于1921年1月4日创刊。该刊主要面向国内工人阶级报道工人运动消息,研究工人问题。发行不久便被查封,后又改名为《来报》在法租界继续发行,但发行不足一个月又被法租界工部局查禁,后在马千里的帮助下改名《津报》继续出版,两周后再遭天津警察厅查禁。

在中共天津地委建立之前,天津的中共党员和青年团员创办了《明日》《女星》等刊物作为《新民意报》副刊发行,并随报加印发行宣传马克思主义和苏联情况的新闻与文章,扩大了革命的宣传氛围。天津社会主义青年团还曾创办过《天津青年》《晨曦》《青年文艺》《津保青年》等刊物。《青年文艺》刊名虽为"文艺",但政治色彩较强,仅出版3期就遭到当局的禁令被迫停刊。《青年文艺》创刊号刊登《新青年的任务》一文,号召青年们为新文化新社会而努力奋斗,向旧文化、旧礼教发动总攻击。

天津《妇女日报》也是由中国共产党间接领导的刊物,是在共产党员刘清扬指导下创办的刊物。《妇女日报》多次发表纪念马克思、列宁的文章,列宁逝世的消息传入天津后刊出醒目标题《世界无产阶级革命领袖列宁逝世》。1924年1月25日、26日,《妇女日报》连载《列宁略史》,概述了列宁的生平事迹。27日莫斯科为列宁举行国葬,《妇女日报》在同一天刊出镶黑边的大幅列宁遗像。《妇女日报》以鲜明的无产阶级立场,通过报道列宁逝世的消息,宣传、歌颂列宁的革命业绩,表达

---

① 程抚:《中国共产党在天津》,天津人民出版社1994年版,第27页。

对列宁的景仰。《妇女日报》注重报道"五一国际劳动节""三八国际妇女节"等活动，多次介绍了第三国际的革命行动，例如《第三国际五周宣言》《第三国际大会将查察世界无产阶级势力》和《第三国际第五次大会议案》等。

二、天津报刊传播马克思主义的主要内容

马克思主义本身作为一种理论，在十月革命后才被中国先进知识分子广泛关注，知识分子对马克思主义的认识也是随着时间的推移和实践的发展慢慢深入的。"唯物史观—剩余价值—科学社会主义"便是马克思主义"一整块钢铁"的学术体系。① 马克思主义早期传播过程中，对于马克思主义的理解主要集中在"唯物主义历史观""剩余价值理论"和"科学社会主义"三个方面。在马克思主义在天津的早期传播历程中，天津早期报刊还通过对马克思及马克思主义者的介绍，使人们对马克思和马克思主义者有了初步的认识和了解；同时结合中国革命以及当时妇女运动的实际，宣传了马克思主义妇女观。

（一）对马克思和马克思主义者的介绍

刊登无产阶级领袖的传记、生平等文章将马克思主义发展史与马克思主义经典作家战斗、传奇的生平紧密联系在一起，加深中国人民对科学社会主义的形成、发展及其主要内容的了解。

首先，介绍马克思的生平及其理论。《新民意报》副刊《星火》第九号刊登胡南湖的文章《马克思传》，详细介绍了马克思的生平与主要著

---

① 王海锋：《晚年恩格斯与马克思哲学的"体系化"——基于唯物史观的学术史考察》，《华中科技大学学报（社会科学版）》2020年第3期，第60—68页。

作,称马克思为一个"大哲学者""大经济学家""大共产主义者"。①1924年5月5日,在马克思诞辰一百零六周年之际,《妇女日报》在头版发表纪念文章,介绍马克思及其对人类思想的重大贡献,指出:马克思是"大经济学者""大社会学者""大历史哲学者",同时还是"最有力的社会主义者",并呼吁青年学生"应该学马克思做一个苦战奋斗的战士"。② 天津地委机关刊物《青年文艺》在1924年8月也刊登文章《五月里最有价值的几个纪念日》,强调五月五日是"科学社会主义的鼻祖万国工人阶级的导师马克斯(思)的诞日",并呼吁"被虐待的中国民族要想想自己的使命!"③

其次,介绍列宁的生平。1924年1月,列宁逝世的消息传到天津后,引起了不小的震动,《妇女日报》发表了系列文章:1924年1月25日刊登《世界无产阶级领袖列宁逝世》,1月26日发表邓颖超执笔《悼列宁》一文,称列宁为"勇于实践者,奋身苦斗者""真正为平民谋幸福者",虽与世长辞,"但他的精神和伟大事业却永垂不朽了!"④随后又刊登《群众觉悟与运动——列宁的成功给我的感想》《各团体筹备追悼列宁》《筹备追悼列宁近讯》《追悼列宁大会志盛》《列宁的精神》等一系列文章。《觉邮》刊登《谁可以继承列宁》一文,明确表达要继承列宁,开拓推展其事业。⑤

---

① 胡南湖:《马克思传》,天津《新民意报》副刊《星火》第9号。
② 《今天是马克思一百零六岁生日》,天津《妇女日报》,1924年5月5日。
③ 澈之:《五月里最有价值的几个纪念日》,天津《青年文艺》第三期。
④ 颖超:《悼列宁》,《妇女日报》,1924年1月26日。
⑤ 刘尚:《谁可以继承列宁》,《觉邮》第八期,1924年2月16日。

第三,介绍其他马克思主义者。著名的马克思主义者尔·李卜克内西和罗莎·卢森堡于1919年1月15日因领导柏林工人武装起义被杀。1922年1月15日,中国共产党发起了纪念活动,纪念无产阶级战士卡尔·李卜克内西与罗莎·卢森堡。天津《华北新闻》副刊《微明》在1922年1月20日至22日发表刊登李特撰写的《李卜克内西传》一文。① 1923年1月15日,卡尔·李卜克内西和罗莎·卢森堡牺牲四周年之际,胡倾白发表文章介绍两位革命家的事迹,称"李卜克内西是真正的共产主义者""真正的革命家",号召"无产阶级的人们,无产阶级的工人们,快快联合起来呀!"②次年1月15日,刘清扬发表《纪念卢森堡》一文,介绍了卢森堡对资本的批判学说,讴歌这位无产阶级革命先驱,并激励当代革命者"以之为师念念不忘"。③

(二)对唯物史观的解读

我国早期知识分子对唯物史观具体内涵的解读主要分为历史唯物论、辩证唯物论及阶级斗争。唯物史观在中国早期传播的过程中,中国正面临如何进行"社会改造"的现实社会问题,阶级斗争学说便被纳入唯物史观的思想体系中来并将其发展成为核心内容。④

首先,解读历史唯物论。

早期传播中最先传播的内容是物质本体论,强调经济基础的作用。

---

① 李特:《李卜克内西传》,天津《华北新闻》副刊《微明》,1922年1月20、21、22日。
② 倾白:《李卜克内西与卢森堡的第四周年纪念》,《新民意报》副刊《星火》,1923年1月15日。
③ 清扬:《纪念卢森堡》,天津《妇女日报》,1924年1月15日。
④ 王贵仁:《20世纪早期中国学者对唯物史观的阐释及其演变》,《史学理论研究》2010年第3期,第15—26、158页。

《新民意报》副刊《星火》刊登李大钊的演讲《史学与哲学》中便提道,"马克思的唯物史观,是历史观的一种,他以为社会上,历史上,种种现象之所以发生,其原动力皆在于经济"①;周恩来也提道,"经济制度,社会组织""必须被重视"②;《星火》刊登《马克斯经济史观》一文中更是直接指出"不是人的意识,决定人的生活;倒是人的生活,决定人的意识"③。《马克思传》一文更是详细介绍了唯物史观的"五个公式",指出"这五个公式是解释人类历史的一段注疏,即指示社会进化的一条径路"。④

《华北新闻》副刊《微明》刊登了光亮(施存统)的文章《马克斯主义底特色》,专门介绍马克思主义唯物史观,指出"马克斯主义底特色,一言以蔽之,就在于有唯物史观。唯物史观底特色,即在于注重物质的条件"⑤。光亮在另一篇文章《唯物史观在中国底应用》中,系统地介绍了唯物史观的五点要义:一是经济组织是基础,在社会组织中存在的其他构造都是经济基础上的"上部构造";二是社会的"物质的生产力"发达到一定的程度,就要同既存的生产关系发生冲突,只有解决了这个冲突,社会才能发展;三是一切精神的革命,都是经济变动的反映;四是阶级斗争爆发的根本原因就在于生产力与生产关系不相适应;五是解决问题的前提条件就在于"物质条件"的满足。⑥

----

① 李守常(讲):《史学与哲学》,天津《新民意报》副刊《星火》第13号。
② 伍(周恩来):《西欧的"赤"况》,天津《新民意报》副刊《觉邮》第2期。
③ 枕梅:《马克斯经济史观》,天津《新民意报》副刊《星火》第15号。
④ 胡南湖:《马克思传》,天津《新民意报》副刊《星火》第9号。
⑤ 光亮:《马克斯主义底特色》,天津《华北新闻》副刊《微明》,1921年9月27日。
⑥ 光亮:《唯物史观在中国底应用》,天津《华北新闻》副刊《微明》,1921年8月13、14日。

其次,阐释辩证唯物论。

马克思的唯物史观并不局限于"唯物"二字,同时强调辩证的观点。李汉俊撰写《唯物史观不是什么》从辩证的角度阐释了唯物史观不能仅从经济基础的决定作用出发,同时要意识到上层建筑的反作用。全篇1.3万字,1922年1月23日刊登在《民国日报》副刊《觉悟》,天津《华北新闻》副刊《微明》于1922年2月20日至28日、3月1日全文刊登,这篇文章在马克思主义早期传播史上具有重要的地位。

李汉俊指出"唯物史观不是哲学的唯物论",马克思学说说到底就是由辩证的"思索法"和唯物的"观察法"所构成的,"'唯物史观'亦叫作'辩证法的唯物论'或'进化的唯物论'","唯物史观不是物质唯一主义",虽重视物质的作用,但没有否认精神在社会生活中所起到的能动的反作用。① 唯物史观不是单纯的唯物的历史观,更不是盲目的经济史观,不是机械论。"马克斯的学说不是抽象底哲学,乃是具体的科学,而又是一切哲学底后继者","人底力量,人底行为,都是由人底意志出发,思想就是这意志底表现"。② "新生产器具出现了,社会上就要生出新政治力","就要发生于旧社会完全不用的一个新社会,就要发生政治上的新智识,宗教上的新信仰,道德上的新观念,艺术上的新趣味,哲学上的新组织来",新思想的形成虽然过程缓慢,但只要社会"经济的革命充分成熟了,这新思想就要成为革命的要素,助成旧事物底变革",此

---

① 李汉俊:《唯物史观不是什么》,天津《华北新闻》副刊《微明》,1922年2月20—28日、3月1日。
② 同上。

时,"新思想就是经济变革底反照"。① 正是由于这种新思想形成及其浸入人心都极其缓慢,马克思及马克思主义者都应为社会主义革命热情奔走。

第三,介绍阶级斗争理论。

介绍阶级斗争理论的一个先决性问题是中国是否存在阶级压迫。李大钊在介绍马克思经济学说时便指出在中国不同于外国,"所受资本阶级的压迫,不是本国的,乃是外国的","外国资本主义,中国劳动者,自然也化为无产阶级"②,资本主义越发达,剥削就会越严重,劳动阶级的生活也就越困苦,在这种困苦的状况下,劳动阶级才能站起来反抗,"乃有世界的阶级觉悟"③。

《马克思传》一文便引用了《共产党宣言》开首所说:"一切过去社会的历史,都是阶级斗争的历史",并指出"这个句子不但是本宣言书一个总括的冒子,且是马克斯历史观的一个道破语",又提到"最重要的一句就是现今劳动运动文书所常用的'万国劳动者团结起来呵!'一句"。"这种宣言,是马克斯与理论并立的一种政策,现在劳农俄国已奉为改造社会的圭臬。"④《星火》刊登的《马克斯经济史观》在分析了生产力与生产关系的矛盾运动后,指出"生产力与财产关系间既生了矛盾现象,

---

① 李汉俊:《唯物史观不是什么》,天津《华北新闻》副刊《微明》,1922年2月20—28日,3月1日。
② 李守常(讲):《马克斯经济学说(一)》,天津《华北新闻》副刊《微明》,1922年3月6、7、8、9、10日。
③ 李守常(讲):《马克斯经济学说(二)》,天津《新民意报》副刊《星火》,1923年5月6日。
④ 胡南湖:《马克思传》,天津《新民意报》副刊《星火》第9号。

阶级间自然也要发生冲突的实况了","所以人类的全历史,是阶级斗争的历史"①。要想解决中国如此繁多复杂的社会问题,就要经过阶级斗争,就要用暴力革命的方式将权利收回在自己手里,"除此再无别法"。②无产阶级革命的目的是"要使中国人个个都能够得到'人的生活'"③,同时这也是唯一办法,阶级斗争的根本目的就是为了实现人的全面自由发展。

(三)对剩余价值的阐释

马克思的经济学与以前的经济学不同之处就在于剩余价值论的发现。介绍马克思的《资本论》和其中蕴含的剩余价值学说是早期传播者最用力的方面之一。

首先,阐释剩余价值与资本之间的关系。邱咸在《经济问题汇要》中详细介绍了《资本论》的具体内容,从"资本"二字出发,"资本是产生剩余价值的价值",资本是从货币到商品再到货币而成的。在古代社会无所谓资本发生,资本的发生是伴随着商品经济的发展而出现的,从早期的物物交换发展为"因卖而买"的方式,这中间"货币—商品—货币+"的过程中,存了一个新的货币在内,这个新的货币就是剩余价值,"所以生产这种剩余价值的东西就是资本了——资本到了此时才发生"。④从资本引申出可变资本与不可变资本,"无论那个资本家,想制造生产品,他的必须条件共有二部",第一部是"工厂建筑费之支出,机

---

① 枕梅:《马克斯经济史观》,天津《新民意报》副刊《星火》第15号。
② 光亮:《唯物史观在中国底应用》,天津《华北新闻》副刊《微明》,1921年8月13、14日。
③ 同上。
④ 丘咸:《经济问题汇要(节录)》,天津《新民意报》副刊第16号。

械及原料购买费之支出,这两种马克思称他为不变资本",第二部是"劳动者帮助资本家制造生产品,资本家必须给以相当报酬——工银,所以资本家支出第一部费用外,还要支出第二部的工价。马克思称此部分为可变资本"。① "从理论讲,生产全靠不变的和可变的资本混合起来,才能有经济的价值。现在不变资本固已为资本家所占有,就是可变的资本,也被资本家用障眼法欺哄工人,说是他的恩惠。"②

其次,揭露资本或剩余价值与劳动和劳动力之间的关系。李大钊在演讲时指出,"马克斯的经济学说,主要的即是剩余价值说,剩余劳动说"。"所谓价值到底是什么东西?马克斯以为即是劳动的分量。""比方一个人每日作十点钟工作,这十点钟所得的结果即劳动分量,也就是物品的价值。""每人作十小时工作,资本家拿五小时的工作分量即可维持工人的劳动力,其余的均被资本家吸收去,这个价值,即是剩余价值。即维持劳动必要费用外,所余的剩余价值,均无形中被资本家掠夺去了。劳动者所得的一部分,仅仅足够维持生命,这就是剩余劳动说。"③《马克思传》中介绍了马克思的《赁银劳动与资本》中的部分内容,指出"所谓赁银,即资本家买劳动力的资本。换句话说,是劳动者做了工作的一部赔偿。简单的说,就是劳动力的价格"。"资本是劳动的蓄积,而劳动者又能于赔偿银以外再进若干劳动,这种劳动就是剩余劳动即剩

---

① 丘咸:《经济问题汇要(节录)》,天津《新民意报》副刊第16号。
② 李守常(讲):《马克斯经济学说(二)》,天津《新民意报》副刊《星火》,1923年5月6日。
③ 李守常(讲):《马克斯经济学说(一)》,天津《华北新闻》副刊《微明》,1922年3月6、7、8、9、10日。

余价值。"①《南开周刊》刊登《资本主义的变迁及归宿》一文,对剩余劳动也做了解释,"资本家往往强迫劳动者每日做十二小时的工作",但"所给工银只值六小时的生活品",其余"白做的六小时",就叫剩余劳动,"被资本家夺去的一部分由六小时剩余劳动而生的价值",就叫作"剩余劳动之价值"②。

资本家的资本"完全是由劳工来的""资本神圣是根据劳工神圣而来",所以劳动结果本应属于劳动者,不应隶属于部分的资本家。资本家的逐利性使得资本家们不得不考虑如何增加剩余价值,"资本家想得到剩余价值或增加,但在机器方面没法想,没想出更好的机器来。在劳动力方面,没法想劳动力因劳动者本身及机械的原因,没法使劳动增加,于是只得延长劳动时间,是劳动者做较从前更长的时间劳动,时间既长了,商品当然出产多了,而资本家仍旧支出一样的工银,因此价值增加了——增加绝对的剩余价值"。③ 就是在这种压迫下,工人阶级不断地被压迫,工作时长不断增加且收入仅能满足自己最基本的生活资料需要。

(四)对科学社会主义的介绍

天津早期传播马克思主义的报刊对科学社会主义的介绍从基本原理出发,到对苏俄革命建设与国际共运史的实践的介绍。

首先,阐释科学社会主义基本原理。

《哥达纲领批判》是科学社会主义的纲领性文件,对无产阶级革命

---

① 胡南湖:《马克思传》,天津《新民意报》副刊《星火》第9号。
② 王乃宽:《资本主义的变迁及归宿》,天津《南开周刊》第1期。
③ 丘咸:《经济问题汇要(节录)》,天津《新民意报》副刊第16号。

的未来社会作了科学的预言,"在资本主义社会和共产主义社会之间,有一个从前者变为后者的革命转变时期。同这个时期相适应的也有一个政治上的过渡时期,这个时期的国家只能是无产阶级的革命专政"。①

1923年8月,《新民意报》副刊第1、2、3号连载了吕一鸣《马克斯共产主义底过渡期》,其内容大量引用了《哥达纲领批判》的原文,不仅强调"马克斯底共产主义是科学的","是必然要来的",而且指出了共产主义的实现路径——"革命底过渡期"。吕一鸣根据《哥达纲领批判》强调"马克思底共产主义是分两期的",第一期的特色是"共产主义虽然实现,但因为生产力和旧社会的关系,还不能把共产主义的教义拿来完全应用。所以我们称他为共产主义的半熟期"。② 第二期便是"共产主义成熟期"。对于如何进入共产主义这一问题,吕一鸣指出"革命的过渡期",即用"强迫手段,从富人手里把所有的一切的财源和权力夺过来"。并且强调只有通过无产阶级专政这一条"自由之路"将资本与生产工具集中到国家手中,才能一步一步地进到共产主义的成熟期。③《星火》所刊登的《马克思传》一文在末尾也提到了马克思的《哥达纲领批判》,将共产主义实现过程分为三个时期:"第一,革命过渡时期","第二,共产主义成熟期","第三期,就是共产主义完成期"。④

《南开周刊》刊登《资本主义的变迁及归宿》一文指出实现社会主

---

① 中共中央马克思恩格斯列宁斯大林著作编译局:《马克思恩格斯文集》(第3卷),人民出版社2009年版,第445页。
② 吕一鸣:《马克斯共产主义底过渡期》,天津《新民意报》副刊第1、2、3号。
③ 同上。
④ 胡南湖:《马克思传》,天津《新民意报》副刊《星火》第9号。

的第一步便是要"使无产阶级握得政权,再由政权而夺得资本家的一切资本,将一切生产物集中在社会",也"就是劳工专政"。①

其次,宣传苏俄革命和建设情况。

十月革命后,有关列宁、托洛茨基等布尔什维克领袖的演讲或著作以及关于十月革命和革命后苏俄的现状的消息等开始逐渐传入中国,各大报刊通过介绍苏俄的情况,向天津人民展示了一个社会主义的新天地。《益世报》在1917年11月连续三天报道了俄国十月革命的状况。直到1919年7月,苏维埃政府发表了《致中国人民及中国南北两政府的宣言》,以最鲜明的方式向中国知识分子表明了俄国革命的精神。《新民意报》副刊《星火》发表了《读苏维埃俄罗斯代表加拉罕氏宣言》和《苏俄与世界被压迫民族》这两篇文章,大力宣传"苏俄第一次对华宣言",并认为"无产阶级专政的苏维埃俄罗斯"是"世界无产阶级和被压迫民族的最可敬可爱的朋友了"。②《星火》转发了《改造》上发表的《新经济政策与俄国之未来》一文,详细介绍了俄国的"战时共产主义",认为这是共产主义的"一步退让";但是"只有这'一步退让'才能进入真的社会主义的建设之轨道"。③ 还刊登了施存统翻译的日本河田嗣郎所著《劳农俄国底农业》,毕庶滋翻译的 Abraham Enstoin 所著《苏维埃俄国的学校》,笔名 C.C.S. 写的《俄国之农民运动》等文章。《妇女日报》也在五一纪念特刊中刊登《苏俄的婚姻法及家庭法》《苏俄之婴儿

---

① 王乃宽:《资本主义的变迁及归宿》,天津《南开周刊》第一期。
② 孙觉民:《苏俄与世界被压迫民族》,天津《新民意报》副刊《星火》,1923年3月17日。
③ [日]山川均(著),光亮(译):《新经济政策与俄国之将来》,天津《新民意报》副刊《星火》第2号。

保护》等文章。

第三,介绍共产主义运动史。

国际共运史是一部无产阶级与资产阶级斗争的历史。介绍国际共运史,成为中国人进一步传播马克思主义的途径之一。《新民意报》副刊《觉邮》刊登的《西欧的赤况》一文,便介绍了欧洲无产阶级与资产阶级斗争的状况。《星火》和《微明》在刊登的李大钊的演讲内容中便对共产国际的状况做了介绍:"普法战争之后,第一国际失败了。后来又有第二国际之组织。""一九一四年第二国际空有其名","所以近来有又第三国际之发生","第三国际所要进行的,就是世界革命"。①"第三国际的继起",是"承继马克思的精神",在这种浪潮中,"世界的革命一天快似一天了,全都受了马克斯学说的影响"。②

在第三国际成立五周年之际,《妇女日报》刊登《第三国际五周宣言》,指出第三国际的主要事业就是"使全世界大多数工人集于共产主义革命旗帜之下","共产主义思想,现已不限于区区欧洲一隅,其势力已普及全球。共产主义革命之赤旗布满各地"。③列宁逝世后,第三国际筹办第五次世界大会,《妇女日报》刊登《第三国际第五次大会议案》介绍此次大会的十四项议程。后又刊登《第三国际大会将查察世界无产阶级势力》"声言第三国际第五次世界大会开会在迩,该会将查察全世界无产阶级革命势力并讨论德、意、英、美、日、苏联及布加利亚等国

---

① 李守常(讲):《马克斯经济学说(一)》,天津《华北新闻》副刊《微明》,1922 年 3 月 6、7、8、9、10 日。
② 李守常(讲):《马克斯经济学说(二)》,天津《新民意报》副刊《星火》,1923 年 5 月 6 日。
③ 《第三国际五周宣言》,《妇女日报》,1924 年 3 月 12 日。

共产党之现状",并且指出此次大会的宗旨是"虽无列宁,但本列宁主义之精神"①,保护列宁遗产。

(五)对马克思主义妇女观的宣传

妇女问题在半殖民地半封建社会的旧中国十分重要,尤其是在被迫开埠的通商口岸的近代天津尤为突出。"妇女占人类全体的一半,得不着一切应享的权利,专被人使用、玩弄、禁锢"②,处在社会的最底层。妇女问题直至马克思主义传入中国后,才找到了解放的解放之路。

首先,联系实际剖析妇女在旧社会中所处的地位。冯悟我在《被压迫的妇女应有的精神》一文中提到女性的生存现状:"'三纲三从''大门不出,二门不迈',……的旧礼教,旧道德,一齐来压迫在妇女们头上,束缚女子,使女子不能不忍辱服从。"③顾峻霄在《妇女运动漫谈》中关注到了女工的生存环境,指出"世间最不自由,最痛苦的,便是女工。伊们在生理上受生育月经的痛苦,在家庭里受翁姑丈夫的虐待,在工厂里受资本家的压制,而在社会上又要受到侮辱、轻视、引诱、欺骗……等意外的烦恼"④。

其次,深入分析妇女问题的原因。造成妇女问题的原因有很多,广大妇女深受礼教压迫,受大家庭制度的约束,"'代办婚姻'同'三从四德'等等,足以置妇女们于死地"⑤。究其根源,经济制度不良导致了诸

---

① 《第三国际大会将查察世界无产阶级势力》,《妇女日报》,1924年4月21日。
② 《发刊词》,《新民意报》副刊《女星》第一期,1923年4月25日。
③ 冯悟我:《被压迫妇女应有的精神》,《女星》第一期,1923年4月25日。
④ 顾峻霄:《妇女运动漫谈》,《新民意报》副刊第九册第二号,1923年9月6日。
⑤ 李峙山:《张嗣婧与天津女师范》,《女权运动同盟会直隶支部特刊》第三期,1923年5月23日。

多妇女问题的产生。王南羲指出,"现在的经济制度,是私有财产制度,并且是男系制度下的私有财产制度。所有的财产权,全握在男子手里"①。在这种经济制度下,女子本身在经济上难以独立,李峙山也指出,"我们女子无论站在甚么地位,总是被男子压迫,给人作奴隶。原因虽然很多,最大的却要算是因为女子经济不能独立"②。若想从根本上解决妇女问题,就要"推翻资本制度"③和"私有财产制度"。④

最后,指出妇女根本解放的途径。妇女解放不是妇女单独的问题,它是整个社会的一部分。受压迫的不仅仅是女性,男性也有受压迫的,这种对立不是男性与女性的对立,而是压迫阶级与被压迫阶级的对立。俞宗杰指出,"其实男子本身并无罪过,现社会制度的黑暗,确是妇女运动的对象,男子亦应负打破的责任"⑤,而且从事于"妇女运动的女子""应与男子携手共进"⑥,推翻私有制度,这样妇女的自由与解放才能真正实现。在宣扬妇女解放的同时,将妇女问题放在整个社会历史中,站在人类解放的高度来认识和把握,并视妇女解放程度为人类发展和社会进步的衡量尺度,使得性别的矛盾、阶级的矛盾在此有了结合点,将妇女解放和无产阶级解放结合在一起。谌小岑在《妇女运动的途径》一文中便指出,"妇女问题将必在无产阶级革命成功后才能完全解决",

---

① 王南羲:《废娼运动的先决问题》,《女星》第七期,1923年6月23日。
② 李峙山:《女子经济独立的好机会》,天津《妇女日报》,1924年3月12日。
③ 顾峻霄:《废娼运动和资本制度》,《新民意报》副刊《明日》,1923年1月5日。
④ 王南羲:《废娼运动的先决问题》,《女星》第七期,1923年6月23日。
⑤ 《开会情形》,《女星》第十八期,1923年10月15日。
⑥ 同上。

"社会革命成功后,一切问题都可解决"。①

三、天津报刊传播马克思主义的效果

马克思指出:"批判的武器当然不能代替武器的批判,物质力量只能用物质力量来摧毁;但是,理论一经掌握群众,也会变成物质力量。"②马克思主义作为一种理论,若想发挥更强大的力量,就必须被群众所掌握。随着新文化运动的开展,启蒙的氛围便弥漫了整个社会,正是在这样的背景下创办的报刊本身也带有启蒙的意味。在群众掌握理论前,首先要唤醒民众的革命意识,思想的变革是前提,其次才能运用理论指挥领导革命运动,进而推动党团组织的建立。

(一)唤醒民众的革命意识

"百年以降,中国报刊的主要角色是救亡图存,其三部曲是启蒙、革命和现代化。"③"启蒙"便作为中国现代媒介的首要功能,进而言之"现代媒介以自己独特的方式参与了中国现代文化建设,参与了现代思想启蒙"④。天津早期传播马克思主义的报刊也正是带着这样一种"启蒙"的任务应运而生。

---

① 谌小岑:《妇女运动的途径》,《女星》第四、六、七期,1923 年 5 月 25 日,6 月 15 日、25 日。
② 中共中央马克思恩格斯列宁斯大林著作编译局:《马克思恩格斯选集》(第一卷),人民出版社 2012 年版,第 9 页。
③ 李金铨:《序言》,《文人论政:知识分子与报刊》,广西师范大学出版社 2008 年版,第 1 页。
④ 周海波:《现代传媒在启蒙运动中的意义》,《文学评论》2007 年第 6 期,第 135—142 页。

首先是唤醒人民群众的思想觉悟。引导人们正确认识社会,敢于对封建蒙昧进行批判并对新社会抱有向往与期待。《新生命》的发刊词中指出,他们今后要做的就是"批评一切不良的、旧的风俗、习惯、制度、理解以至任务、行为、言论"和"贡献一种新计划、新理论,求组成一个以自由、平等、博爱、互助为基础的新社会"①;《新民意报》副刊《星火》的发刊词中也表明"本部抱定'社会改良'的目标,向前进行,是今后惟一的使命"②。先进知识分子创办刊物发声是作为先驱者的"自觉",然后他们再去"唤起工农千百万"的觉醒。

二是唤醒广大人民群众的政治觉悟。"天下兴亡,匹夫有责",通过公共议题的构建,唤起人们的爱国情感。如勇于揭露日本帝国主义及其走狗马良镇压山东人民的罪行,积极报道天津各界的活动。唤醒政治觉悟尤其注重唤醒女性的政治觉悟,让女性认识到女子可以拥有与男子同样的受教育的权利与参政的权利,如女星社创办的《妇女日报》积极刊登《女子参政的重要性》《中国政治与女子参政》《我们今天的口号——驱除女子教育的障碍》等文章。

最后是唤醒人们的阶级觉悟。报刊向人们介绍资产阶级与无产阶级的对立,揭露无产阶级的生活现状,深入工厂、矿区展示工人的生活环境披露资产阶级的无情剥削,呼吁无产阶级的大联合。

(二)推动天津革命运动的发展

首先,报刊的报道将学生运动推向高潮。《益世报》积极报道天津

---

① 中共中央马克思恩格斯列宁斯大林著作编译局研究室:《五四时期期刊介绍》(第三集),人民出版社1959年版,第457页。
② 同上书,第458页。

各界举行的集会,推动五四爱国运动深入发展。刊登《北洋大学等校商议对于青岛问题办法》《直隶第一女子师范学生停上日语课》《南开学校纪念"五七"国耻》等文章,推动了学生爱国运动的开展;积极报道天津各界联合会代表赴京请愿、天津各界庆祝"双十节"等活动的始末。南开学校创办《南开日刊》鲜明提出新国家、新政治、新学术、新青年等新思想,并与天津社会实际状况联系起来。

其次,报刊积极引导工人运动发展。1920年10月天津社会主义青年团成立,随后,张太雷就与团成员创办了《劳报》。报纸的主要内容是刊登有关工人运动的消息以及马克思主义理论的内容。由于张太雷较为注重与工人阶级的联系,故《劳报》在宣传工作和引导工人开展工作方面发挥了极大的作用,对在天津青年中传播马克思主义和促进工人阶级的觉醒产生了积极影响。天津社会主义青年团的成员们亲自去唐山、长辛店等地,向当地工人宣传革命思想,动员铁路工人积极合理地开展运动,并引导工人要与学生相结合,共同开展革命活动。1923年2月爆发了京汉铁路工人大罢工,与此同时,天津西沽机车厂工人宣布罢工三天,以示支援,京奉路天津机务处工人也表示要与黑暗势力斗争到底。

最后,报刊推动了妇女运动的深入开展。20世纪初期的中国饱受压迫,先进知识分子的觉醒并不足以形成绝对的革命的力量,存在压迫的不仅仅是无产阶级,还有广大的妇女群众。女星社创办的《女星》与《妇女日报》积极声援女工运动,刊登《上海丝纱女工协会的宣言》《浩劫后的上海祥经丝织厂女工》《上海丝厂女工又罢工》等文章;积极声援各地学潮,援助湘女界,声援直隶第二女师,声援李一超,抨击"皇会"的迷信活动等,维护妇女的切身权益,与摧残奴役妇女的恶势力作斗争。在邓颖超、刘清扬等人的带领下,培养了许多无产阶级革命者与妇女运动的带领者。

(三)推动天津党团组织的建立

马克思主义在天津的广泛、深入传播推动了革命运动的发展,尤其是学生运动、工人运动与妇女运动,为党组织在天津的建立提供了思想基础和组织基础。

报刊推动马克思主义在天津的广泛传播为党团组织的建立提供了思想基础。

随着革命社团和崭新刊物不断增加,天津马克思主义宣传的舆论阵地日益扩大。1921—1924年,天津先后成立马克思主义研究会、女星社等20多个宣传新思想的团体,出版《新民意报》《觉邮》《南开周刊》等10多种报刊,发表李大钊、周恩来、李达、李汉俊等数十人撰写的近百篇文章,研究、宣传和传播马克思主义的基本立场、观点和方法。这一时期天津报刊发表文章中有关马克思主义的内容,已经涉及哲学、政治经济学和科学社会主义,涵盖政治经济、思想历史、法律社会、道德文艺理论等领域。天津早期先进知识分子也正是在这个过程中了解马克思主义,信仰马克思主义。

天津早期马克思主义者为党团组织建立提供了组织基础。早期先进知识分子在革命实践中大多运用报刊这一阵地奔走呼喊,并在这一过程中坚定信仰,知识分子运用撰稿人与校友重叠的身份,以及共同的思想倾向与志趣,便凝聚起了一个内部联系更为密切的团体。于方舟在1919年创立了"新生社",创办《新生》杂志,后又在李大钊的指导下在天津成立了"马氏学会",创办《明日》作为《新民意报》副刊发行,专门传播马克思主义,1923年经李大钊介绍加入中国共产党。谌小岑在天津早期进步报刊撰稿颇多,《北洋大学日刊》《觉悟》《觉邮》《女星》《妇女日报》《新民意报》等报刊中都能看到谌小岑的进步文章,谌小岑也作为天津社会主义青年团成立的见证人与张太雷、于方舟等六人一同创立了全国第二个青年团组织,后又创办《劳报》作为机关报宣传马克思主义。邓颖超、李峙山、王贞儒、吕一鸣等人均在1924年前后加入了社会主义青年团,邓颖超、王卓吾为天津团地委候补委员,加入团组织的成员期满后自动转为中共党员。

五四运动和马克思主义在天津的传播,为中共天津地委的建立作了思想上和干部上的准备。1924年秋,天津已有共产党员近20名,建立中共天津地方组织的条件基本成熟。这20名中大多是在五四运动时期积极参与各种革命斗争的先进知识分子,1924年9月的一天,天津全体党员在今和平区长春道普爱里21号(原34号)正式举行中共天津地方执行委员会成立大会。中共天津地委的成立是天津历史上的重大事件,天津人民的革命斗争从此有了更加坚强有力的领导核心。

肇始与传播:《新评论》中章乃器早期民生观念之研究

李晓灵　宋朝军*

摘要：章乃器的民生观念在《新评论》中的传播取向和思想呈现，主要表现在政治追求、舆论功能和社会理念三个方面，凸显了传统性与现代性相交织、个体性和历史性相结合的特点。章乃器的早期民生观念是其民生思想的肇始，反映出他对增进民生福祉的期盼，从中折射出民国知识分子的新闻专业实践及民生思想传播的复杂景观。

关键词：章乃器；民生观念；《新评论》；肇始；传播

作为救国会"七君子"之一，章乃器为民族解放事业而竭尽才智，他的民生思想的形成和传播经历了一个曲折复杂的过程。

1927年，国民革命失败后，章乃器创办了其唯一的一份刊物《新评论》。这份刊物1929年被国民党当局查封，发行时间不到两年。《新评论》誓言"要做潮流的指导者，不做潮流的追逐者"，内容多为时政性的

---

* 李晓灵，兰州大学新闻与传播学教授，复旦大学新闻学院博士后。宋朝军，兰州大学新闻与传播学院硕士毕业。

评论文章,其传播框架和内容集中体现了章乃器早期民生思想的特点,是其民生思想的肇始和初步传播。章乃器的早期民生思想对其后来同国民党反动政权的斗争有着深刻的影响,具有重要的研究价值和历史意义。

一、民生观念的历史缘起

章乃器早期民生观念是特定历史时期的产物,它以特有的新闻实践展示了他民生思想的时代渊薮和个性归因。

按照章乃器在《新评论》中的观点,理想的人生观包含着个性和同情两个部分,这对其民生思想的形成和实践都产生了重要影响。他对人生观的总结源于问题"人为什么要生存"[1]。章乃器驳斥了"等命运"[2]的人生观,认为等待实际上是一种消极思维。同时,他提出要积极追求人生的兴趣,认为这种兴趣"归纳起来,不过两种:第一是个性的发展,第二是人类的同情"[3]。

章乃器将"个性"理解为"挖掘、施展人富于的本能"[4],这种思维在《新评论》办刊活动和他撰写文章的过程中发挥了重要作用。他在与胡适的通信中说明了自己的办刊目的,即致力于"办理一种适合个性,而有益于人类、国家和社会的事业"。可以看出,个性在前,办刊在后,以个性支撑办刊,这是他新闻传播实践的特征之一。其时,胡适极力鼓吹

---

[1] 章立凡:《章乃器文集》(下),华夏出版社1997年版,第28页。
[2] 同上书,第29页。
[3] 同上。
[4] 同上。

杜威的实用主义,提倡"个性至上",章乃器对此深以为然,亦大力提倡个性解放,认为个性发展是利国利民的前提条件。

章乃器同时鼓吹"同情的人生观",他所谓的"同情"是一种泛化的同情,即不局限于一个群体,而是立足于对于整个世界和人类的同情。这种思维体现了他高度的社会责任感,并促使他尽一切努力要把《新评论》办下去,把他的民生观念传播出去。当时章乃器的主要工作是银行襄理,在没有邀请到其他人撰稿的情况下,他一人承担了撰稿、编排、印制、发行、投资、财务等各项工作,其艰难程度可想而知。可见,《新评论》的新闻传播思想与章乃器关于"同情"的人生观息息相关,既是其民生观念的实践,也是其民生观念的传播。

二、民生观念的意义生成

章乃器早期民生观念主要集中于政治追求、舆论功能、社会理念三个方面,它们生动地展示了他早期关于民生观念的具体认知。

1. 政治追求:救国救民的初步认知

《新评论》的大部分文章都体现了章乃器早期的政治追求,成为其民生观念的重要部分。他的初期政治认知大致集中于三对关系。

一是人民和政府的关系。章乃器直言,"不要再有代表'官'的政府,希望能有代表'人民'的政府"[1],意即理想中的政府应该是代表人民和维护人民的,而不是统治人民的。国民党政府以"自由"为名,对人民反抗帝国主义的各项义举不管不问,对外国侵略者剥削中国的暴行

---

[1] 章立凡:《章乃器文集》(下),第15页。

装聋作哑,"如医生施行注射手术把空气打到血管里去送人性命一样"①。他引国内国外事例为证,抨击国民党政府的外交政策,警告当局,不要走到人民的对立面,否则与清廷无异。

二是主义和国家命运的关系。济南"五三惨案"发生后,章乃器开始更加深入地思考社会思潮中主义和国家命运的关系。随着对国民党的所作所为认识更加清晰,他对国民党的批评更趋激烈,直言:"爱国运动,实质上不过是一种民族图存运动。我们达到图存以后进一步的要求,只是大同的世界,而不是青白旗横行的世界。"②他直斥国民党使他们所谓坚持的三民主义丧失了独立性,其提倡的"非国家主义不足以救国"出于无知者之口,尤其是在"五三惨案"发生后,这种所谓的国家主义遮蔽了救亡图存的愿望和真正民意。

三是民生观念和执政党操守的关系。章乃器认为,革命当局的职责就是探求民众理想上的需要,并求最大可能地实现。这就意味着,执政党的操守要立足于民生观念,实际上就是认清三民主义和国民党行为的关系。他以这种现实情况为出发点,对1928年8月召开的国民党二届五中全会提出了要求。他仍称国民党政府为"革命当局",仍希望其能够坚持三民主义,从而自我革新,去除弊政。

三对关系的落脚点都是民生,但总体上呈现递进关系,其中的民生观念呈现得越来越清晰,论辩视角逐渐由政府转向人民。章乃器号召与"自私的超人主义者"③进行斗争,反抗"权威阶级"。虽然此时他尚

---

① 章立凡:《章乃器文集》(下),第16页。
② 同上书,第27页。
③ 同上书,第18页。

未认清中国民生问题的根源所在和阶级对立的社会现实,但对国民党当局有了更进一步的认识,并希冀国民党能够改善革新,保障人民基本民生需求。他提出了多方面改革措施,要求国民党政府在训政期间能够推进民生,例如保证言论自由,保障人权,反抗帝国主义,废除不平等条约等,这也直接导致了当局对《新评论》的封禁。

2. 舆论功能:强调方法重要的定位

章乃器关于言论机关民生思想的讨论和实践很丰富,这是其民生思想的延伸。他认为言论机关是实现民生的"方法",他明确指出:"我们觉得好的方法,要比好的主义还要重要十倍。"①对于当时中国而言,最重要的是"迅速稳妥的交通器具"——方法。

章乃器将"公正"看作言论机关的立足点,他将公正的言论机关比作"忠实的社会镜子",将主义比作"书籍"。他强调,"信赖忠实的镜子,功效要比读什么《美容术好行为》等类的书籍高百倍。"②正因如此,他创办《新评论》的初衷是创办一个言论机关,但在他看来,《新评论》一旦有了具体的主张,就不免要成为宣传机关。言论机关应该没有具体主张,才能承担起"镜子"的使命,才能成为潮流的指导者。

总体来看,章乃器并没有否认主义存在的必然性,但在具体操作中,他认为就当时的中国社会而言,讨论方法更加重要。这种思想与胡适对于中国社会的思考如出一辙,有其产生的历史土壤。章乃器追求的是一种当下的进步:"没有好主义,而能够有好方法,虽然不能有'百

---

① 章立凡:《章乃器文集》(下),第3页。
② 同上书,第3页。

年之计',至少也可以苟安。"①但是,这种思维从根本上而言,是在讨论一种对社会问题的"补缀"工作,本质仍是一种改良主义的思维。恩格斯曾批评"用补缀办法来消除社会上各种病痛"的行为,称其为"社会庸医"②,章乃器的思想里其实也有这种短板存在。

3. 社会理念:男女平权和青年事业

章乃器在社会理念方面有诸多面向民生的新观点,这既是其民生思想的重要部分,也是有关群体行为的具体观念。其中,新文化运动以来备受关注的男女平权问题尤为突出。

章乃器认为,男女平权的口号呼喊已久,但还是没能纠正错误的社会思想和制度,最终造成了时代的悲剧。他着重抨击"没有基础的恋爱",认为只有在思想契合的基础上,双方才能够开始正当的恋爱。男女平权的理念在这"交往—恋爱—婚姻"三个阶段中体现各有差别,但最终都要落脚到思想根源中的男女平权。只有如此,才能破除旧社会中迂腐的男女关系,进而为保障整个社会民生提供助力。

章乃器倡导从多个角度认识青年事业,他眼中的青年事业和入世观紧密相连。他认为青年所面临的困境源于生活、事业和社会。针对这些问题,他开出的药方都含有很大的"民生成分"。他首先要求青年要具有真正的奉献精神,不能既想革除反动统治和社会积弊,又想在黑暗统治中维持所谓的社会偶像的地位,这种矛盾会导致他们最终陷入绝境。其次,青年应当真正认识到社会的现实,抛弃"名垂青史"的英雄

---

① 章立凡:《章乃器文集》(下),第3页。
② 马克思、恩格斯:《共产党宣言》,人民出版社2014年版,第12页。

主义,应该积极研究社会,不能只站在离社会很远的地方而不进行科学的分析。再次,他鼓励青年去寻求科学的"智识",在这个基础上去支配社会,据此他还喊出了"科学万能"的口号。这些倡导实际上都表达了鼓励破旧立新、自主探索的民生思想内涵。

三、民生观念的历史特征

章乃器的民生观念鲜明地体现了传统性和现代性、个体性和历史性相交织的特征。

1. 传统性与现代性的交织

从《新评论》可以看出,章乃器的早期民生观念既接受了外来民生观念的部分内容,又包含了中国传统政治观念和理想。在他的民生观念中,传统性与现代性交织共现。

章乃器从小接受中国传统儒家文化教育,他的民生思想中蕴含着传统的儒家道德观与家国观念。例如,在谈到为人做事时,他崇拜孙中山"纯洁诚实的人格,光明磊落的态度"①,这种讲求诚信的人格与孔子所言"君子不重则不威,学则不固,主忠信"②一脉相承。在家国观念上,他明确提出,自己所追求的愿望是实现一个大同的世界,这明显是对《礼记·礼运》中描绘的"大道之行也,天下为公"③社会观的继承。他认为,只有破除旧社会的过时做法,树立彰显现代性的同志关系,才能成就现代的事业,这也进一步体现了他对民族、民权、民生观念的崇

---

① 章立凡:《章乃器文集》(下),第 6 页。
② 孔子:《论语》,中国纺织出版社 2015 年版,第 6 页。
③ 戴圣:《礼记》,吉林人民出版社 2005 年版,第 155 页。

拜之情。

2. 个体性与历史性的结合

章乃器早期的民生思想凸显了鲜明的个体性,同时,与其整体的民生思想相比,又具有历史性。

章乃器早期民生思想的个体性可以概括为天真而幼稚,且有勇气和毅力。在《新评论》中,这种思想的具体体现就是章乃器的超然态度。和当时社会上职业化的政治投机者不同,他没有将这份刊物视作政治投靠的敲门砖,而是想要独立地创办一种理想化的刊物,并提出了一系列关于社会改革的思考。这种超然态度实际上是其个体性特征的一种体现,与其同时代的同仁有着显著的差异。

就历史性而言,应当看到,他的早期民生观念处于他民生观念体系的奠基和肇始阶段,还存在着一些不完善的地方。《新评论》中的部分内容情绪化过于浓烈,论述问题也有不完整、片面化的特点,这与创办《新评论》的特定历史因素有关。章乃器是在大革命失败背景下创办《新评论》的,他自述:"当时正在'四一二'事变过去不久,各地白色恐怖仍在残酷进行。我激于义愤,独力创办《新评论》半月刊。"①

章乃器的民生观念经历了一个不断发展和完善的历史过程,从此时开始,他对中国社会民生问题的认识逐步深入,对社会矛盾的判断逐渐清晰。可以说,早期观念为他思想的体系化作了铺垫。他逐渐看清了帝国主义、封建主义和官僚资本的根本危害,逐步从坚持寻求第三条道路转向响应号召应邀北上。其间,其民生观念的具体内涵也逐渐丰

---

① 章立凡:《章乃器文集》(下),第610页。

富,实践更加贴合社会实际。

四、民生观念的历史价值

　　章乃器早期民生观念产生了丰厚的思想和实践价值。通过《新评论》,章乃器观察社会和国家的视角变得更趋宏观,最终为他进一步参与社会救亡提供了精神动力。对社会而言,章乃器的民生观念涉及政治、舆论和社会理念,这些内容为当时社会的民生思想讨论注入了新鲜血液,是当时民生思潮的重要组成部分,给更多知识分子以启发和激励。

　　自《新评论》始,章乃器对民族发展、国家建设和保障民生的实际问题认识得越来越清晰。《新评论》被封禁后,他转而投身金融工作,但《新评论》中的民生观念却一直支撑着他的救亡图存实践。以历史维度观之,作为章乃器政治思想的发端之一,《新评论》中的民生思想为后世民生思想和实践提供了重要的理论参考。直至新中国成立前后,章乃器的民生理念仍然影响着知识分子群体关于反对反动政府、阶级和意识形态等诸多方面的思考,有力地促进了中国民生思潮和实践的完善与发展。新政协于1949年9月召开,章乃器在题为《新民主主义的民族工商业家底任务》的发言中,鼓励民族工商业者要"发展自己的事业,积累自己的资本,而同时准备在将来条件成熟的一天消灭自己的阶级"[①]。章乃器相信,当这一任务完成从而和平过渡到社会主义的时候,每个人的生活会更愉快,事业会更加光荣。章立凡认为:"在历史

---

① 章立凡:《章乃器文集》(下),第525页。

上,中国民族资产阶级的代表人物公开提出消灭自己阶级的主张,这还是第一次。"①

五、结语

《新评论》彰显了章乃器早期民生观念,它杂糅了政治追求、舆论功能和社会理念等诸多意蕴,并显示出现代与传统交织、个体与历史结合的特点。在多种力量冲突的社会语境中,章乃器的民生观念是中国有识之士追求民族解放的生动诠释。但是,中国历史发展的复杂性决定了其民生理念和实践必然是艰难而坎坷的,注定要经历一个逐步成长和历史检验的过程。

总体看来,章乃器的早期民生观念及其实践虽然还存在着不足,但这种观念在特定的时代背景下仍具有积极的时代价值和特殊的历史意义,也为其后他民生思想和社会实践的发展和完善奠定了重要基础。借此,对章乃器早期民生观念的历史价值和现实意义要理性、客观和历史地认识和评判,既不应拔高虚美,做不符合历史实际的过高评价,也不应过分苛责,进行超越历史的批判;要在尊重史实和现实的前提下,进行客观辩证的历史评判。

---

① 章立凡:《爱国民主战士章乃器》,《中央社会主义学院学报》1998 年第 4 期,第 39—45 页。

《新生》周刊的东北意识

蒋 蕾[*]

摘要：以"杜重远与《新生》周刊"为个案,解读邹韬奋及"生活"系列出版物的东北意识。从杜重远与邹韬奋的关系入手,分析邹韬奋为何选择杜重远接办《新生》周刊,并考察《新生》周刊对于东北问题的分析与思考,探究该刊物开展抗日救亡动员的作用。

关键词：杜重远；邹韬奋；《新生》周刊；东北意识

《新生》周刊是"生活"系列出版物中的一份特殊刊物。它无名有实,表面与邹韬奋无关,实际上却是《生活》周刊的替身。它不可或缺,上承《生活》周刊,下启《大众生活》周刊,是"生活"系列出版物链条中的重要一环。探究《新生》周刊的东北意识,正是为了深入了解邹韬奋及所办"生活"系列刊物的东北意识。

一、《新生》周刊在"生活"系列出版物坐标里的位置

《新生》周刊由杜重远创办于1934年2月,1935年6月因"新生"事

---

[*] 蒋蕾,吉林大学新闻与传播学院教授、博士生导师,复旦大学新闻学院博士后。

件主编杜重远被捕入狱而停刊,总共发刊72期。在邹韬奋创办的"生活"系列出版物中,《新生》周刊虽不是由他主编,却是"生活"系列出版物"链条"中不能缺失的一环,对《生活》周刊和《大众生活》周刊起着承上启下、继往开来的作用。

(一)时间上的填充刊物

在创办时间先后顺序上,《新生》周刊在《生活》周刊和《大众生活》周刊之间,与前者时差为两个月,与后者时差为五个月。1933年12月16日《生活》周刊宣布停刊,两个月后——1934年2月10日,《新生》周刊创刊。1935年6月22日《新生》周刊停刊,邹韬奋得知杜重远入狱,急匆匆地于8月从美国赶回来,于1935年11月16日创办《大众生活》周刊,距离《新生》周刊停刊五个月。

《新生》周刊对于"生活"系列出版物来说具有过渡性、填充性的作用,是其时间链条中不可或缺的重要一环。

(二)形态上的演变刊物

《新生》周刊虽然在刊物形态上与《生活》周刊极为相似,但并未固守原状,在封面设计、时事摄影运用等方面有所发展。《生活》周刊的封面是素的、黑白的,类似报纸头版,封面刊登刊物名、期数、地址、出版时间以及"本期要目",没有图片。而《新生》周刊在首页之前加了一个刊登图片的彩色封面,图片以时事摄影、风景摄影为主。后来出版的《大众生活》周刊采取了与《新生》周刊相同的封面设计,把视觉冲击力强的时事图片放置在封面上,并因此形成"封面报道"。从刊物形态演变的角度上讲,《新生》周刊在封面设计方面突破了原有《生活》周刊的格局,对"生活"系列出版物贡献颇多。

(三)思想上的继承刊物

在办刊思想上,《新生》周刊继承和延续了《生活》周刊进行的民族抗日救亡动员,特别是主编的东北人身份强化了对失地之痛的呐喊和唤醒民族意识的紧迫感。《新生》周刊接载了许多《生活》周刊上未载完的作品,如邹韬奋的《萍踪寄语》、靳以的《东北行》等,与《生活》周刊的延续继承关系十分明显。

因此,《新生》周刊是"生活"系列出版物的重要组成部分,对于该系列出版物的延续、演变做出了贡献。

二、韬奋与东北问题的关系

《新生》周刊的主编是九一八事变后从东北逃出的杜重远。邹韬奋选择让东北爱国人士杜重远接办刊物,继续进行民族抗日救亡动员,这行为本身就是他的救亡思想和东北意识的典型表现。

九一八事变对于邹韬奋的人生有重大影响。从此,他以《生活》周刊为言论阵地进行抗日救亡动员活动。梳理邹韬奋与东北问题的关系,可以看到以下现象。

(一)九一八事变前关注东北问题

1931年7月万宝山事件发生后,《生活》周刊持续关注事件发展并做连续报道,邹韬奋撰写言论《全民族的生死关头》,指出"万宝山及朝鲜排华惨案实为日本积极侵略中国的一部分表现,我们中国人欲保其民族的生存,不可仅视为一时一地的事情,当对日本有组织有计划的狼鸷野心,做彻底的认识"①。

---

① 邹韬奋:《全民族的生死关头》,《生活》周刊1931年第6卷第31期,第653页。

(二)九一八事变后开展募捐活动

九一八事变发生之后,《生活》周刊大声疾呼,刊载《国难惨象画报》,组织全国性捐款。1932年3月26日刊出的《关于援助东北义勇军捐款之声明》中说:"自一月十四日至三月十七日止,共收壹万柒仟零参拾贰圆玖角贰分"[1],《生活》周刊总共为东北义勇军捐款1.7万元。

(三)刊登大量东北问题的报道与研究

《生活》周刊在九一八事变发生之后把报道重心转到东北问题上,每一期都有数篇文章是关涉东北的。关于东北问题的报道非常多,既有来自国外的通讯如《东北问题与国际形势》(王光祈),也有关于沦陷区的报道《事变后东北的教育》《东北行》(靳以)等。

(四)《生活》周刊停刊与东北报道有关

关于《生活》周刊的停刊原因有多种说法,如认为邹韬奋与"福建事变"有关而导致《生活》周刊遭查禁。但从邹韬奋的《与读者诸君告别》一文来看,他自述停刊原因是:"本刊自东北国难发生以来,愈痛于帝国主义的侵陵与军阀官僚的误国,悲怆愤慨,大声疾呼,希望能为垂危的中华民族唤起注意与努力,不料竟以此大招政府当局的疑忌,横加压迫,愈逼愈厉……"[2]

《生活》周刊停刊后,他请东北人杜重远办《新生》周刊,继续《生活》周刊的事业。

(五)为"东北作家群"出版小说集

1936年,生活书店为流亡关内的东北作家出版《东北作家近作

---

[1] 《关于援助义勇军捐款之声明》,《生活》周刊1932年第7卷第12期,第168页。
[2] 邹韬奋:《与读者诸君告别》,《生活》周刊1933年第8卷第50期,第1018页。

集》。书中包括罗烽的《第七个坑》、舒群的《战地》、李辉英的《参事官下乡》、黑丁的《九月的沈阳》、穆木天的《江村之夜》、白朗的《沦落前后》、宇飞的《土龙山》和陈凝秋的《在路线上》等 8 部。"东北作家群"由此得名。

三、杜重远与邹韬奋的关系交往

《新生》周刊主编杜重远比邹韬奋小 2 岁，逝世比邹韬奋早 1 年，二人兄弟相称，总共约有 10 余年交往。1931 年 7 月，杜重远到上海与邹韬奋初次见面，邹韬奋称此次见面为"由神交而成莫逆"。1931 年底，杜重远在《生活》周刊上发表游记称"韬奋吾兄"。杜重远与邹韬奋、与抗日救亡运动，关系都极为密切。1937 年 4 月"七君子"出狱后在马相伯家相聚，合影照片中除"七君子"、马相伯外，只有杜重远一人。

邹韬奋为何选择杜重远来接办杂志？选择杜重远，就是选择了东北问题。《新生》周刊的东北意识，首先体现在主编杜重远的东北人身份上。杜重远有着多重身份：烧制"爱国瓷"的实业家，东北的抗日救亡运动代表，擅长写作的作家、记者等。

（一）杜重远的身份：东北救亡运动代表人物

杜重远是吉林省怀德县人，1917 年公费留日。他既是实业家，也是东北救亡运动的发起人和组织者，同时还是作家、新闻工作者，其身份核心是"抗日救亡"。

（1）实业家。杜重远 1917 年至 1923 年在日本留学，学习制瓷。1923 年，开办砖厂。1927 年，创办中国第一家机械制陶公司——肇新窑业公司，生产瓷器。1930 年，杜重远以肇新产品参加上海"全国国货展览会",肇新瓷器被称为"爱国瓷"。1927年,杜重远成为奉天总商会副会长,1928年获得张学良投资。1932年8月,杜重远在上海担任中国国货产销协会的总干事。

(2) 东北救亡运动发起人和组织者。杜重远于1928年联合各县商会对日实行经济绝交。他发表演说、组织排斥日货运动和游行,开展抗日救亡动员。1929年他与阎宝航等成立"东北国民外交协会"。同时,他担任东北边防军司令长官公署秘书,成为张学良智囊团成员。杜重远还是东北最早的流亡者。1931年九一八事变爆发之后,日本关东军在东北通缉20位知名人士,杜重远是其中一位。他化装逃离到北平,妻子和4个孩子则留在东北。1931年9月27日,他与高崇民、阎宝航等在北平发起成立"东北民众抗日救国会",担任常务委员会委员。

(3) 作家、学者。杜重远于1924年在奉天参加"启明学会",与宁武、高崇民、金小天、苏子元、钱公来等东北文化名人共同办《启明》旬刊。

一般都认为杜重远是1931年以后受邹韬奋影响才开始写作的。邹韬奋1936年11月为杜重远所著《狱中杂感》一书所写的《序》中说:"杜重远先生是一名精明干练的实业家,他一向不注意做文章,甚至不相信他自己能做文章。当我主持《生活》周刊笔政的时候,他为着抗敌救国运动,四方奔走呼号,我约他在工作余下的时间里,偷闲为生活周刊写一些通讯,他总是很谦逊地推说不会写,后来经我再三催请,他才写一点。但是不鸣则已,一鸣惊人,我觉得他愈写愈好,他自己也愈写愈起劲。"① 实际上,杜重远的文字生涯始于1924年。

---

① 邹韬奋:《狱中杂感·序》,生活书店1936年版,第1页。

（4）新闻工作者。1931年8月，杜重远开始为《生活》周刊撰写文章，第一篇是自述传记《八年努力中的愿望》①，第二篇也是自述——《虎口余生自述》。②1931年年底，杜重远开始边游历、边演讲、边为《生活》周刊撰写旅行通讯，他的抗日救亡活动逐渐由口头演说转向利用大众媒介。1932年他参与发起创办《生活日报》。1934年，他创办《新生》周刊，全面进入以大众媒介进行抗日宣传动员的人生阶段。

（二）杜邹关系四阶段：读者、作者、合作者、继承者

（1）1930年：读者。1930年前后，杜重远是《生活》周刊的读者，与邹韬奋是神交的朋友。《生活》周刊最早介绍杜重远是1931年6月27日（6卷27期）《最切实的贡献》中，称其为"以振兴中国瓷业为己任的杜重远君"。

（2）1931年：作者。1931年8月开始，杜重远在《生活》周刊上发表文章。第一篇发表在1931年8月1日，邹韬奋在《生活》周刊上刊发杜重远的文章《八年努力中的愿望》③时为其撰写编者按："杜君是本刊异常热心的一位读者，辽宁肇新窑业公司就是他一手创办的，他对国家所贡献的成绩，本刊六卷二十七期《最切实的贡献》一文中曾提及，可参看。他最近南下过沪，我们由神交而成莫逆，快慰平生。这篇文章是承他应本刊之请而做的。"杜重远在文中详细讲述自己的求学经历、办实业的艰难过程，其中包含浓烈的爱国思想。编者按中"由神交而成莫

---

① 杜重远：《八年努力中的愿望：上》，《生活》周刊1931年第6卷，第32期，第679页。
② 杜重远：《虎口余生自述》，《生活》周刊1931年第6卷，第47期，第1046页。
③ 杜重远：《八年努力中的愿望：上、下》，《生活》周刊1931年第6卷，第32、33期，第679—681页。

逆"一句表明：1931年6月是他们第一次见面。

1931年九一八事变爆发后，杜重远逃出东北来到北平、上海。1931年年底开始，他在内地游历，写下"国内通讯"约24篇，每篇开头都是"韬奋吾兄"(见表1)。

表1 杜重远在《生活》周刊发表的24篇"国内通讯"

篇名	地点	撰写时间	发表期数
《别后》	到重庆	1931年12月24日	1932年第7卷，第3、4期
《新机》	韬奋吾兄：弟初到汉口	1932年1月11日	1932年第7卷，第7期
《锦绣河山》	弟于本月十三日离鄂赴湘	1932年1月27日	1932年第7卷，第8期
《向前干去》	九江通讯	1932年2月12日	1932年第7卷，第9期
《民族异彩》	安庆	1932年2月28日	1932年第7卷，第10期
《长江之游》		1932年3月8日	1932年第7卷，第11、12期
《抵汕后》		1932年6月17日	1932年第7卷，第27期
《残羹》	香港	1932年6月19日	1932年第7卷，第29期
《包办》	广州	1932年7月4日	1932年第7卷，第30、31期
《鬼多人少》	澳	1932年7月7日	1932年第7卷，第32期
《渐入佳境》	梧州	1932年7月11日	1932年第7卷，第33期
《良好印象》	桂林	1932年7月18日	1932年第7卷，第34期
《精神振奋》	柳州	1932年7月27日	1932年第7卷，第35期
《干与不干》		1932年7月30日	1932年第7卷，第36期
《南方之青岛》	厦门	1932年8月12日	1932年第7卷，第37期
《如适异国》	福州	1932年8月20日	1932年第7卷，第38期
《百折不回》	北平	1932年10月15日	1932年第7卷，第41期

续 表

篇　名	地　点	撰写时间	发表期数
《前线通讯》（一）	热河	1933年2月28日	1933年第8卷，第10期
《前线通讯》（二）	热河	1933年2月28日	1933年第8卷，第10期
《前线归来》	北平	1933年3月1日	1933年第8卷，第11期

杜邹关系是"兄弟"。1933年3月杜重远在上海与侯御之结婚，邹韬奋携妻儿参加婚礼。由生活书店出版的《锦绣山河》编入了杜重远的国内通讯，生活书店出版的《狱中杂感》集纳了杜重远在主编《新生》周刊时期的作品。邹韬奋为这两本书都写了序，从序的写作时间上可以看出邹韬奋对作者的态度和感情。为《锦绣山河》写序的时间为1933年6月24日，此前一周——杨杏佛于6月18日被暗杀，邹韬奋处境危险，写序后的第20天——1933年7月14日，邹韬奋乘意轮佛尔第号离沪，流亡国外。《狱中杂感》的序写于1936年11月3日，20天后——1936年11月23日，邹韬奋被捕，同时被捕的还有沈钧儒、章乃器等，史称"七君子事件"。

（3）1932年：合作者。1932年3月，邹韬奋倡议创办《生活日报》，杜重远也是发起人之一，并拟任《生活日报》经理部主任。韬奋在《积极筹备中的〈生活日报〉——干部姓名的公布》一文中这样写道："杜先生在东北创办辽宁肇新窑业公司，从数千元的规模，不到十年，办到近百万元的规模，凡曾到他厂里考察过的，无不叹服他的成绩优良，精明干练。他虽于瓷业有特殊的研究，而在管理行政方面实具有他的天才。他如要再办瓷业，仍可本其学识经验，主持规划，但我们却要借重他的精明干练的天才来主持本报的经理部。"①该报未办成。

(4) 1934年：继承者。杜重远还成为邹韬奋事业的继承者。《生活》周刊于1933年12月16日停刊后，在不到两个月时间里办起《新生》周刊(1934年2月10日)。1934年9月，杜重远还担任《太白》的特约撰稿人。

四、《新生》周刊是《生活》的重生与替身

（一）内容具有连续性

《生活》周刊停刊后仅仅两个月，《新生》周刊就以原来《生活》周刊的姿态出现在大众面前。某些连载作品从《生活》周刊开始刊登，《生活》周刊停刊后在《新生》周刊上继续刊登，如邹韬奋的《萍踪寄语》、靳以的《东北行》等。

（二）编辑部原班人马，作者群高度重合

邹韬奋曾给戈公振写信说："《新生》为《生活》后身，乞兄为之撰文，表面上由杜重远兄负责，一切仍属旧贯，编辑由艾寒松兄负责，发行仍由徐伯昕兄负责。"②对比这两份杂志的作者，其作者群高度重合。如毕云阶、艾寒松、戈公振、靳以(丹鸟)、平心(童恂斋)、楚基(潘楚基)、吴赞廷、炳然、扛日、孟如(金仲华)、马星野、胡愈之等，原在《生活》周刊撰稿，后在《新生》周刊上发表文章(见表2)。

---

① 邹韬奋：《正在积极筹备中的生活日报》，《生活》周刊1932年第7卷第13期，第183页。
② 生活书店史稿编辑委员会编：《生活书店史稿》，生活·读书·新知三联书店1995年版，第44页。

表 2 《生活》与《新生》的共同作者

序号	作者名	序号	作者名
1	杜重远	9	炳然
2	毕云程	10	扛日
3	艾寒松（易水）	11	孟如（金仲华）
4	戈公振	12	马星野
5	靳以（丹鸟）	13	胡愈之
6	平心（童恂斋）	14	顾学范（记者）
7	楚基（潘楚基）	15	何忍
8	吴赞廷		

（三）版面形态相似

从页码、版式、栏目、广告等方面看，两刊惊人地相似。页码数基本相同：两份刊物的页码都在 24 页左右，内容容量相同。版式基本一致：第一页版式相同，都为版权页、目录和言论，言论由主编亲自撰写。栏目相仿：言论由"小言论"改为"老实话"，仍保留"小言"。广告相同：由基本相同的广告，可以知道该杂志的广告经营团队基本未变（见表 3）。

表 3 《生活》与《新生》栏目

	《生活》栏目	《新生》栏目
相似栏目	小言论	老实话、小言——大小言、危言
	外国通讯	外国通讯
	国内通讯	国内通讯
	信箱	小新闻
	一周要闻	一周大事日记

	《生活》栏目	《新生》栏目
新增栏目		新术语
		信不信由你、小统计
		文化消息
		职业生活
		国际问题讲话　社会问题讲话
		经济问题讲话　常识讲话
		东北通讯

当然两刊还有些不同，区别在于：

（1）封面变化。虽然《生活》周刊办了"生活画报"，但其封面一直是素的，《新生》采用照片作为杂志封面，后来的《大众生活》周刊也采用照片为封面。

（2）《新生》周刊增加了新栏目"新术语""东北通讯"等。

五、《新生》周刊的东北特色

（一）主编与作者的东北人身份

在《新生》周刊上，主编和作者都自述其东北人身份。

杜重远在《发刊词》中说："我不是一个文学家，也不是一个新闻记者，更不是伟人名流，我从前是在沈阳办过实业的，我曾手创过一个容一千多工人的瓷业工厂，这个工厂依然开着，只是我因为不甘心做日本帝国主义的顺民，所以到如今竟变成一个无家可归无业可图的人了。"

作者于炳然在英国采访了邹韬奋，他在《访韬奋》中说："在韬奋清谈娓娓之后,我想到我的小孩,我想到我的小孩的母亲,此刻她们正在日本帝国主义铁蹄下残喘着,我想到我的故乡,我想到故乡的三千万民众。"①这些话表明他是一个东北人。后来,于炳然在《文汇年刊》上发表《七年来的东北义军》。

作家靳以,因父亲在沈阳、哈尔滨经商,多次进入被占领后的东北。他在《新生》周刊继续发表在《生活》周刊上未刊完的《东北行》。读者来信作者卢振中、小说作者李辉英等都是东北人,他们都在文章中自述其东北人身份,讲述自己所遭受的创伤。

(二)大量东北话题

《新生》周刊中的高频词是"东北",几乎篇篇文章中都有与"东北"相关的字句。《厦门实况》讲的是深受日本殖民影响的厦门,文章最后一句是"一般的民众都忙着去顾念关外失地,却轻易地忽视这将蹈东北四省覆辙的厦门"②。

(三)一手的东北报道

靳以的《东北行》以第一人称"我"在哈尔滨、沈阳等地的亲身经历,讲述了沦陷后的伪满洲国现状。③

第1卷第6期出版了专刊《傀儡登场》。该期杂志以《三月一日——天津》(作者何忍)报道:溥仪在伪满洲国登基之日,天津日租界内公开悬挂伪满洲国国旗,气氛十分嚣张,而国民政府对于伪满洲国的存在处于一种无力状态。

---

① 炳然:《访韬奋》,《新生周刊》1934年第1卷第2期,第26页。
② 蒋微希:《厦门实况》,《新生》周刊1934年第1卷第1期,第7—8页。
③ 靳以:《东北行》,《新生》周刊1934年第1卷第5期,第90—91页。

第 1 卷第 9 期刊登的《亡国电影观演记》,是由原《生活》周刊记者顾学范撰写的。顾学范得知上海公共租界将播放纪录电影《建国之春》,就找机会混入其中观看,他转述纪录片而让读者了解更多关于东北的情况。

笑岩的《沦亡了的故乡》也讲述了在东北沦陷区里的亲身经历。①泰然的《到日本去》讲述了在日本参观"国际产业观光博览会"上的伪满洲国展场的经过,并配图片。②刘子平的《满洲纪行》讲述"平沈通车"后的旅行经历,遭遇爆炸事件。③

(四)开展东北问题研究

杜重远的《大亚细亚主义》、马星野的《从军事上观察日俄战争》、梁纯夫的《日本军部与满铁》和《驻满机关改组的问题》等,这些文章在今天看来仍具有深刻的研究价值。翻译家、经济学家吴清友的《东北事变后列强态度的剖视》、春生的《售路成功以后的日俄关系》、老维的《铁蹄下的东北铁路》④等都具有强烈的研究性。

《新生》周刊还具有很强的学术性,它开创性地建立了栏目《新术语》,总共提供 137 个术语(见表 4)。这些术语主要与殖民侵略有关,如"殖民地""割让地"等。新术语相当于关键词,由此可以对日本侵略殖民的现状做更为深入的剖析。

---

① 笑岩:《沦亡了的故乡》,《新生》周刊 1934 年第 1 卷第 18 期,第 351 页。
② 泰然:《到日本去》,《新生》周刊 1934 年第 1 卷第 19 期,第 372 页。
③ 刘子平:《满洲纪行》,《新生》周刊 1934 年第 1 卷第 27 期,第 533 页。
④ 老维:《铁蹄下的东北铁路(上)——哈尔滨通讯》,《新生》周刊 1934 年第 1 卷第 43 期,第 876 页。

表 4 《新术语》样目中的术语(137 个)

卷数、期数	时　间	术　语
1-1	1934 年 2 月 10 日	殖民地、半殖民地、次殖民地
1-2	1934 年 2 月 17 日	自治殖民地、劳动殖民地、保护国、永久中立国
1-3	1934 年 2 月 24 日	共管、委任统治制、势力范围、割让地
1-4	1934 年 3 月 3 日	不平等条约、最惠国条款、商租权、治外法权
1-5	1934 年 3 月 10 日	租借地、租界、领事裁判权、公使团、工部局
1-6	1934 年 3 月 17 日	买办、圆桌会议、机会均等主义、债权国
1-7	1934 年 3 月 24 日	宗主权、不侵犯条约、不宣而战、自卫权、条约保障占领、哀的美敦书
1-8	1934 年 3 月 31 日	甘地主义、门罗主义、史汀生主义
1-9	1934 年 4 月 7 日	救世军、十字军、基督教
1-10	1934 年 4 月 14 日	国际联盟、神圣同盟、民族自决
1-11	1934 年 4 月 21 日	军缩、军备休假、领土不割让条约
1-12	1934 年 4 月 28 日	世界大战、世纪、世界语
1-13	1934 年 5 月 5 日	五一劳动节、五三事件、五四运动
1-14	1934 年 5 月 12 日	五五纪念、五七纪念、五九纪念、五卅纪念
1-15	1934 年 5 月 19 日	九国公约、非战公约、蓝辛石井协定、远东门罗主义
1-16	1934 年 5 月 26 日	汉奸、亡国奴、浪人
1-17	1934 年 6 月 2 日	高等华人、猪仔、唐人街
1-18	1934 年 6 月 9 日	青纱帐、义勇军、生命线、傀儡国
1-19	1934 年 6 月 16 日	科识分子、同路人、投机分子、代言人
1-20	1934 年 6 月 23 日	华尔街、唐宁街、红场、白宫
1-21	1934 年 6 月 30 日	摩登、烟士披里纯、安琪儿、木乃伊
1-22	1934 年 7 月 7 日	太阳黑子说、二重外交、二重人格、象牙之塔、十字街头
1-23	1934 年 7 月 14 日	冲锋队、钢盔团、突袭队、葛杯吴

续 表

卷数、期数	时间	术语
1-24	1934年7月21日	人权宣言、美国独立宣言、巴黎公社、明治维新
1-25	1934年7月28日	英雄主义、温情主义、改良主义
1-26	1934年8月4日	个人主义、拜金主义、机会主义、历史的使命
1-27	1934年8月11日	攻守同谋、假想敌、局外中立国
1-28	1934年8月18日	航空母舰、游击战争、便衣队、缓冲地带
1-29	1934年8月25日	跨党分子、职业革命家、机关报
1-42	1934年11月24日	布尔乔亚、托辣丝、乌托邦、罗曼丝、歇斯底里
1-43	1934年12月1日	绿色国际、桃色国际、黄色国际、赤色国际
1-44	1934年12月8日	国际公法、国际私法、国际公断、国际法庭、国书、国交
1-45	1934年12月15日	觉书、照会、抗议、引渡、外交团、黄祸
1-46	1934年12月22日	恐怖主义、冒险主义
1-47	1934年12月29日	恋爱至上主义、艺术至上主义

注：1934年第1卷，第30—41期(1934年9月1日—11月17日)，该栏目停。

此外，很多研究性文章的作者具有鲜明的专业性。如《东北事变后列强态度的剖视》的作者吴清友是翻译家、经济学家，《售路成功以后的日俄关系》的作者春生是专门研究铁路的专家。

（五）文学抵抗、影像抵抗

《新生》周刊的文学部分，具有强烈的抵抗意识。连载小说《赵洛二》《日本当铺》《开发满洲的柱石》等，诗歌《现在是我们再生的时候了》等，都以当时的日本殖民侵略为表现内容，具有以文字进行抵抗的特征。《新生》周刊创刊号上刊登的小说《赵洛二》，讲述了中国苦力如何被日本侵略者诱骗、威胁而为日本人修战壕、当炮灰等苦难故事。

《新生》周刊的时事摄影，是一种影像抵抗。第 1 卷第 5 期从封面到内页都以《傀儡登场》为主题，用图片展现了溥仪登基的闹剧和日本对东北赤裸裸的侵略。第 1 卷第 15 期在画页中刊登了照片《中东路售卖问题》，让读者知道日本侵略者正与苏联谈判，以非法方式占有中东铁路。第 1 卷第 32 期的《这一年来的东北》、第 1 卷第 37 期的《东北近况》等，都以照片形式展现东北沦陷后的现状。《生活》周刊也很重视影像，推出了《生活画报》，但《新生》将对于影像的重视又向前推进了一步。

六、《新生》周刊对东北问题的思考

（一）全球视角

东北问题是整体问题，《新生》周刊对于东北问题的思考不仅从全国视角出发，也从世界视角来观察。1935 年新年之际，《一九三五年的世界政治经济地图》将东北问题放置在世界政治经济大格局之下来思考。在《注意妥协的意义》中，作者葛乔一一剖析国际政局中"妥协"背后的利益交换。《新生》周刊进行了大量的海外报道，发表国外通讯和国外时事照片，特别关注法西斯情况和苏联情况（戈公振发回很多苏联报道），这是从全球性的视角来看东北问题和中国面临的抗日救亡问题。

由于这种全球性视角，很多文章具有强烈的前瞻性，如第 2 卷第 9 期发表的《细菌战与未来战争》详细介绍了细菌战的情况。

（二）经济思维

《新生》周刊认为，东北问题不仅是武器战，还是贸易战、货币战、文化战等。

创刊号上《比武力还利害的占据》是由实业家卢作孚写的,他说:"日本人用武力占据了东北四省,让全国人惊心动魄,倒还不是可怕的事情,最可怕的是她的棉纱,已经占据了华北,而且已占据了扬子江的下游直到湖北为止,棉织物则已占据到长江上游,进了四川,驱逐了一切本国的棉织物。"①

《新生》周刊关注铁路、关注邮政,如《东北通邮的重要性》,关注银行动向,如《银行周报与中日经济提携》,对于货币战有所观察,如葛乔的《列强的货币战争》、杜重远的《两大钱庄倒闭》。《新生》周刊甚至还对日本主办的中文报纸进行梳理,总结其文化战方面的谋略。

经济思维不仅来自主编杜重远以及作者们的实业家身份,也是对《生活》周刊的继承,邹韬奋就十分重视通过对经济问题的解析来看政治问题。

杜重远主张"经济抗日",如《为丢炸弹与跪哭团谨答读者》②,但他在《日暮穷途的景德镇》中对中国经济有进一步的担忧。③

(三)乐观态度

《新生》周刊倡导全民族抗日救亡,认为出路在于团结、有组织地战斗,民族抗争一定会取得胜利。杜重远写道:"我们要有越王尝胆的决心,我们要有愚公移山的壮志","国家虽亡,我们也要积极地救亡"。④

---

① 作孚:《比武力还厉害的占据》,《新生》周刊1934年第1卷第1期,第8页。
② 杜重远:《为丢炸弹与跪哭团谨答读者》,《新生》周刊1934年第1卷第42期,第849页。
③ 杜重远:《日暮穷途的景德镇》,《新生》周刊1934年第1卷第34期,第665页。
④ 杜重远:《为消极悲观的青年们进一言》,《新生》周刊1934年第1卷第18期,第345页。

面对劣势,《新生》周刊从不气馁,杜重远在《老实话》中大声疾呼:"民族精神是不死的","东北义勇军的继续冒死抗争,就是人心不死的证据"。① 他说:"民族革命的战争是不计成败的,因为不抗争也是亡,抗争尚有解放的希望,从以往史实证明,民族革命最后总是成功的。"②

七、结语

杜重远与邹韬奋的关系以及办刊经历,展现了邹韬奋以刊物为言论阵地开展抗日救亡的曲折经历,也呈现出杜重远开展救亡动员的三阶段。在结识邹韬奋以前,杜重远在东北地区宣传抗日、进行动员,主要采取演讲方式——口头传播。逃亡关内的第一年,杜重远一边沿长江游历、募捐,一边给《生活》周刊写稿,他开始利用大众媒介进行救亡动员。等到创办《新生》周刊,杜重远以主编身份在每一期社评栏目《老实话》里进行宣传动员,充分利用报刊媒介进行救亡动员。杜重远对于日本侵略者的认识、对于救亡动员的思考,也在这段经历中不断深入。

---

① 杜重远:《民族精神不死》,《新生》周刊 1934 年第 1 卷第 13 期,第 241 页。
② 杜重远:《九一八三周年》,《新生》周刊 1934 年第 1 卷第 32 期,第 625 页。

《群众》周刊：国共关系的晴雨表

程光安*

摘要：《群众》周刊是全面抗战爆发后中国共产党在国统区创办的唯一综合性理论期刊。《群众》能在国统区公开出版发行，既是中国共产党长期以来争取言论出版自由权利的结果，也是在全面抗日战争爆发背景下国共两党实现第二次合作的产物。《群众》周刊虽然得以在国统区创办，但是周刊的出版发行工作却不断遭到来自国民党方面的各种干扰与破坏。《群众》周刊艰难的创办过程，及其在抗战时期毫无规律的出版发行状况，折射出它与国共关系具有密切的关联性，是反映国共两党关系起伏变化的晴雨表。

关键词：《群众》周刊；国共关系；晴雨表

《群众》周刊是全面抗战时期和解放战争时期，中国共产党在国民党统治区公开创办的唯一理论机关刊物。1937年12月11日《群众》在武汉正式创刊，1949年10月20日停刊。

---

* 程光安，中共上海市嘉定区委党校副教授，复旦大学马克思主义学院博士毕业。

近年来，《群众》周刊受到学者们越来越多的关注。笔者经过梳理发现，学界关于《群众》的研究大致可以分为两个阶段：(1) 20世纪八九十年代是对《群众》周刊研究的起步阶段，有关部门和学者对《群众》周刊相关史料进行了大量的收集整理等基础性工作；(2) 自20世纪90年代开始，特别是自2010年以来，学者们对《群众》周刊展开具体而微的深化研究。学界对《群众》周刊的关注重点，主要集中在对《群众》周刊的宣传特色、政治动员以及周刊对马克思主义中国化的理论贡献等方面，发表了一批有质量的专题研究文章和硕博论文。① 目前，尚未发现从国共关系视角研究《群众》周刊的学术成果，本文尝试对这一问题进行初步探讨。

一、中共争取言论出版自由权利的斗争

全面抗战爆发后不久《群众》周刊即在国统区公开出版，一个重要的因素是中国共产党对言论出版自由权利的长期争取。

---

① 相关研究主要有：关于《群众》周刊的宣传特色、宣传技巧和宣传成效研究（唐方文、许荣华：《〈群众〉周刊革命话语分析》，郑夏：《抗战时期渝版〈群众〉周刊内容特色及传播策略研究》，罗艳梅：《试论抗战时期〈群众〉对中国共产党青年观的宣传》等）；关于《群众》周刊的马克思主义宣传研究（郭呈才：《〈群众〉周刊与马克思主义中国化》，姜玉齐：《〈群众〉周刊与马克思主义在中国的传播》，李伏清、张凯：《〈群众〉周刊中的马克思主义中国化文本生成研究》等）；关于周刊的政治动员研究（张红春的博士论文：《〈群众〉周刊的抗战政治动员研究》等）。除了以上研究主题之外，近年来对《群众》周刊的关注还涉及周刊对知识分子问题的宣传（何薇：《论1949年〈群众〉周刊对知识分子问题宣传的缘起及其影响》），关于"中国作风与中国气派"的讨论（周玉顺、丁威：《文化、媒介与政治——抗战时期〈群众〉关于"中国作风与中国气派"的讨论研究》），对"战国派"的批判（蒲卫东：《1945—1949年间〈群众〉周刊对"战国策派"的批判》）等。

（一）言论出版自由是国共谈判的重要议题

中国共产党自成立后，一直高度重视利用报纸杂志开展舆论宣传工作。《每周评论》《劳动界》《赤光》《向导》等，就是党在早期创办的较有影响的红色刊物。在国共两党激烈对抗的十年内战期间，中国共产党在革命根据地同数倍于红军的国民党军队进行艰苦的反"围剿"斗争的同时，依然十分注重通过报刊等媒体途径向人民群众宣传党的路线方针政策，助力革命发展。中共中央还专门通过决议，强调"没有宣传与鼓动工作的准备，决不会有巩固的组织，没有组织，决不能巩固我们所取得的影响"，因而要求"在各苏区中央分局所在地必须创办一种党的与苏维埃的机关报"来大力宣传党和苏维埃的政策。① 《红色中华》《红星报》等就是土地革命战争时期颇具影响的苏维埃临时中央政府和红军的机关报刊。

1935年华北事变爆发后，日本帝国主义加快对华侵略的步伐，中日民族矛盾进一步激化，国共两党开始了停止内战、合作抗日的谈判活动。在同国民党进行谈判的过程中，中国共产党坚持将允许人民享有言论出版自由权利作为一项重要的谈判议题。1936年10月，毛泽东在其起草的国共两党抗日救国协定草案中，要求"中国国民党方面承认改革现行政治制度，撤废一切限制民主权利之法令，允许人民言论出版集会结社等自由"②。虽然这个协定草案最后没有得到国民党方面签字认可，但却是中国共产党正式提出的包括言论出版自由等权利在内

---

① 《中央关于苏区宣传鼓动工作决议（1931年4月21日）》，中央档案馆：《中共中央文件选集（第七册）》，中共中央党校出版社1983年版，第266—268页。
② 《毛泽东文集》（第一卷），人民出版社1993年版，第447页。

的合作条件。西安事变发生后,毛泽东、朱德、周恩来等在《关于西安事变致国民党、国民政府电》中,再次要求国民政府"开放言论自由,启封爱国刊物,释放爱国人犯",实现国共两党"共赴民族革命之战场,为自由解放之祖国而血战"①。为了让全党同志充分理解中共中央对国民党政策的调整,支持中共中央争取同国民党合作共赴国难的既定方针,1937年4月15日,中共中央委员会发布《告全党同志书——为巩固国内和平,争取民主权利,实现对日抗战而斗争》,号召全党同志"迅速的彻底的转变我们过去的斗争方式与工作方式",从"过去两个政权尖锐对立的方式",转变到"和平民主的斗争方式","从武器的批评转变到批评的武器,从革命战争转到民主的与合法的运动"②。6月6日,洛甫(张闻天)在白区党代表会议上作了题为《白区党目前的中心任务》的报告,进一步指出,"过去我们利用合法的斗争方式非常不够,或甚至于拒绝利用,这是我们工作中的错误。在新的形势之下,合法斗争的范围将更加扩大,甚至将来合法的斗争可能成为斗争的主要方式"。③那么,什么是合法的斗争方式呢?争取在国民党统治区创办报刊,公开宣传党的政治立场和对时局的看法主张,让舆论宣传工作在指导抗战建国大业中发挥重要作用,就是合法的斗争方式之一。由此可知,争取在国统区创办机关刊物,是中国共产党总体工作计划的重要组成部分。

---

① 《毛泽东文集》(第一卷),人民出版社1993年版,第469页。
② 《中央委员会告全党同志书——为巩固国内和平,争取民主权利,实现对日抗战而斗争》,中央档案馆:《中共中央文件选集》(第十册),中共中央党校出版社1985年版,第199页。
③ 《白区党目前的中心任务》,中央档案馆:《中共中央文件选集》(第十册),中共中央党校出版社1985年版,第248页。

(二)国共谈判的成功为中共公开办刊消除了障碍

为了促成蒋介石和国民党方面接受中国共产党在国统区创办报刊的谈判要求,中共中央在1937年2月10日《中共中央给中国国民党三中全会电》中,向国民党作出"四项保证"[1],郑重承诺"在全国范围内停止推翻国民政府之武装暴动方针",中共自然也不再进行以推翻国民党政府建立苏维埃政权为目的的相关宣传。"四项保证"对于缓和十年内战时期势同水火的国共两党关系起到了至关重要的作用。中国共产党的这一表态,在一定程度上打消了蒋介石担心中共可能会通过创办报纸杂志的方式,宣传"危害民国"等"赤化"言论的顾虑,从而为国共两党实现第二次合作后,中共能够在国统区公开创办理论机关刊物——《群众》周刊,扫清了思想障碍。

卢沟桥事变发生后,紧张形势骤然升级,国共两党加快了谈判的步伐。1937年7月17日,周恩来偕博古、林伯渠二上庐山同蒋介石等国民党代表商谈合作抗日的各项事宜,并正式向蒋介石提出中共希望在国统区公开出版报刊的要求。八一三淞沪会战爆发后,国民党统治中心南京受到日寇的直接军事威胁,抗战形势日益紧迫,国共代表移步南京继续谈判,双方就西北工农红军改编等重大问题达成了一致意见。不久,中共中央军委发布命令,根据国共谈判协议西北工农红军主力改

---

[1] "四项保证":一,在全国范围内停止推翻国民政府之武装暴动方针;二,工农政府改名为中华民国特区政府,红军改名为国民革命军,直接受南京中央政府与军事委员会之指导;三,在特区政府区域内,实施普选的彻底民主制度;四,停止没收地主土地之政策,坚决执行抗日民族统一战线之共同纲领。参见《中共中央给中国国民党三中全会电》(1937年2月10日),中央档案馆编:《中共中央文件选集》(第十册),中共中央党校出版社1985年版,第135页。

编为国民革命军第八路军,开赴前线抗击日寇。在此背景下,经过周恩来等中共代表的反复争取,蒋介石终于做出"让步",表示同意中共在国统区创办报刊。

1937年9月下旬,国民党中央通讯社发表《中共中央为公布国共合作宣言》,蒋介石发表谈话,实际上承认了中国共产党的合法地位。国共两党实现第二次合作,中共在国统区创办报刊的政治条件业已成熟。

二、第二次国共合作的"难产儿"

中国共产党虽然获得了蒋介石同意可以在国统区创办报刊,但是《群众》周刊距离成功创办还有很长一段道路。

(一)《群众》周刊一波三折的筹备过程

全面抗战时期,《群众》周刊与《新华日报》一起被称作是中国共产党在国统区公开出版发行的"一报一刊"。但是,与《新华日报》注重时事、政策和新闻的时效性不同,中共中央对《群众》周刊的定位是党刊,是党的理论刊物。其主要任务是更多地从马克思列宁主义理论的角度出发,帮助广大读者理解抗日战争的正义性和抗战胜利的必然性,当然,还要批判各种不利于抗战、破坏抗战的反动言论。同时,《群众》周刊与《新华日报》又有很多相似点,如两者的根本任务是一样的,只是大体分工不同。两者基本上是"二而一、一而二"的关系,而且有的时候,"这一报一刊的分工也不是那么严格和绝对的。不少文章,既可在党报上登,也可以在党刊上登;有些重要文章,在党报上登了,又在党刊上登,或在党刊上转载。特别是在党报尚未出版时、暂时停刊和停刊以后,党刊就报纸化,担负起党报的任务"①。因此,《群众》周刊对中国共产党利用新闻宣传手段传播自己的政策主张,维护和巩固国共两党合作抗日局面所发挥的作用,丝毫不亚于《新华日报》。

鉴于《群众》周刊的重要地位,中共中央对《群众》的创刊工作高度重视,成立了以周恩来为首的筹备组,着手开展周刊的出版准备工作。不过,中共方面虽然获得了可以在国统区公开创办刊物的许可,但是能在什么时候和什么地点创刊却是个未知数。事实上,《群众》周刊的正式出版经历了一段异常艰难的曲折过程。自1937年10月初开始,在周恩来的直接策划和安排下,潘汉年、章汉夫、徐迈进、许涤新等周刊筹备组成员集聚南京,创办报刊的各项准备工作正式启动。经过一段时间的紧张筹备,创办刊物的印刷厂、营业部以及印刷纸张等全部准备就绪,甚至连报刊的试版样刊都已报送国民政府有关部门检审。然而,国民党有关部门却以各种借口,对《群众》周刊的出版设置重重障碍,甚至直接干扰中共报刊筹备组开展正常工作。恰在此时,华东战局急剧变化,国民党军队节节败退,南京危在旦夕,国民政府决定放弃南京迁都重庆,周刊的试刊也因此被迫中断,筹备工作只得移至武汉继续进行,《群众》周刊的第一次酝酿发行就这样胎死腹中。

在武汉,国民党有关方面采取拖延等手段,以各种借口拒不签发出版登记证。为此,周恩来向国民党当局提出严正抗议。后经国民党中央宣传部长邵力子的许可,《群众》的出版登记注册等手续转由国民党湖北省地方政府办理。然而,当筹备人员来到湖北省有关部门时,却又

---

① 郑新如、陈思明:《〈群众〉周刊史》,中共党史出版社1998年版,第8—9页。

遭到国民党地方政府的刁难，湖北省地方政府竟然连中央宣传部长邵力子的批件也不买账，拒绝为《群众》周刊办理注册登记。但是，中共坚持创办报刊的决心并未因此受到丝毫影响。据有关史料记载，周刊注册手续再次转至汉口市辖相关职能部门办理，最后是在《群众》周刊筹备组成员徐迈进同志的机智应对下，获得了对方办事人员的"通融"才最终完成了注册登记手续。

(二)《群众》周刊出版困难原因分析

通过以上对《群众》周刊从南京到武汉的曲折筹办过程的回顾，我们可以深刻感受到国民党当局对中国共产党创办报刊存在着极其严重的防范和矛盾心理。国民党一方面同意中共在国统区创办报刊，另一方面又加以百般阻挠，个中原因其实并不复杂。

国共两党在内政外交等许多方面有着完全不同的政治立场和政策主张，国民党曾视中国共产党为心腹大患，对中共的"赤化"宣传尤其深恶痛绝。十年内战期间，为禁止和取缔中国共产党创办的各种报纸杂志，国民党先后以中央委员会及国民政府的名义，颁布了大量限制和扼杀进步刊物的法律、法令及法规性文件，如《宣传品审查条例》(1929年2月颁布)、《出版条例》(1929年8月颁布)、《危害民国紧急治罪法》(1931年1月颁布)、《宣传品审查标准》(1932年11月颁布)、《新闻检查法》(1933年1月颁布)、《图书杂志审查办法》(1934年6月颁布)，等等。国民党政府借助这些所谓的法律、条例、办法，在全国各地大规模查禁进步书刊，取缔由中国共产党领导或创办的各类报纸杂志和出版物。1930年前后，国民党对中国共产党进行文化"围剿"的恐怖程度，同对工农红军进行的军事"围剿"相比，有过之而无不及。在国共严重对立的土地革命战争时期,中国共产党要想在国统区公开创办机关刊物完全没有可能。

然而,随着日本侵华步伐不断加大,中华民族面临生死抉择,在寇深祸亟的时代背景下,国民党政府又不得不有限度地放松对言论出版自由的限制。1937年2月国民党五届三中全会结束后,蒋介石在回答中央社记者关于言论自由问题的提问时辩称,过去国民党中央"并未限制言论自由",只是对于"(1)宣传赤化与危害国家扰乱地方治安之言论与记载;(2)泄露军事外交之机密;(3)有意颠倒是非捏造毫无事实根据之谣言"等"不能不禁止"。"除此三者以外,本属开放,本属自由,而且亦希望全国一致尊重合法之言论自由。"蒋介石强调,"须知中央极尊重言论自由,断不欲有以外之限制,今后更当本此主旨,改善管理新闻与出版物之办法,且当进一步扶助言论出版事业之发展,使言论界在不背国家利益下,得到充分贡献之机会"。蒋介石在谈话中还指示各地方当局,"今后一致做法,对于中央所许可发表之消息,不可随便禁止,务使全国所有消息,得以畅达于国家之每一部分,以收统一意志之效"①。可以看出,蒋介石除了担心中共报刊可能会泄露军事机密和散布"有意颠倒是非"的"谣言"之外,最不能容忍的是中共的"赤化"宣传。蒋介石和国民党政府将"赤化"宣传上升到"危害国家扰乱治安"的高度看待,所以"不能不禁止"。言外之意,只要中国共产党放弃"赤化"宣传,国民党不但不限制言论出版自由,而且还"极尊重言论自由",不但国民党中央"当进一步扶助言论出版事业之发展,使言论界……得到充

---

① 重庆市政协文史资料研究委员会、中共重庆市委党校、红岩革命纪念馆:《抗战时期国共合作纪实》,重庆出版集团2016年版,第197页。

分贡献之机会",而且还要求国民党地方当局也要和中央保持一致,不得随便找借口禁止人民的言论出版自由。但是,中共即将在国统区创办的理论刊物——《群众》周刊,能否做到严格规避以上"三种情况"呢?对此,蒋介石应该是有所顾虑的。所以,中共在《群众》周刊出版发行筹备工作过程中,不断遭到国民党方面的阻挠和干扰就不难理解了。

三、《群众》周刊的出版周期规律难觅——以全面抗战时期为例

允许中国共产党在国统区创办理论刊物只是蒋介石的权宜之计。在《群众》周刊12年(1937年12月11日—1949年10月20日)的出版发行历程中,尤其在全面抗战时期,《群众》的出版发行工作遭到来自国民党方面的各种无理管控和多方干扰,可以说是命运多舛。《群众》酝酿于南京,正式创刊于武汉,历经两地历时数月,经受了国民政府有关部门数次刁难和各种"审查"才得以成功创刊。纵观《群众》周刊出版发行的地点,12年中《群众》先后数次搬迁办刊地址,先武汉后重庆,由上海再至香港,辗转四地,征程万里,饱尝了颠沛流离之苦,本文囿于篇幅,对此不再赘述。

此外,关于《群众》周刊,一个现象不能被忽视。《群众》原本定位为周刊,一直以来人们也以周刊称呼它。所谓周刊,即一周发行一期之意,然而在《群众》实际的出版发行工作中,却很少能坚持以一周一期的规律出版发行。以全面抗战时期为例,《群众》周刊自1937年12月11日创刊至1945年8月25日出版的第十卷第16期止,在92.5个月的时间里共计发行209期,即平均每月发行2.26期。所以,从总体上来

看,《群众》不是周刊,而是半月刊或旬刊。如果具体考察全面抗战时期《群众》各期出版发行的实际情况,可发现该刊的出版发行状况大致呈现如下走势。

(一)"周刊"时期

1937年12月11日(第一卷第1期,即创刊号)至1939年9月24日(第三卷第17期),除了1938年9月底至12月底,因受战争影响《群众》被迫由武汉迁址至重庆中途暂停出版间隔时间较久之外,《群众》基本上一周出版一期①,相对较有规律,可以称之为"周刊"。这一阶段《群众》各期出版时间详见表1。

表1　1937年12月11日至1939年9月24日《群众》出版时间一览表

卷　期	出版时间	卷　期	出版时间	卷　期	出版时间
第一卷第1期	1937年12月11日	第一卷第2期	1937年12月18日	第一卷第3期	1937年12月25日
第一卷第4期	1938年1月1日	第一卷第5期	1938年1月8日	第一卷第6期	1938年1月15日
第一卷第7期	1938年1月22日	第一卷第8期	1938年1月29日	第一卷第9期	1938年2月5日
第一卷第10期	1938年2月12日	第一卷第11期	1938年2月26日	第一卷第12期	1938年3月5日
第一卷第13期	1938年3月12日	第一卷第14期	1938年3月19日	第一卷第15期	1938年3月26日
第一卷第16期	1938年4月2日	第一卷第17期	1938年4月10日	第一卷第18期	1938年4月17日

---

① 也有例外,如第一卷第10期至第11期间隔14天,第二卷第12期至13期间隔15天,第13期至14期间隔35天,第17、18期合刊至19期间隔14天。

续 表

卷　期	出版时间	卷　期	出版时间	卷　期	出版时间
第一卷第19期	1938年4月23日	第一卷第20期	1938年4月30日	第一卷第21期	1938年5月7日
第一卷第22期	1938年5月14日	第一卷第23期	1938年5月21日	第一卷第24期	1938年5月28日
第一卷第25期	1938年6月4日	第二卷第1期	1938年6月11日	第二卷第2期	1938年6月18日
第二卷第3期	1938年6月25日	第二卷第4期	1938年7月2日	第二卷第5期	1938年7月9日
第二卷第6、7期	1938年7月23日	第二卷第8、9期合刊	1938年8月13日	第二卷第10期	1938年9月10日
第二卷第11期	1938年9月18日	第二卷第12期	1938年12月25日	第二卷第13期	1939年1月10日
第二卷第14期	1939年2月14日	第二卷第15期	1939年2月21日	第二卷第16期	1939年2月28日
第二卷第17、18期合刊	1939年3月11日	第二卷第19期	1939年3月25日	第二卷第20期	1939年4月1日
第二卷第21期	1939年4月8日	第二卷第22期	1939年4月15日	第二卷第23期	1939年5月1日
第二卷第24、25期合刊	1939年5月15日	第三卷第1期	1939年5月21日	第三卷第2期	1939年5月28日
第三卷第3期	1939年6月4日	第三卷第4期	1939年6月11日	第三卷第5期	1939年6月18日
第三卷第6、7期合刊	1939年7月2日	第三卷第8、9期合刊	1939年7月16日	第三卷第10期	1939年7月23日
第三卷第11期	1939年8月13日	第三卷第12期	1939年8月20日	第三卷第13期	1939年8月27日
第三卷第14期	1939年9月3日	第三卷第15、16期合刊	1939年9月17日	第三卷第17期	1939年9月24日

资料来源：新华日报群众周刊史学会编：《群众》周刊影印本(1—3卷)，中国和平出版社1987年版。

(二)"旬刊"时期

1939年10月29日(第三卷第18、19期合刊)至1940年6月20日(第四卷第16、17期合刊),《群众》共出版25期,大多数期号出版时间间隔为10天左右。① 所以,这一阶段,《群众》就不能叫做周刊了,而更像是旬刊,各期出版时间详见表2。

表2 1939年10月29日至1940年6月20日《群众》出版时间一览表

卷 期	出版时间	卷 期	出版时间	卷 期	出版时间
第三卷第18、19期合刊	1939年10月29日	第三卷第20期	1939年11月7日	第三卷第21期	1939年11月20日
第三卷第22期	1939年11月30日	第三卷第23期	1939年12月10日	第三卷第24期	1939年12月21日
第三卷第25期	1939年12月31日	第四卷第1期	1940年1月10日	第四卷第2、3期合刊	1940年1月30日
第四卷第4期	1940年2月10日	第四卷第5期	1940年2月20日	第四卷第6期	1940年2月29日
第四卷第7期	1940年3月8日	第四卷第8期	1940年3月18日	第四卷第9期	1940年3月31日
第四卷第10期	1940年4月10日	第四卷第11期	1940年4月20日	第四卷第12期	1940年4月30日
第四卷第13期	1940年5月10日	第四卷第14期	1940年5月20日	第四卷第15期	1940年5月30日
第四卷第16、17期合刊	1940年6月20日				

资料来源:新华日报群众周刊史学会编:《群众》周刊影印本(3—4卷),中国和平出版社1987年版。

① 最大间隔时间为13天,共2次,最小间隔时间为8天,共1次,间隔时间为9天的共2次,间隔时间为10天的共16次,间隔时间为11天的2次。

(三)"半月刊"时期

1940 年 7 月 7 日(第四卷第 18 期)至 1941 年 1 月 5 日(第五卷第 17、18 期合刊),《群众》共出版 14 期①,其中,计有 5 期出版时间间隔为 10 天或 11 天,另外 9 期出版时间间隔分别在 15 至 20 天之间,此阶段《群众》以半月刊为主,兼具旬刊特点,各期出版时间详见表 3。

表 3 1940 年 7 月 7 日至 1941 年 1 月 5 日《群众》出版时间一览表

卷 期	出版时间	卷 期	出版时间	卷 期	出版时间
第四卷第 18 期	1940 年 7 月 7 日	第五卷第 1 期	1940 年 7 月 25 日	第五卷第 2 期	1940 年 8 月 10 日
第五卷第 3 期	1940 年 8 月 25 日	第五卷第 4、5 期合刊	1940 年 9 月 10 日	第五卷第 6 期	1940 年 9 月 25 日
第五卷第 7 期	1940 年 10 月 5 日	第五卷第 8 期	1940 年 10 月 15 日	第五卷第 9、10 期合刊	1940 年 10 月 30 日
第五卷第 11 期	1940 年 11 月 15 日	第五卷第 12 期	1940 年 11 月 25 日	第五卷第 13、14 期合刊	1940 年 12 月 5 日
第五卷第 15、16 期合刊	1940 年 12 月 25 日	第五卷第 17、18 期合刊	1941 年 1 月 5 日	无出版	1941 年 1 月 6 日至 1941 年 3 月 17 日

资料来源:新华日报群众周刊史学会编:《群众》周刊影印本(4—5 卷),中国和平出版社 1987 年版。

(四)极不正常时期

1941 年 3 月 18 日(第六卷第 1、2 期合刊)至 1942 年 1 月(第七卷第 1 期),是《群众》出版发行极不正常的阶段。一是出版数量锐减。相

---

① 其中有 5 期为合刊,均按 1 期计算。

对于其他年份,在这近一年的时间里《群众》仅出版 8 期。二是合刊多。在总 8 期中有 5 期为合刊。三是出版时间间隔长。其中,出版时间间隔 20 天的 1 期,间隔 30 天以上的 2 期,间隔 40 天以上的 2 期,间隔时间 60 天以上的 2 期,尤其值得注意的是,1941 年 3 月 18 日出版的第六卷第 1、2 期合刊与之前一期[①],出版时间间隔竟长达 72 天之久。综合这一阶段《群众》出版发行的特点,可以看到它兼具半月刊、月刊、双月刊甚至季刊的性质,详见表 4。

表 4　1941 年 3 月 18 日至 1942 年 1 月 25 日《群众》出版时间一览表

卷　期	出版时间	卷　期	出版时间	卷　期	出版时间
第六卷第 1、2 期合刊	1941 年 3 月 18 日	第六卷第 3、4 期合刊	1941 年 4 月 30 日	第六卷第 5、6 期合刊	1941 年 6 月 10 日
第六卷第 7 期	1941 年 6 月 30 日	第六卷第 8、9 期合刊	1941 年 8 月 30 日	第六卷第 10 期	1941 年 9 月 30 日
第六卷第 11、12 期合刊	1941 年 11 月 30 日	第七卷第 1 期	1942 年 1 月 25 日	无出版	1942 年 1 月 26 日至 1942 年 2 月 9 日

资料来源:新华日报群众周刊史学会编:《群众》周刊影印本(6—7 卷),中国和平出版社 1987 年版。

(五)复杂多变时期

1942 年 2 月 10 日(第七卷第 2 期)至 1945 年 12 月 25 日(第 10 卷第 24 期),在近 4 年的时间里,《群众》共计出版 93 期(含 14 期合刊),出版时间间隔 30 天以上的 3 期(分别为 30、31、30 天),间隔时

---

① 即 1941 年 1 月 5 日出版的第五卷第 17、18 期合刊。

20 天以上的 8 期,间隔时间 10 天及以下的 3 期,其余各期间隔时间均在 15 天左右。这几年《群众》出版发行的周期基本为半月一期,部分期号出版周期为一个月左右。换言之,这一阶段,《群众》基本为半月刊,部分月刊,极少数为旬刊,已完全没有周刊的特点可言,详见表 5。

表 5　1942 年 2 月 10 日至 1945 年 12 月 25 日《群众》出版时间一览表

卷期	出版时间	卷期	出版时间	卷期	出版时间
第七卷第 2 期	1942 年 2 月 10 日	第七卷第 3 期	1942 年 2 月 20 日	第七卷第 4 期	1942 年 2 月 28 日
第七卷第 5 期	1942 年 3 月 18 日	第七卷第 6 期	1942 年 3 月 3 日	第七卷第 7 期	1942 年 4 月 15 日
第七卷第 8 期	1942 年 5 月 1 日	第七卷第 9 期	1942 年 5 月 15 日	第七卷第 10 期	1942 年 5 月 31 日
第七卷第 11、12 期合刊	1942 年 6 月 30 日	第七卷第 13 期	1942 年 7 月 15 日	第七卷第 14 期	1942 年 7 月 31 日
第七卷第 15 期	1942 年 8 月 15 日	第七卷第 16 期	1942 年 8 月 31 日	第七卷第 17 期	1942 年 9 月 15 日
第七卷第 18 期	1942 年 9 月 30 日	第七卷第 19 期	1942 年 10 月 15 日	第七卷第 20 期	1942 年 10 月 30 日
第七卷第 21 期	1942 年 11 月 15 日	第七卷第 22 期	1942 年 11 月 30 日	第七卷第 23 期	1942 年 12 月 15 日
第七卷第 24 期	1942 年 12 月 30 日	第八卷第 1、2 卷	1943 年 1 月 16 日	第八卷第 3 期	1943 年 2 月 1 日
第八卷第 4 期	1943 年 2 月 16 日	第八卷第 5 期	1943 年 3 月 1 日	第八卷第 6、7 期	1943 年 4 月 16 日
第八卷第 8 期	1943 年 5 月 1 日	第八卷第 9 期	1943 年 6 月 1 日	第八卷第 10 期	1943 年 6 月 16 日
第八卷第 11 期	1943 年 7 月 16 日	第八卷第 12 期	1943 年 7 月 31 日	第八卷第 13、14 期	1943 年 8 月 31 日

续　表

卷　期	出版时间	卷　期	出版时间	卷　期	出版时间
第八卷第15集	1943年9月16日	第八卷第16期	1943年9月13日	第八卷第17期	1943年10月16日
第八卷第18期	1943年11月1日	第八卷第19期	1943年11月15日	第八卷第20、21期合刊	1943年12月1日
第八卷第22期	1943年12月16日	第九卷第1期	1944年1月11日	第九卷第2期	1944年1月25日
第九卷第3、4期合刊	1944年2月25日	第九卷第5期	1944年3月10日	第九卷第6期	1944年3月25日
第九卷第7期	1944年4月15日	第九卷第8、9期合刊	1944年5月5日	第九卷第10期	1944年5月30日
第九卷第11期	1944年6月15日	第九卷第12期	1944年6月30日	第九卷第13期	1944年7月15日
第九卷第14期	1944年7月30日	第九卷第15期	1944年8月15日	第九卷第16、17期合刊	1944年9月15日
第九卷第18期	1944年9月30日	第九卷第19期	1944年10月15日	第九卷第20期	1944年10月31日
第九卷第21期	1944年11月15日	第九卷第22期	1944年11月30日	第九卷第23、24期合刊	1944年12月25日
第十卷第1期	1945年1月15日	第十卷第2期	1945年2月10日	第十卷第3、4期合刊	1945年3月8日
第十卷第5、6期合刊	1945年4月5日	第十卷第7、8期合刊	1945年4月30日	第十卷第9期	1945年5月15日
第十卷第10期	1945年6月1日	第十卷第11、12期合刊	1945年6月25日	第十卷第13期	1945年7月10日
第十卷第14期	1945年7月25日	第十卷第15期	1945年8月5日	第十卷第16期	1945年8月25日
第十卷第17期	1945年9月10日	第十卷第18期	1945年10月1日	第十卷第19期	1945年10月15日

续　表

卷　期	出版时间	卷　期	出版时间	卷　期	出版时间
第十卷第20期	1945年11月1日	第十卷第21、22期合刊	1945年11月25日	第十卷第23期	1945年12月15日
第十卷第24期	1945年12月25日	—		—	

资料来源：新华日报群众周刊史学会编：《群众》周刊影印本(7—10卷)，中国和平出版社1987年版。

由上可知，全面抗战时期《群众》出版的209期中，仅有不到总数的1/3做到了每周一期，即按照"周刊"的定位出版发行，而且主要集中在1939年9月24日出版的第三卷第17期之前，之后再没有出现一周出版一期的情况，而是10天左右、半个月左右、20天左右、一个月左右、两个月左右，甚至三个月左右才出版一期。

四、《群众》周刊与国共关系同频共振

全面抗战时期《群众》周刊的出版工作出现毫无规律可循的奇怪现象，有着深刻的时代背景。一是国共两党历史积怨太深。自1927年大革命失败之后，中国共产党与国民党交恶长达十年之久，所谓冰冻三尺非一日之寒，十年内战在两党之间留下了太多的隔阂与对立情绪，两党若要尽弃前嫌绝非一朝一夕就能实现，而全面抗战时期国共两党间不时爆发的政治军事纠纷不可避免地会传导至《群众》的宣传工作当中。二是《群众》周刊履行其政治使命的必然。作为中共创办的机关刊物，《群众》必然要以宣传中国共产党的抗战路线方针政策和政治主张为自

己的职责,而它又身在国统区,无时无刻不处于国民党新闻检查机关的严密监视之下。这些客观因素决定了《群众》周刊从诞生的那天起,它的命运就与国共关系紧紧联系在一起,必将随着国共两党的亲疏远近而起伏不定。

在抗战防御阶段,国共两党同仇敌忾,保持了较为良好的合作关系,因而《群众》能按期出版,也基本上能够做到畅所欲言。查阅抗战防御阶段《群众》周刊各期登载的主要文章,不难发现这一时期该刊的宣传基调,既有对国共合作尤其是军事合作的报道,有对蒋介石抗战决心和国民党军队广大将士在前线英勇杀敌的宣传,也有对国民政府抗战路线失误的批评和如何广泛发动群众开展抗战的建议。如 1937 年 12 月 11 日出版的《群众》周刊创刊号社论《从失败到胜利的枢纽》指出,当国内一些汉奸、亲日分子到处"散放悲观失望的情绪","后方民众们被恐怖气息包围着,终日惶惶不知所措"的时候,"蒋委员长抱着铁一般的意志,留守南京并且不时亲赴前线,督师杀敌"[①],大力褒扬蒋介石坚定的抗战立场。《群众》第一卷第 3 期发表洪平的署名文章《乡保长是干什么的?》,对国统区"一般无耻的乡保长,假借(抗战)名义,向民众勒捐,捐了也从不给收据"[②]等腐败行为进行严厉批评。南京失陷之后,《群众》周刊通过发表社论、评论和通讯等形式,对如何动员群众、加强军事布防以及采用何种战略战术来"保卫我们的大武汉",提出中国共

---

① 《社论:从失败到胜利的枢纽——肃清民族失败主义》,《群众》周刊创刊号,1937 年 12 月 11 日。

② 洪平:《乡保长是干什么的?》,《群众》周刊第一卷第 3 期,1937 年 12 月 25 日。

产党的对策和建议。① 周刊还刊文对国民政府控制言论宣传自由进行强烈抗议,指出"充分保障抗战言论与出版",是国民政府颁布的"抗战建国纲领明白规定"的,而各地却发生了"查禁抗战书报封闭书店的许多事件",而且"查禁时也不必有正式公文,也不必指明某书某报,随意带走。使人民感觉到莫大的惶惑与愤懑"②,要求国民政府应当"从抗战的利益出发,以巩固全国的团结为依据"③,对审查书报的标准和方式加以重新考虑,等等。

然而,在全面抗战进入战略相持阶段,特别是国民党在其五届五中全会上制定了"溶共、防共、限共、反共"方针之后,接连掀起三次反共高潮,国共关系出现了较大裂痕,一度跌入冰谷。于是,《群众》不但开始由周刊转变为旬刊、半月刊、月刊甚至双月刊,而且随着国共关系出现较大反复和曲折,国民党当局常常以各种借口对《群众》送审的文章或全文扣留不准发表,或大段删减文章内容。为表示抗议,《群众》周刊以"启事""编者声明"的方式向读者说明相关文章被扣压,"奉命免登",或在文章被删减处标注"被删一段""被删××字"等提示读者。如1944年1月25日出版的第九卷第2期在最后一页刊登启事,列举了章明的

---

① 相关文章有梓年:《保卫武汉文化界应做些什么》,《群众》第一卷第7期,1938年1月22日;社论:《总动员,卫武汉》,《群众》第二卷第2期,1938年6月18日;周恩来:《论保卫武汉与其发展前途》,《群众》第二卷第5期,1938年7月9日;《短评:动员武汉工人和民众帮助前线,共产党员在保卫武汉中的责任》,《群众》第二卷第8、9期合刊,1938年8月13日;郭树勋:《动员农民保卫武汉》,《群众》第二卷第10期,1938年9月10日等。
② 《社论:宣传的扩大与书报的查禁》,《群众》第一卷第22期,1938年5月14日。
③ 潘梓年:《战时图书杂志原稿审查问题》,《群众》第二卷第10期,1938年9月10日。

《关于调查研究方法底研究》等八篇文章的题目及作者,并注明"上列诸稿均已奉命免登谨向作者及读者诸君致深深的歉意";再如1942年5月15日出版的第七卷第9期刊登署名华驹的《陕甘宁×区工人是怎样生活的》一文,文章以"被略一段"开始,正文中有多处标注"被略七字""被略二十字""被略二十余字"等字样。或以"×"号代替被删字节。如1940年第四卷第7期署名左权的文章《坚持华北抗战两年中之×路军》,全文从标题到正文,所有八路军之"八"字和八路军下辖的三个师——115师、120师、129师的番号,全部以"×路军"和"×××师"代替。

一言以蔽之,在国共两党合作较为良好的时期,《群众》不但能正常出版发行,而且也能传达中共对时局的立场、观点和看法。但是,当国共关系开始出现波折,特别是随着国共之间矛盾的逐渐白热化,《群众》周刊的正常出版工作就会受到国民党方面的无端干扰和压制,经常出现"开天窗"、编辑部向读者"致歉说明"等情况,《群众》登载的文章或语焉不详、或含糊其辞、或隔靴搔痒,言论也不那么自由了。

结论

综上所述,全面抗战爆发后中国共产党在国民党统治区创办发行的机关理论刊物——《群众》周刊,与国共两党关系有着密切的关联性,它既是第二次国共合作的产儿,又以自身的特殊成长经历参与和见证了全面抗日战争时期和解放战争时期国共关系波谲云诡的变化历程。因此,从某种意义上说,《群众》周刊是反映国共两党关系曲折发展的晴雨表。

刀光剑影已暗淡，鼓角争鸣渐远去。随着时光的流转，烽火连天的战争年代已渐行渐远。在中国特色社会主义深入发展的和平年代，《群众》已成为人们借以追忆那段峥嵘岁月的珍贵历史文物。为了完整保存革命文献，为广大党史和社会科学理论研究者提供真实的史料支撑，20世纪80年代，在中共中央宣传部、宋庆龄基金会、中宣部图书馆和中国革命博物馆的大力支持下，新华日报群众周刊史学会将《群众》周刊全部影印成册，形成包含十四分册的完整合订本，并新编和出版《索引》上下两册以方便广大研究者检索，自此之后，学者们给予《群众》周刊越来越多的学术关怀。《群众》周刊总计405期，刊发的全部文章多达几千万字，它不但为研究全面抗战时期和解放战争时期中国历史和社会发展贡献了十分庞大的研究资源，而且对促进新时代党的统一战线工作发展，更好地发挥党的领导等制度优势，为中国人民在实现民族复兴伟大征程中创造新的更大的成就，提供了不可多得的历史借鉴和现实启示。

里子与面子:全面抗战时期《群众》周刊理论宣传的策略

张红春*

摘要:《群众》周刊是全面抗战时期中共在国统区公开出版的理论刊物,迫于国统区的特殊环境,《群众》周刊遵循抗日民族统一战线政策,在战略防御阶段,采取"团结中提建议"之策略,提醒国民政府认清时局,积极抗战;在战略相持阶段,《群众》周刊借用国民政府的法律条文,运用"斗争中求团结"的策略,针对国民党当局的言行不一致进行合理合法的斗争;到了战争后期,为了彻底打败日本侵略者,同时又要揭露蒋介石的独裁专制,《群众》周刊运用"团结中争民主"之策略,迫使蒋介石集团实行民主宪政。全面抗战时期的《群众》周刊,针对时局的不断变化采取灵活多样的宣传策略,在理论宣传上与国民党政府进行直接或间接的斗争,既宣传了中共的政治主张,有了"里子";又塑造了中共良好的政党形象,也有了"面子"。

关键词:中国共产党;全面抗战时期;《群众》周刊;理论宣传;国统区

---

* 张红春,广东石油化工学院马克思主义学院教授。

近年来党刊日益成为学界关注的话题,作为新民主主义革命时期中共在国统区公开出版的唯一党刊——《群众》周刊,自然也成为学界关注的热点。目前学界关于《群众》周刊的研究主要集中在国统区的舆论宣传、马克思主义中国化、抗战政治动员、对新民主主义社会理论的阐释以及知识分子问题等方面。① 《群众》周刊是中共的机关刊物,主要侧重从理论上宣传中共的路线方针政策,但又囿于国统区的特殊环境,因此,它在理论宣传上必须采取一定的策略方能得以生存。本文主要是从话语表达的视角来分析《群众》周刊在国统区理论宣传的主要特色。

中国共产党自成立以来就非常重视宣传,《中国共产党第一个决议》指出:"一切书籍、日报、标语和传单的出版工作,均应受中央执行委员会或临时中央执行委员会的监督。……不论中央或地方出版的一切出版物,其出版工作均应受党员的领导。"② 到了抗战时期,抗日宣传已成为中共动员各阶层起来抗战的中心任务。1936年12月,毛泽东在中央政治局会议上提出党要抓两件大事,其中之一就是"办报纸,宣传党的主张"③。1937年12月11日,《群众》周刊在武汉公开出版,从而

---

① 周玉顺:《抗战时期〈群众〉周刊的文化宣传研究》,西南大学硕士论文,2018年;张红春:《〈群众〉周刊的抗战政治动员研究》,湘潭大学博士论文,2013年;郭呈才:《〈群众〉周刊与马克思主义中国化》,《南开学报(哲学社会科学版)》2016年第3期;何建娥:《〈群众〉周刊对新民主主义社会理论的阐释》,《党史研究与教学》2017年第3期;何薇:《论1949〈群众〉周刊对知识分子问题宣传的缘起及影响》,《西南交通大学学报(社会科学版)》2018年第1期等。
② 中央档案馆编:《中共中央文件选集》第1册,中共中央党校出版社1989年版,第6—7页。
③ 郑新如、陈思明:《群众周刊史》,中共党史出版社1998年版,第2页。

成为中共在国统区第一个舆论平台,为中共发声。随着日本军事战略的改变,国共关系也发生变化,中共的宣传策略必然也会随着国内形势而有所变化。同样,《群众》周刊宣传方针和内容也应时而变。

一、团结中提建议

全面抗战初期,由于国共两党处于"蜜月期",国民党对中共在国统区的图书、报刊等的出版发行、言论管控比较宽松,因而《群众》周刊得以在中共中央的宣传方针指引下,一方面大力宣传国共两党团结抗日,肯定国民党的正确领导;另一方面,则适当地对国民党存在的一些问题提出批评和建议。

1937年夏,正当纳粹德国开始要征服欧洲时,日本发动了对中国的全面进攻。在全国各阶层抗日浪潮的推动下,国共两党摒弃前嫌,携手抗日。

在全面抗战初期,国民党的出版发行、言论管控策略主要是为抗战所服务的。1937年7月8日国民政府公布了修正出版法,在其第四章关于出版品登载事项之限制中,"第二十一条规定出版品不得为下列各款言论或宣传:一、意图破坏中国国民党或违反三民主义者;二、意图颠覆国民党政府或中华民国利益者;三、意图破坏公共秩序者。第二十二条规定出版物不得为妨害善良风俗之记载。第二十三条规定出版物不得登载禁止公开诉讼事件之辩论。第二十四条规定战时或遇有变乱及其他特殊必要时,得依国民政府命令之所定,禁止或限制出版品关于政治军事外交或地方治安事项之登载。第二十五条规定以广告、启事等方式登载于出版品者,应受前条所规定之限制"①。在此出版物登载规定中,其基本要求为反对破坏三民主义、国民党和中央政府,其他几条规定虽然较为严格,但相对此前较为宽松。1937年9月,国民政府修正了《危害民国紧急治罪法》,删除其中关于"宣传与三民主义不相容之主义者"为犯罪的条款,承认各爱国民主党派的合法地位。1938年3月在国民党临时代表大会上所通过《中国国民党抗战建国纲领》中,其第二十六条规定:在抗战期间,于不违反三民主义最高原则及法令范围内,对于言论、出版、集会、结社当予以合法之保障。② 这表明国民党在言论宣传方面的管控更宽松了。因而,全面抗战初期,在国民党当局的允许下,中国共产党得以先后在国统区公开出版了党刊《群众》周刊、党报《新华日报》,打破了国民党在国统区思想言论的"一统天下",并举起了中共的"旗帜"。

全面抗战时期,民族矛盾上升为国内的主要矛盾,加强和巩固抗日民族统一战线迫在眉睫。因而中共决定"在友军区域内应坚持统一战线原则",并且认为"扩大和巩固统一战线,始终是我们的中心与方针"。对于所有参战的政府与军队,首先是要站在拥护它们的立场上,"除宣传党的主张和八路军胜利之外,对于政府抗战的决心及其他好的设施与表现,友军抗战的英勇与牺牲的精神应加以表扬与赞勉"③。如中共

---

① 中国第二历史档案馆编:《中华民国史档案资料汇编》第5辑第2编"文化"(一),江苏古籍出版社1998年版,第276页。
② 《中共党史参考资料》(第八册),中国人民解放军政治学院党史教研室1979年编印,第10页。
③ 中央档案馆编:《中共中央文件选集》(第11册),中共中央党校出版社1991年版,第408—409页。

中央在全面抗战一周年纪念日上对于蒋介石及全国抗战将士给予了极高的评价,"溯自卢沟桥事变以来,蒋委员长,统筹全局,前线将士,英勇奋战,各党各派,精诚团结,全国人民,协力救亡,用能前仆后继,屡摧强寇,使我民族精神为之振奋,国际视听为之改观,最后胜利之始基为之奠定"。与之同时,"深信蒋委员长及全体将士必能再接再厉,坚持抗战、坚持统一战线与坚持持久战,……,动员全民力量,一德一心,以争取最后之胜利"。①

但是,中共并非单纯地求团结,而是要在团结中提建议,应该要"对于它们的缺点与错误进行善意的严肃的批评"②,应该要"到处公开提出党对于保证抗战胜利的具体主张与办法,批评其他党派的不彻底与不坚决"③,还要对于"友党友军及地方当局某些弱点,应采取善意的批评与建议"④。由于国共两党在抗战初期关系相对良好,且国民党言论管控较为宽松,所以中共在宣传上能够适当适时对其提出一些批评和建议。

国民党当局对《群众》周刊的言论几乎没有很大的限制。因而,《群众》周刊可以一方面宣传国共两党共同抗日,一方面对当局的不足可以提出自己的建议。战争初期因国民党正面战场连连失利,国内弥散着失败主义和投降主义气息,《群众》周刊陆续发文揭露日寇、汉奸的诱降

---

① 中央档案馆编:《中共中央文件选集》(第11册),中共中央党校出版社1991年版,第533页。
② 中央档案馆编:《中共中央文件选集》(第11册),中共中央党校出版社1991年版,第318页。
③ 同上,第320页。
④ 同上,第409页。

阴谋，同时又帮助民众认清失败的原因。

潘梓年在《抗战的现阶段》一文中提道：导致抗战初期军事上失利的主要原因有三：首先是由于缺乏必要的政治动员，人民群众没有参与到抗战中去；其次是军事战略上只是单纯的防御，没有相应的攻势防御做配合，这样很难有效果；最后是缺乏游击战争与主力军的配合作战，以及人民群众没有得到足够的武装。① 许涤新在《抗战危机与临时国民大会》中指出，目前抗战危机，最显而易见的是军民关系不融洽、不密切。同时政府与民众之间，仍然存在着隔阂。最后指出，召开临时国民大会是扭转目前危局的一个重要办法。任淘在《开展游击战与武装民众》中指出，游击战是弱小民族反抗帝国主义国家的有力战争方式，而开展游击战争的前提条件就是广泛武装群众，同时提出要动员所有宣传机关和各种学生团体扩大武装力量。这些文章均指出要动员群众的必要性，提醒国民党当局应该加强群众救亡团体的组建，使爱国救亡运动发展起来，并提出成立战时民意机关等建议，提醒国民政府要正确认清局势，积极抗战。

同时《群众》周刊鼓励民众要相信政府，相信抗战必胜。因为"（一）国内开始了团结与统一。（二）打破了积弱的传统，建立了民众对抗战的信心。（三）有了开始统一指挥的国民革命军，并在抗战中部分的取得了经验与教训。（四）政府开始起了国防政府的作用。开始了民主政治的一些步骤，开始了民众的战争动员。（五）中国军队的英勇抵抗，提高了中国的国际地位，获得了世界多数国同情与援助"。②

---

① 潘梓年：《抗战的现阶段》，《群众》周刊第1卷第1期，1937年12月11日。
② 彭德怀：《目前抗战形势与今后任务》，《群众》周刊第1卷第5期，1938年1月8日。

为了坚定民众抗战必胜的信念,《群众》周刊借用蒋介石所言:我们要"同仇敌忾,步步设防","不屈不挠,前仆后继,随时随地,皆能发动坚强之抵抗力,敌之武力,终有穷时,最后胜利,必属于我"。① 呼吁全国民众起来抗日。

另外,《群众》周刊社论还列举了国共双方一些人士发表的言论,然后指出:这都证明国共两党领袖们对于加强团结争取最后胜利,已经立下了更大决心,采取了更切实的有效步骤。社论中还说道,转变目前严重的抗战局势,关键就在我国两个最大政党——国民党、共产党——加强合作的基础上,扩大和巩固民族抗日力量的团结。②

全面抗战初期,《群众》周刊本着"服务抗战大局"方针,宣传国共两党为抗战所做的贡献,同时,对国民党片面抗战所造成的后果,提出建议与批评。而国民党迫于时局的需要,这一时期对中共及其言论自由还较宽松。

二、斗争中求团结

全面抗日战争深入发展后,蒋介石集团表现出很大的妥协倒退倾向,国共两党关系恶化。对于国民党的反共妥协行为,中共中央决定在宣传方面采取"斗争"手段,但是为了维护和巩固抗日民族统一战线,仍需要实施"团结"方略。因而这一时期《群众》周刊在宣传方面对国民党的反动行径展开迂回的"斗争",以此求"团结"。

---

① 社论:《抗战到底争取最后胜利——拥护蒋委员长的宣言》,《群众》周刊第 1 卷第 3 期,1937 年 12 月 25 日。
② 社论:《加强民族抗日力量的团结》,《群众》周刊第 1 卷第 4 期,1938 年 1 月 1 日。

蒋介石集团对中共从行动到言论加紧限制，甚至迫害。尤其是重庆时期以后，国民党的反动宣传，更为变本加厉。1939年1月国民党五届五中全会在重庆召开，确定了"溶共、防共、限共、反共"的方针。会后又陆续制定了《限制异党活动办法》《异党问题处理办法》《防范共党活动草案》等一系列反共具体政策，强化其法西斯统治。这次会议是国民党在方针政策上发生重大转变，由片面抗战到消极抗日、积极反共的标志。"今日之处置共党，决非仅消极所可奏效，尤贵乎本党自身之充实力量，健全发展，积极推进各项工作，以与其作积极斗争，方克有济"，①"以组织打击组织，……无论政治、军事、经济各方面，均应加强本党党团和各种组织之活动。"②即国民党希望加强自身各方面建设，积极抵抗中国共产党各种"违法"活动。

在宣传方面，国民党人认为"惟自抗战以还，某党尝假抗战美名，乘机窃起，肆意挑拨离间，曲解三民主义，迷惑青年群众，数年之间，其出版书籍，多如汗牛充栋"③，约束中共之"非法"宣传迫在眉睫。国民党明令"共党"所有报章、杂志、书店或印刷等，皆须报备，不得刊载有"违禁"文字，如关乎"统一战线""新阶段""民主政治问题"等，应予取缔。其他报章杂志如刊载"共党"色彩之文字，亦同予取缔。④ 因而，这一时

---

① 《中共党史参考资料》（第八册），中国人民解放军政治学院党史教研室1979年编印。
② 《中共党史参考资料》（第八册），中国人民解放军政治学院党史教研室1979年编印，第323页。
③ 中国第二历史档案馆编：《中华民国史档案资料汇编》第5辑第2编"文化"（一），江苏古籍出版社1998年版，第292页。
④ 《中共党史参考资料》（第八册），中国人民解放军政治学院党史教研室1979年编印，第321页。

期中共及其领导人所发表的诸多著作常被查禁,如毛泽东的《新民主主义革命论》,国民党中央图书杂志审查委员会认为"该文内容异常荒谬,某党于此抗战形势更于我利之时,提出此种荒谬之名词,显系别有作用……凡遇有宣传此类名词之文字应予以检扣或删削"①,除此之外,《论持久战》等也被予以扣除。国民党为了对抗中共之宣传,于1941年设置《特种宣传纲要》,其目的在于加强宣传以"揭露中共之流寇面目及汉奸本性,揭发中共在抗战阵营中违背国家民族利益,揭露中共之伪装"②,同时提出了应对中共宣传的若干工作原则、方法、口号等。在书店印刷管理方面国民党实行严格管控,1942年国民政府行政院所发布的顺陆字第八三四一号命令中,其第四条第三项规定"店员及其他使用人之姓名年龄籍贯及住址",及第九条第一项规定"变更店员或其他使用人员"都需要向地方主管官署呈报备案,其第十四条规定"书店印刷店不得为集会结社之所"③,这些都有利于国民党当局加强对书局印刷局的人员管控。

在意识到了加强约束中共宣传的同时,国民党也在加强自身的宣传工作,"与其处处责备他人,不如事事求诸在我,而从本身努力"④。为了进一步加强和改进新闻检查工作,国民党一方面指示要提高检查

---

① 中国第二历史档案馆编:《中华民国史档案资料汇编》第5辑第2编"文化"(一),江苏古籍出版社1998年版,第622页。
② 同上书,第6—7页。
③ 中国第二历史档案馆编:《国民政府行政院公报》(第41册),档案出版社1993年版,第173—174页。
④ 《中共党史参考资料》(第八册),中国人民解放军政治学院党史教研室1979年编印,第321页。

工作人员素质,认为"新闻检查范围包罗甚广,所有政治、经济、文化乃至各种自然科学无所不包,无所不备,欲求检查尽当,首重检查人员素质精良"①,另外一方面增进新闻工作者素养,"对每一从事检查工作人员于工作之余极力注意其知识修养,除报章杂志,时代论著,网罗搜集,随时阅读外,每日举行座谈会一次,每周举行学术讨论会一次,交换见解,互相切磋"②。孔祥熙等人在国民党五届中央八次会议上提出的组织中央出版管理局以加强出版扩大宣传案中说到,"严格查禁以后,大小书店一时间竟有无书可买之叹"③,在一定程度上说明这一时期国民党查禁之严格。

在抗日统一战线中,斗争是团结的手段,团结是斗争的目的。以斗争求团结则团结存,以退让求团结则团结亡。中共始终以抗战大局为重,依据又联合又斗争、以斗争求团结的根本指导原则,提出坚持抗战、团结、进步方针,对国民党顽固派的多次反共磨擦采取有理、有利、有节的策略原则。为了进一步加强和巩固抗日民族统一战线,中共必须在宣传工作方面采取相应策略。鉴于国统区的地域特殊性,且这一时期国民党的各种严苛的宣传统制政策,中共在国统区的宣传工作开展较为困难。基于此,中共中央于1941年要求"在国民党区域的出版发行工作(党的和同情者的),要以精干政策战胜国民党的量胜政策,以分散

---

① 中国第二历史档案馆编:《中华民国史档案资料汇编》第5辑第2编"文化"(一),江苏古籍出版社1998年版,第471页。
② 同上。
③ 同上书,第292页。

政策抵抗其统制政策,以隐蔽政策对抗其摧残政策"①,这就要求国统区宣传工作必须讲究斗争策略,面对国民党的"摧残政策",以灵活隐蔽的策略与国民党进行斗争。同时中共中央要求在进行宣传工作时必须"知己知彼,百战百胜",不仅要求熟悉中共自身的政策、口号及其实际,熟悉中共自身及其领袖的言论与文献,还要求必须"熟悉三民主义及国民党历史,熟悉其文献、政府法令,熟悉其内部派别,领袖人物及言论"②,应"特别注意于发扬与运用当局党政军方面在演讲、命令、谈话与出版物等等里面的各种积极的东西,同时去批评和驳斥顽固分子的消极的黑暗的东西"③,这其实是"以子之矛攻子之盾"。但在进行斗争性的宣传工作时,仍须为抗战所服务,"必须使我党的宣传鼓动工作,循着建立最广泛的统一战线的道路来进行"④。实质上,这一时期中共在国统区的宣传策略是在斗争中求团结。

1939年2月14日,《群众》周刊发表社论,题为《国民党的五中全会》。社论在谈到团结时,指出:关于加强团结,首先巩固抗日民族统一战线,而巩固抗日民族统一战线,尤需亲密国共两党之合作关系。国共两党团结与合作关系进步,是全国人民和全世界朋友的希望,只有日寇、汉奸才希望分裂,才进行挑拨离间的阴谋。社论还针对蒋介石鲸吞

---

① 中央档案馆编:《中共中央文件选集》(第13册),中共中央党校出版社1991年版,第101页。
② 同上。
③ 中央档案馆编:《中共中央文件选集》(第12册),中共中央党校出版社1991年版,第71页。
④ 中央档案馆编:《中共中央文件选集》(第13册),中共中央党校出版社1991年版,第130页。

中共的企图,严正指出:在加紧团结的基本原则下,不管国共两党合作的具体形式如何,我们相信,在现存的国共两党关系基础上,国共两党的合作必能继续进步。① 2月21日社论又借蒋介石所说"政治重于军事"一语,揭露国民党政府的腐败。社论指出:国民政府行政效率低下,政令之推行,大都是例行公事,敷衍塞责,假公济私,藉端渔利。政令到了此辈手中,便是"等因""奉此"之类的具文,或者成为营私舞弊的"良机"。这些现象,非彻底廓清不可。全国民众要从各方面帮助政府,使新阶段的政治能迅速赶上军事。②

3月国民政府颁布了《国民精神总动员纲领及实施办法》,把抗日与反共贯穿于此纲领之中。对此,《群众》周刊发表社论,借孙中山之名义,抨击蒋介石集团的反共行为。社论指出:"中山先生的不妥协的革命精神,指示我们必须抗战到底反对中途妥协;中山先生的联共政策,指示我们必须加紧团结反对分裂;中山先生的扶助农工政策和争取政治上改进的精神,指示我们必须力求进步反对倒退。"③"孙中山先生不像那些顽固分子,唯恐革命势力的联合,也不像那些吃摩擦饭的人一样,把国家民族利益视为无足轻重,而真能根据每一时期革命的需要,把当时各种革命力量、革命组织联合一起,共同努力;同时,又能在联合中保持现代政治家风度,互相尊重,互相策勉。这种伟大的革命精神,

---

① 《社论:国民党的五中全会》,《群众》周刊第2卷第14期,1939年2月14日。
② 《社论:要推动政治赶上军事》,《群众》周刊第2卷第15期,1939年2月21日。
③ 《社论:以团结抗战力求进步来纪念中山先生——为孙中山先生逝世十五周年而作》,《群众》周刊第4卷第8期,1940年3月18日。

正是目前中国抗日民族统一战线所极端需要的。"①

中共中央认为,反共即意味着有投降之可能。为了巩固和坚持抗日民族统一战线,《群众》周刊借蒋介石之言,明批汪精卫之流的投降卖国,暗指蒋介石集团的反共妥协倾向。社论指出:"汪逆精卫卖国投降的资本是什么呢? 很明白,是'反共'!"②蒋介石在对中外记者发表谈话时也指出,对于汉奸卖国贼之妥协投降的邪说,要无情地给以致命的打击。③ 所以,我们要对"一些尚隐藏在抗战阵营中的同情于汪逆的份子,亦在各种各样的掩护之下,在散布有害于抗战的一切谬论"。"对于这种民族败类,是应该给与以严厉的制裁的。这不但要在道德上宣布它们的死刑,而且在国法上,亦要宣布它们的死刑。因为,不如此,是不足以警惕奸邪的。"④

1941年皖南事变发生后,蒋介石集团对《群众》周刊的打压愈加厉害。《群众》周刊第6卷总共才出版了12期。第1、2期合刊与上两期的合刊出版时间相隔两个多月,而且发表的大部分是译文,正如"编后"所说:"这一期的和读者见面,已延缓了很久的时间,这是由于编辑人的更动,印刷的困难以及其他障碍。我们的人力原来不多,现在是更少了,而所遇的困难又是我们所无法克服的,因此,今后的编辑恐怕很难令人满意。只有请读者见谅,我们总希望能在读者的支持下,尽可能的

---

① 《社论:继续和完成中山先生未竟的伟大革命事业》,《群众》周刊第2卷第17/18合期,1939年3月11日。
② 《社论:汪逆投降卖国的资本》,《群众》周刊第3卷第12期,1939年8月20日。
③ 《社论:主和者就是汉奸卖国贼》,《群众》周刊第2卷第22期,1939年4月15日。
④ 同上。

提供一些'开卷有益'的材料。"①这一段话,实际上是本刊对国民党当局限制和迫害的控诉。

1942年,《群众》周刊对国民党发表的十中全会宣言及特种研究委员会之报告发表看法,高度肯定了宣言中提出的"必须有举国一致之真诚团结,而后乃能负起空前之使命",并以此表明希望国民党领导机关此种正确意见,能使国民党"一般同志皆有确切之认识",并在真正实践中,能够如宣言中所说,"政府当一视同仁,不予歧视,果能如此,不仅我全国人心,为之振奋,为之庆幸,国际人士当亦为之欣慰"。② 此言,实质上是对国民党的言行不一致进行迂回控诉以及对实现国内团结的殷切希望。

三、团结中争民主

抗战后期,国际形势有利于推进国内抗战的胜利,然而要想彻底打倒日本帝国主义,必须实现内部团结和民主改革。因而中共一方面对于国民党反动行为采取团结、避免内战的方略;另一方面,对于国民党的专制独裁,则极力宣传民主,推动宪政实施。《群众》周刊在中共的指导下,积极响应国际国内迫切希望,因势利导,宣扬民主思想,协力推动建立民主联合政府。

1943年世界反法西斯战争取得辉煌战绩。这种形势迫切要求中国内部加强团结,实现民主改革,巩固扩大抗日力量,彻底打败日本侵

---

① 《编后》,《群众》周刊第6卷第1/2合期,1941年3月18日。
② 《社论:争取胜利的唯一保证》,《群众》周刊第7卷第24期,1942年12月30日。

略者。据此,中共中央确定1944年的斗争方针是:继续团结国民党共同抗日,集中力量打击日、伪军,巩固和扩大抗日根据地。但蒋介石统治集团仍然坚持一党专政,实行反民主、反人民的政策。广大人民群众的言论、集会、出版等自由权利被剥夺,个人财产和个人安全毫无保障。

国民党不仅于政治上实行专制独裁,在文化宣传上也是如此。1943年3月,蒋介石的《中国之命运》一书出版,此书是希特勒的《我的奋斗》在国统区的翻版,全书以反对共产主义,宣扬法西斯主义和封建主义为中心的内容,污蔑共产党、八路军、新四军是"新军阀""新式割据",暗示两年内要"解决"共产党,为其发动第三次反共高潮作舆论上的宣传,而且对于中共的所谓"反动"宣传进行强烈的打击。如陈伯达所著的《评中国之命运》一书,重庆图书杂志审查处认为"查该'奸党'所著是书自别有用心,不仅曲解本党主义,怪论百出,且以奸惑伎俩离间民族团结……饬属随时密查,予以没收"。① 甚至倡导思想言论自由的学校也被特务机关化,桂林《力报》于1944年4月9日发表短评:"最近本报迭获学生读者的投书,都说他们的学校当局以特工的方式对待他们。有些学校对学生所出壁报,厉行检查制度,甚至有兴文字狱者,……,学生人人自危。"② 而《新中国日报》发表社论:"现今听话看报,都需要高度的技术。有时'言在此而意在彼',有时'偷关漏税',有时'指桑骂槐',有时'指鹿为马'。今日登讲台者,或周旋文坛者,大半

---

① 中国第二历史档案馆编:《中华民国史档案资料汇编》第5辑第2编"文化"(一),江苏古籍出版社1998年版,第639—640页。
② 《中共党史参考资料》(第九册),中国人民解放军政治学院党史教研室1979年编印,第314页。

都对于此等技术十分熟练……"①诸如此类言论比比皆是。

面对国民党推行专制独裁,诸多民主人士深表不满。1943年7月6日,民主政团同盟主席张澜致函蒋介石:"必须实行民主,不能以国家政权垄断于一党。""徒貌民主之名,而不践民主之实,内不见信于国人,外不见于盟邦,则国家之前途,必更有陷于不幸之境。"②而在九一八事变十二周年纪念日上,张澜在《中国需要真正民主政治》一文中针对蒋介石之"一个领袖,一个党,一个主义"进行猛烈抨击。在世界反法西斯战争形势大好的时候,国民党却出现了豫湘桂大溃败,使得国民党的贪污腐败及军队之作战无能进一步凸显。国民党对内专制独裁,而对日作战却屡屡失败,人民不得不对于这样的国民政府失去信心。1944年2月,民主人士张澜等人在成都组织民主宪政促进会,周新民于4月在昆明发起建立宪政促进会,5月,左舜生主编《民宪》,李公朴、闻一多等人在昆明创办《自由论坛》,疾呼民主,抨击国民党的专制独裁,掀起了第二次民主宪政运动。废除一党专政,实行民主宪政,已经成为民主人士的共同呼声。中共积极响应民主需求,推动宪政民主,毛泽东曾言:"没有民主,抗日就抗不下去。有了民主,则抗他十年八年,我们也一定会胜利。"③1944年9月15日,林伯渠根据中共中央的指示,在国民参政会上正式提出了要求结束国民党的一党专政,联合各党派,建立民主

---

① 《中共党史参考资料》(第九册),中国人民解放军政治学院党史教研室1979年编印,第313—314页。
② 徐朝鉴:《重庆民盟》,重庆出版社2002年版,第9页。
③ 中央档案馆编:《中共中央文件选集》(第14册),中共中央党校出版社1991年版,第180页。

政府。这一提议获得各界民主人士的支持,各类要求民主的文章涌现,从此要求国民党废除一党专政,成立民主联合政府成为国统区民主运动的主流和方向。

面对国民党顽固派反动行径,中共中央决定"对国民党应极力避免大的军事冲突,使彼方一切力量均用在对敌上"①,始终坚持国内团结的立场。周恩来随后召开中共中央南方局会议讨论了共产国际解散之后国民党可能对中共采取的方针,在文化宣传方面决定采取"要宣传我方抗战、建设的成绩,宣传我方坚持团结、民主的主张和事实"②的策略。1943年国民党趁共产国际解散的机会,准备以武力进攻陕甘宁边区,同时各地参议会、新闻、文化等团体发电解散中共,逼迫中共妥协。在此情况下,中共对此决定避免发生大规模冲突,进行全面的宣传反击,主张国民党应取消各种特务统治和停止传播法西斯主义思想等。由于地域的特殊性,中共在国统区的宣传策略自然不能与边区和根据地一致。中共中央基于此,在对渝、桂文化界反抗压迫中的指示中提出"渝、桂文化界反压迫抗议事可行,惟望注意:一、除少数知名之士外,不要暴露隐藏的文化人。二、发表的形式可采取多样的。三、尽量争取中间人,在中间刊物发表抗议。四、译成英文向美英出版界揭露。五、新华(即《新华日报》)、群众(即《群众》周刊)多登载反法西斯主义

---

① 中央档案馆编:《中共中央文件选集》(第14册),中共中央党校出版社1991年版,第44—45页。
② 中共中央文献研究室编:《周恩来年谱1898—1949》,中央文献出版社1998年版,第569页。

文章,以开展思想斗争"①。即中共在国统区要运用多种宣传方式,争取中间民主人士,争取英美支持,利用《新华日报》《群众》周刊展开反法西斯、反对国民党独裁专制的斗争,推动民主政治发展。虽然国民党顽固推行反动政策,但1944年中共中央认为自去年国民党十一中全会以来,国共两党关系趋于缓和,决定"为了继续团结国民党,准备对日反攻计,争取时局的进步,应该改变前此(1943年7月到9月)对国民党公开正面猛烈抨击的态度"②,为加强和巩固抗日统一战线而努力,在团结中不断争求民主,只有在团结中取得民主,中国革命的胜利必然会实现。

针对国民党顽固派大力制造反共舆论,《群众》周刊采用迂回方法,揭露国民党政府的罪恶。《群众》周刊发表时评——《认清谁是我们的敌人》。这个时评主要是针对蒋介石的言行及其《中国之命运》一书的出版而发,时评中说,英美和苏联在制度上是水火不相容的,然而这三个国家现在结成同盟了,全世界人士都称道罗斯福、丘吉尔、斯大林,英武明智,赞叹不已,他们并没有放弃各自的主义,为什么会合作呢?因为他们面前有一个共同的敌人,他们认清了这一个共同的敌人,接着又说,为什么英明的领袖给人以信心和勇气,而不适当的言论则会造成阴森可怕的气压呢?其关键就在于能否认清一个共同敌人。时评还对蒋介石《中国之命运》一书出版以后弥漫的反共言论作了揭露和批判。时

---

① 中共中央文献研究室、新华通讯社编:《毛泽东新闻工作文选》,新华出版社1983年版,第107页。
② 中央档案馆编:《中共中央文件选集》(第14册),中共中央党校出版社1991年版,第192页。

评揭露:始而一些不相干的刊物,散布亲痛仇快的蛮语,近又在带有代表性的机关刊物上公用"奸匪"字样来污蔑抗日武装,而"奸党"之声也常会出之于应被视为负责人士之口。时评指出,这种"言论"除了灰人之心、令人之意而外,试问还会有什么后果?并强调说:大敌正在当前,千万要认清,不容丝毫模糊。①

全面抗战需要国民党实行政治改革,实现宪政和民主,这也是全国人民的迫切要求和愿望。但国民党当局始终坚持一党专政,拒绝进行民主改革。1944年3月12日,周恩来在延安发表《宪政与团结问题》的演说,指出:国民党及其政府如欲实施宪政,就必须真正拿革命的三民主义做基础,首先实行保障人民自由、开放党禁和地方自治三个最重要的先决条件。如果真愿用政治方式解决国共关系问题,就应该承认中共在全国的合法地位;承认陕甘宁边区及各抗日根据地为其地方政府;承认八路军、新四军及一切敌后抗日武装并给予接济;恢复新四军的番号;撤销对陕甘宁边区及各抗日根据地的封锁和包围。他所提出的这些关于国共关系的意见,即后来林伯渠赴重庆谈判时的基本条件。周恩来的这篇演说发表后,《群众》周刊通过有关方面设法取到文稿,争取在本刊登载,让大后方和全国各地的读者知道,广为传播。②

1944年,《群众》周刊为纪念巴黎公社73周年,发表专论,高度赞扬巴黎公社的意义,"便是建设一个新的,没有贫穷和奴役的世界,一个由人民主宰的世界。'公社给共和国筑下了真正民主机关的基础'(马克思著《法兰西内战》中语),全世界的人民需从这里吸取教训,法兰西

---

① 时评:《认清谁是我们的敌人》,《群众》周刊第8卷第6、7期合刊,1943年4月16日。
② 《群众周刊大事记》,红旗出版社1987年版,第160页。

共和国的英雄的子孙们尤其要在这个基础之上迈开他们底前进的脚步",而"这种民主就不再是属于少数人的旧的民主"。《群众》周刊发表纪念巴黎公社的文章,是为影射国民党统治集团的独裁专制,同时表达了中共民主建国的政治诉求。

抗战后期,国民党统治集团的严重腐败,导致其军队几乎完全丧失战斗力,豫湘桂战役的大溃败,使得国统区民主运动更加高涨。《群众》周刊应时而动,发表社论《挽救危局,准备反攻》,用大号字排出。社论对正面战场的溃败、僵持着的国共谈判以及1944年9月18日闭幕的国民参政会等问题做了评述,指出:挽救目前危局的中心环节是召集国是会议与组织联合政府。① 希望国民党立即结束一党统治的局面,召集各党各派、各抗日部队、各地方政府、各人民团体的代表,开国是会议,组织各抗日党派联合政府,一新天下耳目,振奋全国人心,鼓励前方士气,以加强全国团结,集中全国人才,集中全国力量。这样就一定能够准备配合盟军反攻,将日寇打垮。②

而在抗战即将胜利之际,针对国民党当局希冀发动内战以达独裁之野心,《群众》周刊发表社论,将国际国内形势密切联系,推动国内实现团结民主,最终达到抗战之胜利。社论指出:从任何观点来看,中国的民主团结问题已经变成当前世界政局中心头等重要的问题,民主团结的问题不解决,不仅不能在中国大陆上对日进行决战,而且大有可能的是,在这决战尚未到来之前,中国内战就已经爆发了。中国的人民曾

---

① 社论:《挽救危局,准备反攻》,《群众》周刊第9卷第18期,1944年9月30日。
② 《林祖涵在参政会关于国共谈判的报告全文》,《群众》周刊第9卷第18期,1944年9月30日。

经进行过几十年的流血抵抗,更何况今天中国人民的力量千百倍强大于此前。且从英美苏中合作说,中国民主团结的问题更非解决不可。①社论将国内国际形势密切联系,从多维度表达国民党应放弃内战,放弃独裁,以实现抗战胜利,否则胜利遥遥无期。

抗战后期,无论是从国际关系还是国内形势来说,国共两党加强团结、民主建国是不可逆的大势,《群众》周刊显然意识到了并且很好地响应了这种大势,推动国内的民主与团结。

结语

全面抗战时期是中共宣传思想工作日趋成熟的重要时期。随着抗战过程中中日力量对比之变化,国共两党关系也发生变化,中共在国统区的宣传策略也随之而变,即由"团结中提建议"到"斗争中求团结",再到"团结中争民主",这既有利于在国统区宣传中共自身的政策、方针、理论等来维护抗日民族统一战线,同时也对国民党的反共宣传起了很好的回击作用,为抗日战争的胜利做出了巨大的贡献。国民党人曾感叹曰:"尝于书肆及邮检时查获该党(中国共产党)书籍刊物,印刷之精良,装潢之美丽,价格之低贱,数量之众多,即普通之各大书局所出版者,亦有望尘莫及之叹。"②可见中共在国统区宣传工作之成功。作为中共的重要刊物,《群众》周刊的公开出版进一步打破了蒋介石集团在国统区新闻舆论宣传方面的"一统天下"的局面。《群众》周刊在国

---

① 社论:《柏林会议的前夕》,《群众》周刊第10卷第13期,1945年7月10日。
② 中国第二历史档案馆编:《中华民国史档案资料汇编》第5辑第2编"文化"(一),江苏古籍出版社1998年版,第292页。

统区既成功地宣传了中共的政治主张,有了"里子";又塑造了中共良好的政党形象,也有了"面子"。同时,更发挥了《群众》周刊理论宣传的力量。

《群众》周刊身处国统区和中国香港地区,这些区域的社会形态、价值理念和民众基础跟中共领导下的根据地有很大区别。该区域民众对中共的革命理论、共产主义学说等并不待见,充满着成见、对立和怀疑。面临如此复杂严峻的政治环境和社会环境,《群众》周刊采用了较为灵活的宣传策略,发挥了高超的斗争艺术。抗战相持阶段,面对国民党严苛的图书杂志送检制度,《群众》周刊利用国民党制定的"对国外名著作有系统的翻译"①的条例,开展合理合法斗争,大量译介马列主义经典著作;相比较同时期"新民主主义"的话语表达在《群众》周刊上出现的却不多。当然新民主主义的本质内涵在《群众》周刊中能够得到充分体现。《群众》周刊为适应国统区和中国香港地区复杂的革命环境,在新民主主义的宣传上做了适当损益,创造出独特的革命话语。在保持坚定的革命原则立场上,《群众》周刊灵活变通地运用了中共的革命话语,其社论在很多问题上的观点与《解放日报》和新华社的观点一致,但表达比较委婉。比如,在话语表达上,《群众》周刊就没办法做到直言直语,犀利批判,它只能采取借用蒋介石等国民党要人的话语为篇名,在内容上巧妙而又明白地表达自身的观点。同时,针对具体的实际环境,《群众》周刊创造出一些适合在国统区表达中共观点、进行革命宣传的话语方式。《群众》周刊中的革命话语体现的革命色彩不是特别浓厚,

---

① 《(四)文艺界的抗敌救亡团体》,中国第二历史档案馆编:《中华民国史档案资料汇编》第五辑 第二编文化(一),江苏古籍出版社 2010 年版,第 206 页。

使用的许多言语较为中性缓和,不算太激进猛烈,最具中共特色的革命斗争理论、阶级斗争思想等没有专门的论述。对比同时期中共的其他一些重要革命文献,如《八路军军政杂志》《共产党人》《解放日报》和新华社社论,可以发现《群众》周刊的革命话语不是特别典型,并非最具中共范式的革命话语。因此可以说,《群众》周刊理论宣传的手段是中共革命话语体系在国统区的一种变式,大原则和总方向是一致的,具体表现形式有变通。

1947—1949 年国共在香港的宣传争夺战
——以《群众》周刊为考察中心

何 薇*

摘要：抗战胜利后，尽管国民党实施严厉的新闻管制，多方部署反共宣传要点，分析研究中国共产党的宣传技巧，但是，中国共产党着眼于战后香港特殊的舆论环境以及对外宣传的战略地位，立即部署建立香港分局，安排得力人员赴港办刊，1947 年 1 月 30 日在香港成功创办发行《群众》周刊。随着《群众》周刊南移香港，中共的新闻宣传工作者迅速活跃于香港公共舆论，在引导群众、教育群众、凝聚力量、增强共识等方面，《群众》周刊作出了重要贡献，彰显出中国共产党敢于宣传、善于宣传的胆识与智慧。

关键词：《群众》周刊；香港；舆论宣传

通过报刊进行舆论宣传是中国共产党在民主革命时期开展革命活动的重要一环。1947 年，在决定中国命运的转折关头，为了冲破国民

---

* 何薇，西南交通大学马克思主义学院教授。

党新闻管制下的信息封锁,占据舆论宣传制高点,中共毅然在香港创办发行《群众》周刊。本文以 1947—1949 年《群众》周刊在香港的发行活动为考察中心,期冀展现特殊历史背景下,国共两党在香港的宣传争夺战,以及中共敢于宣传、善于宣传的胆识与智慧。

一、中共决策在香港创办《群众》周刊的背景

1947 年,第三次国内革命战争进入紧要时期。面对战场上不断失利的境况,国民党进一步欺骗百姓、愚弄国人,加大了对共产党的造谣中伤,强化舆论宣传的欺骗性。1947 年 8 月 18 日,国民党政府下达《行政院关于修正"剿匪"总动员宣传计划纲要训令》,要求各地国民党党报及社论委员会"统希遵照为要"①。在这一"纲要训令"中,国民党确定了近期的宣传内容,提出了诸如"剿灭朱毛""剿灭共匪""建国必先剿匪"等 14 个基本口号。②甚至编撰诬蔑共产党的歌谣民谣,分发至国民党军各部队和民间组织,要求军队和民众传唱。③

对于港澳地区的舆论宣传,国民党向来十分重视。抗战时期,国民党在港澳地区贯彻的宣传方针主要体现在三个方面:一是沟通海外侨胞情谊,协助国民党政府推进战时政令;二是争取"友邦"同情与援助;三是以纠正分歧错杂的言论思想为主旨。④ 为了充分实现国民党对外宣传意图,1939 年 6 月 6 日,国民党中央党部在香港创办了国民党机关报——

---

① 中国第二历史档案馆编:《中华民国史档案资料汇编》(第 5 辑第 3 编文化),凤凰出版社 1999 年版,第 5 页。
② 参见《中华民国史档案资料汇编》(第 5 辑第 3 编"文化"),第 6、7 页。
③ 同上书,第 10 页。
④ 参见金以林:《战时国民党香港党务检讨》,《抗日战争研究》2007 年第 1 期。

《国民日报》。第三次国内革命战争爆发后,国民党政府进一步强化了在香港的舆论宣传工作。1947年2月3日,国民政府行政院新闻局对香港报界宣传业务工作情况进行汇总,明确提出国民党在香港宣传的工作要点为:制止"中间路线"之产生与滋长,对于共党外围之伪装"中间路线",予以无情的破坏与打击;搜罗英美以及欧美其他各国之反共资料,加以充分之运用;国内建设多作兴奋性之介绍,以增刺激,以弭失望;软性刊物,抑低品位,加强刺激,作侧面宣传,期于低级趣味之中,收影响社会之效,等等。①

这份报告特别强调了香港所处的地理和交通位置,指出在香港加强宣传影响可以波及广东、闽南和南洋一带,有事半功倍之效。②

1948年2月3日,国民党中央宣传部更明确提出宣传纲领:"暴露共匪以土革为中心的斗争的真相;粉碎共匪所谓爱国民主战争的理论。"③并针对不同受众,还分别提出详细而具体的宣传注意事项。国民党中央宣传部还对共产党在宣传工作中的心理、手法和原则作了一番认真分析,认为:中共的宣传文章"振振有词条条有理;态度则是充满戏剧性的情感",借以实现引诱、迷惑他们的对象——"所有的广大的群众"的良知。④ 事实上,蒋介石曾特别手令国民党中央宣传部长彭学沛,要求国民党的新闻机构深入研究中共的宣传战术,"于每星期检讨一次,详加分析,必求彻底了解然后再研究对策"⑤。

---

① 参见《中华民国史档案资料汇编》(第5辑第3编"文化"),第169页。
② 同上。
③ 《中华民国史档案资料汇编》(第5辑第3编"文化"),第32—35页。
④ 参见《中华民国史档案资料汇编》(第5辑第3编"文化"),第101页。
⑤ 高郁雅:《国民党的新闻宣传与战后中国政局变动(1945—1949)》,《国立台湾大学文史丛刊》,1994年12月。

揭露国民党的欺骗宣传,阐述共产党的政策和主张,发动组织民众,是中国共产党宣传工作的重要任务。对于这项工作,中共高度重视。1945年8月22日,毛泽东在审改中央的一个指示稿时指出:"对大城市仍应积极派人去发动群众,争取伪军,出版报纸,布置秘密工作,争取我党在城市中的地位。"①其中,对于国统区和海外华人的宣传工作,为让他们能够听到共产党的声音,中共也作出了积极部署。1945年9月14日,毛泽东和周恩来致电中共中央并转告张云逸、饶漱石、李先念、尹林平,强调指出:"上海《新华日报》及南京、武汉、香港等地以群众面目出版的日报,必须尽快出版……早出一天好一天,愈晚愈吃亏。"②

周恩来亲自安排部署在香港的新闻宣传工作及其策略。1947年1月20日,周恩来起草中共中央致蒋管区各中央局、分局负责人电文中明确指示:目前正是揭穿美、蒋和谈欺骗,将群众对美、蒋斗争提高一步的关头,望各地统一宣传与活动步骤,加紧进行。宣传方式上要理直气壮地向各方说服解释。③ 1947年2月10日,他给在香港的廖承志、范长江去信,特别叮嘱:"办好中文专播,要多听各方意见,适应各方需要。"④ 2月28日,周恩来起草中共中央关于蒋管区工作的指示,其中在涉及中共的宣传策略时说:"针对目前蒋的镇压政策,我们应扩大宣传,避免硬碰,争取中间分子,利用合法形式,力求从为生存而斗争的基础上,建立反卖国、反内战、反独裁与反特务恐怖的广大阵线。"⑤ 3月8

---

① 《毛泽东年谱(1893—1949)》(修订本)下卷,中央文献出版社2013年版,第10页。
② 同上书,第24页。
③ 参见《周恩来年谱(1898—1949)》(下),中央文献出版社2007年版,第735页。
④ 《周恩来年谱(1898—1949)》(下),第737页。
⑤ 同上书,第741页。

日,周恩来在和任弼时听取钱之光等人的汇报时,说:"现在香港成为唯一可以公开活动的地方,已去了党的干部,民主人士也将陆续去。"①他要求钱之光带人到解放区沿海口岸设法和香港建立联系。

由于抗战以来中共中央着眼于香港在对外联系和国际战略中的地位,在宣传工作中周密部署、精心计划、统一领导,使得1947年年初《群众》周刊得以在香港成功创办发行。

二、《群众》周刊在香港成功创办发行

为了冲破国民党的新闻封锁,利用香港特殊社会条件,打开舆论宣传的新局面,中共中央进行了周密部署。

一是成立工作委员会。根据中共中央南京局1946年6月2日指示,成立由林平、连贯、廖沫沙、左洪涛、蒲特(饶彰风)五人组成的工作委员会,林平兼书记。②工委努力"建立社会关系多交朋友提高自己社会地位",着手组织散布在港九、新界区、澳门和中山区域的大约700多位中共党员,开展对港澳统战、文化与上层侨运工作。③

二是筹备香港《群众》周刊出版工作。1946年10月,周恩来决定派章汉夫到香港筹备创办《群众》周刊。接着派乔冠华、龚澎、刘宁一、许涤新、方卓芬到香港工作。新华社香港分社由章汉夫、乔冠华负责。

---

① 《周恩来年谱(1898—1949)》(下),第743页。
② 参见中央档案馆、广东档案馆编:《广东革命历史文件汇集(广东区党委文件1946.1—1947.6)》内部版,第81页。另参见《中共中央南京局》,中共党史出版社1990年版,第63—64页。
③ 参见中共广东省组织部、中共广东省委党史研究室、广东省档案馆:《中国共产党广东省组织史资料》(上册),中共党史出版社1996年版,第393页。

潘汉年、许涤新、夏衍、胡绳、乔冠华等人也在 1946 年分别到达香港工作。他们同时担负着中共香港分局的组织工作。

三是设立中共香港分局。1947 年 1 月，中共中央作出设立中共香港分局的决定。香港分局下设香港工委、南方区党委、琼崖区党委、城市工委四个平行组织，负责领导广东、广西、江西、云南、福建等地区党的工作。香港分局直属南京局，但有关全局工作，由中央直接指示。书记为章汉夫。① 1947 年 6 月，香港分局调整和充实了工委的领导机构，将港粤工委改称香港工委，大大加强了中共中央对港澳地区宣传、文化、统战和群众工作的直接领导。

1947 年 2 月 1 日，毛泽东在中共中央政治局扩大会议讨论关于时局与任务的指示时，指出："现在总的形势是，革命高潮快要到来。"②就在讲话的前夕，《群众》周刊在香港成功创办发行。

《群众》周刊香港版的刊头"群众"二字字体是从鲁迅手迹中选出的两个字拼成。③ "群众"红色字体下方为黑色的英文印刷体"CHUIN CHUNG WEEKLY"。封面印有出版日期和目录。作为大刊，排版是 A3 对折，篇幅 22 页左右。每期栏目和内容包括：社论、短评、专论、各地通讯、境外通讯、读者来信、群众中来、漫画等。封底印有价目表、编辑出版者、地址等。④

从第二期开始，《群众》周刊以列表的方式标明周刊发行的地区、国

---

① 参见《周恩来年谱(1898—1949)》(下)，第 734—735 页。
② 《毛泽东年谱(1893—1949)》(修订本)下卷，第 166 页。
③ 参见《〈群众〉周刊大事记》，红旗出版社 1987 年版，第 238 页。
④ 参见《群众》创刊号，1947 年 1 月 30 日。

别、平邮价和航空价格。除中国内地外,发行的国家和地区有:香港、英国、马来亚、澳大利亚、缅甸、菲律宾、越南、法国、美国。承担《群众》周刊印务和出版的机构是新民主出版社和有利印务公司。据考察,《群众》周刊在香港每期的发行量约3 400份,其中1/3在内地发行。在海外发行业务由纽约、旧金山、伦敦、巴黎、马尼拉等地的代销处经销。当时面临的最困难问题是如何把《群众》周刊运送到内地,特别是运到上海。因为国民党的查禁,一旦被发现查处,运送人员有生命危险。周刊编委想出的巧妙办法是伪装,即将在香港发行的《经济导报》的纸型夹带《群众》周刊的纸型,经过航空寄运到上海。由于新民主出版社和有利印务公司的亲密合作,《经济导报》与《群众》周刊的纸型可以很好地结合,加之《群众》周刊用了别的书名,没有标出版发行者和承印者名字,经过伪装、改换封面、先打好纸型等办法,再经过浇版、印刷、装订等一系列过程后,《群众》周刊香港版就可以在上海秘密发行了。①

在1947年1月30日至1949年10月共两年九个月的时间里,《群众》周刊在香港每周定期出版,一共出版了143期。1949年10月20日,《群众》周刊在香港出版最后一期,完成了它的历史使命。许涤新回忆:1949年5月,他与潘汉年、夏衍从香港到北京(当时称北平),在北京饭店遇见在中央大学任教的梁希(新中国成立后曾任林业部长),梁希说了一句话:"你们在香港出版的《群众》的光芒竟从香港射到南京了。"②笔者在收集整理资料时还发现,当时中共各地方党组织都千方

---

① 参见广东省政协文化和文史资料委员会编:《广东文史资料精编·民国时期文化篇》下编第4卷,中国文史出版社2008年版,第248页。
② 许涤新:《风狂霜峭录》,生活·读书·新知三联书店1989年版,第348—349页。

百计想办法订阅《群众》周刊。例如：钦州中共地下组织获得《群众》周刊后，秘密安排学生进行学习和讨论，借以提高学生的思想水平。[①] 贵州思南地区的中共党组织在农村合作室订阅《群众》周刊，组织党员和进步学生学习中共的理论。[②] 这表明，《群众》周刊冲破了国民党的新闻管制，在国统区的读者中产生了很大影响。

1947—1949年，随着《群众》周刊南移香港，中国共产党的新闻宣传工作者也迅速活跃于香港舆论之中，将党的方针政策传播于各界群众之中。

《群众》周刊在香港的创办发行，集结了阵容强大的编委和撰稿人群体，如章汉夫、乔冠华、方方、华岗、许涤新、胡绳等人，他们对革命抱着高度的热忱和使命感，宣称自己"首先是战士，然后才是学者"，积极活跃于民主党派和中间派人士中。借助《群众》周刊，中共很好地实现了自己的宣传目的：说自己想说的话，说社会大众想说的话，最大限度争取第三种力量，在引导群众、教育群众、凝聚力量、增强共识等方面作出了重要贡献。

三、《群众》周刊在香港的宣传功效

《群众》周刊在香港出版发行的近三年，正是国内局势急遽变化，国共政争剧烈搏战的时期。这其中，办好党刊充分发挥舆论宣传作用至关重要。

对于党报党刊的作用，毛泽东指出："办好报纸，把报纸办得引人入

---

① 参见中共钦州市委党史研究室编：《战斗岁月》，内部资料，2009年，第873页。
② 参见中共思南县委党史研究室编：《思南地下党的回忆》，2012年，第62页。

胜,在报纸上正确地宣传党的方针政策,通过报纸加强党和群众的联系,这是党的工作中的一项不可小看的、有重大原则意义的问题。"① 作为党的理论刊物,1947—1949 年《群众》周刊在香港很好地贯彻和发挥了党刊的宣传功能。总结其办刊特点和成效,大致可以从三个历史阶段进行概括:

第一阶段为解放战争发生重要转折的 1947 年。《群众》周刊严格贯彻中共用"人民解放战争"取代"自卫战争"的部署,打出"建立民主的中国""蒋介石自取灭亡"等宣传口号,对人民解放军粉碎国民党军队的全面进攻,在华东、晋冀鲁豫、晋察冀和东北等战场上取得的胜利,进行了实时报道。这些宣传报道,以事实为根据,向世人证明了中国共产党领导人民取得的重大胜利,充分说明了人心所向。同时,针对抗战胜利后美国援蒋,"美国究竟干了什么"这个社会热点话题,《群众》周刊进行了鞭辟入里的论证,对美国扶蒋反共的实质进行了深刻揭露和严厉批判。

美国对国民党政府军事经济援助,究竟给了多少钱?这本细账如何算? 1948 年 3 月 25 日,《群众》周刊刊发了新华社社论《美帝援蒋初步统计》,把 1939 年 2 月 8 日起到抗战胜利后美国对华提供的贷款和物资援助进行了清单式的罗列,明确告示国人:

> 对日战争胜利以来,美帝为鼓励卖国贼蒋介石进行屠杀中国人民的内战,和将中国变成美国的殖民地,所给予蒋家匪帮的贷款

---

① 《毛泽东选集》第 4 卷,人民出版社 1991 年版,第 1319 页。

及物资援助,据现有材料统计,已达四十六亿四千零四十九万八千二百二十三美元。抗战期中援助则为十五亿六千七百八十万美元,此项援助事实上绝大部分亦被蒋匪保留作抗战后发动内战的资本。两项合计则为六十二亿零八百二十九万八千二百二十三美元。①

通过具有说服力的统计数据,让国内外民众看清美国援蒋反共的真相。《群众》周刊发表的这篇社论,是中共反美反蒋舆论宣传战打出的一颗重型炮弹。

针对国民党诬蔑攻击《中国土地法大纲》和土地改革政策,《群众》周刊及时坚决地予以回击。反共的杂志《新时代》在1948年第1卷第3期上发表了《共匪"土改"本质与作用》,诬蔑中共土改政策是"为其挖掘匪区所有人力物力,及其在政府区里煽动农民暴动的主要工具","是把土地政策当作扩大叛乱战争夺取政权的有力武器"。②《群众》周刊设立《解放区报道》专栏,详细介绍解放区土改进展和成就。《东北解放区土地改革概况》一文系统介绍了东北解放区土改的主要收获。文章说:

> 经过一年轰轰烈烈的土地改革运动,东北解放区基本上摧毁了封建势力的统治,几千年来呻吟在地主阶级封建淫威下面的贫苦农民,在政治上、经济上获得翻身,重新成为自己土地的主人,截至去年七月统计:东北解放区(包括吉林、黑龙江、嫩江、辽北、松

---

① 《群众》1948年第2卷第11期。
② 梁铭涛:《共匪"土改"本质与作用》,《新时代》1948年第1卷第3期。

江、牡丹江、合江、辽宁等八省及热河一省)已有六百二十九万零六百二十四个无地和少地的贫苦农民,……平均每人得八亩地。

……东北翻身的农民自觉地为自己的利益而战,这就成为东北人民解放军必胜的保证。①

《群众》周刊广泛介绍解放区土改成就,帮助港澳人士和海外华侨了解中共的土改政策,极大地消除了民主人士和工商界人士的疑虑。

第二阶段是人民解放军由战略防御转为全面反攻时期。这期间《群众》周刊登载300多篇反映国共军事较量的评论文章,集中诠释了中国人民解放军"以歼灭国民党有生力量为主而不是以保守地方为主"的战略方针,集中优势兵力打歼灭战、诱敌深入先打弱者、速战速决和连续作战等灵活的战术策略。特别报道了辽沈、淮海、平津三大战役的辉煌战绩,登载被俘、投诚的国民党军将领以及缴获的坦克、重型火炮、枪支等新闻图片。大量翔实、具体、生动的战争场景和文献资料,述说着为什么人民解放军能够打败总兵力和武器装备占优势的国民党军队。

1948年9月7日,毛泽东为中央军委起草了给林彪、罗荣桓等的电报,确定了东北野战军南下后的攻击重点应该指向北宁路上的重镇锦州,确立了打"前所未有的大歼灭战的决心"。②一场全歼国民党在东北的50万军队的战略大决战就要打响。9月17日国民党《中央日报》

---

① 醒华:《东北解放区土地改革概况》,《群众》1948年第1卷第50期,1948年1月8日。
② 《毛泽东选集》第4卷,第1336页。

却还在发布消息称:"北宁线情势已趋和缓。"①而10月9日东北野战军的5个纵队又一个师及炮兵纵队主力共约25万人,发起了锦州外围作战。14日总攻城垣,15日攻克锦州,全歼守军10万人,俘获东北"剿总"副总司令范汉杰。1948年10月21日《群众》周刊以"又一光辉的胜利"为题庆祝锦州解放。

1948年11月10日,国民党《中央日报》继续散布谎言称:"今日共匪对于这两个地区的国军,还不敢使用它的主力来轻于尝试。即令共匪以主力来守军,国军必能给予以沉重打击。"②为了让民众看清形势,11月18日《群众》周刊以《中共中央负责人评军事形势——一年左右打垮反动政府》为题转载了毛泽东为新华社撰写的评论文章,直指国民党《中央日报》的一派胡言。毛泽东指出:"原来预计,从一九四六年七月起,大约需要五年左右时间,便可能从根本上打倒国民党反动政府。现在看来,只需从现时起,再有一年左右的时间,就可能将国民党反动政府从根本上打倒了。"③

这一时期,《群众》周刊针对蒋介石集团的独裁统治、贪污腐化,以及民族工商业发展的困境进行不遗余力的揭露和报道;与此同时,大力宣传和报道解放区在工商业和农业方面的发展成就、解放区人民的美好生活,展望新民主主义社会的光辉前景,这都极大地鼓舞了民众、振

---

① 《中央日报》,1948年9月17日。
② 《论当前军事形势》,《中央日报》,1948年11月10日。
③ 《中共中央负责人评军事形势——一年左右打垮反动政府》,《群众》1948年第2卷第45期,1948年11月18日。这篇文章后来以《中国军事形势的重大变化》为题,收入《毛泽东选集》第4卷。

奋了人心。

第三阶段为1949年年初至1949年10月停刊止。《群众》周刊围绕新中国的筹建、城市接管以及城市工作的政策等主题进行宣传动员，陆续刊载专论文章。如许涤新《经济建设一定可以成功》《关于华北贸易》，饶彰风《论接管工作的准备》，荃麟《论城乡关系》，小云《人民政府怎样管理大城市》，高澜《是民族工商业家振奋的时候了》，等等。这些文章针对香港工商界人士的担忧和关切，积极作出回应，稳定了人心。如许涤新针对社会上谣传的中共不会做经济工作，作出回应说：''新民主主义革命的经济纲领，就是发展生产繁荣经济的大前提。土地革命不但为农业生产之发展奠定了前提，而且为工商业大发展奠定了前提。''"我们认为中国人民会实现其发展生产与繁荣经济的任务，是有着充分把握的。把握是在我们致力于土地改革与消灭官僚资本；把握是在我们认清自己的缺点致力于经济管理工作的学习；把握是在我们不把经济建设当作我们专家的事情，而是群策群力的一个群众运动。''①这些论述，有力地回击了国民党对新民主主义总路线的攻击。

在宣传报道中，《群众》周刊的其他一些做法也值得称道。比如，在如何加强读者与刊物之间的联系，引领舆论等方面，《群众》周刊的"群众信箱"作出了表率。1947年1月30日，《群众》周刊香港版的创刊号在"编者的希望"声明中，明确表示将开设"群众中来"和"群众信箱"等

---

① 许涤新：《经济建设一定可以成功》，《群众》1949年第3卷第12期，1949年3月17日。

专栏,希望读者对刊物提出要求和希望,同时希望读者咨询疑难问题。① 1949年5月19日的《群众》周刊在"读者与编者"专栏中登载了一封来信。来信询问:"为什么只听到说毛泽东思想,而不是毛泽东的主义呢?"希望编辑部能给予解答。《群众》周刊是这样答复的:"毛泽东思想亦可称为毛泽东主义,因为毛泽东思想不仅是中国化的马列主义,而是形成了关于整个中国历史与中国革命的全部有系统的科学理论;不仅发展了马列主义,而且有许多新的创造,即在马列主义宝库里添加了新的东西进去,特别是关于新民主主义、革命战争、革命根据地、革命统一战线等方面,在毛泽东思想里面,都有新的创造,使马列主义更加丰富和充实。"②这份复信不仅显示了刊物编者的理论水平,也显示了《群众》周刊作为中共理论刊物的权威性,为如何面向群众传播马克思主义理论,如何联系群众、宣传群众起到示范作用。

结束语

毛泽东指出:中国共产党办报纸,目的是"善于把党的政策变为群众的行动,善于使我们的每一个运动,每一个斗争,不但领导干部懂得,而且广大的群众都能懂得,都能掌握"③。《群众》周刊在香港创办期间,记录了国共政争下中共在土地改革、解放区建设、军事斗争以及城市接管等重大事件中的对策与成效;集结着中共杰出的理论家和政论家,以其强烈的现实针对性、内容的纪实性和严肃性,传递信息、解读政

---

① 《群众》创刊号,1947年1月30日。
② 参见《关于毛泽东思想》,《群众》1949年第3卷第21期,1949年5月19日。
③ 《毛泽东选集》第4卷,第1319页。

策、针砭时政、传播理念；为帮助社会民众澄清疑惑、建立共识，团结和召唤民主知识分子，在事关大是大非和政治原则的问题上，竭力掌握主动权，实现舆论引导和传播效果的最大化，发挥了重要作用。《群众》周刊在香港的创办实践和宣传舆论工作经验，对于我们当前做好有关宣传舆论工作，依然有启示意义。

延安《解放日报》改版与中国式新闻观

朱鸿召*

摘要：1942年4月,延安《解放日报》改版所确立的党报人民立场,人民性价值取向,全党办报原则,有声有色、同向同行的专副刊目标,是形成中国共产党的党报基本理念,也是中国特色社会主义新闻观的源头。改版后的《解放日报》,从言论立场态度、版面内容排序,到新闻角度选择、记者参与程度,以及文字规范风格、副刊样式形态,都呈现出与既往中文报纸完全不一样的风格特征。这是毛泽东办报理念和新闻思想的具体实践,是解放日报社记者编辑勇于自我革命的成就经验,是中国共产党的新闻宣传工作的创新发展。

关键词：延安;党报;新闻观;人民性

一、人民立场,报纸版序排列革命

《解放日报》作为延安时期中共中央机关报,在延安整风运动中通

---

* 朱鸿召,复旦大学马克思主义学院教授、博士生导师。

过改版的方式,实现其从"不完全的党报"到"完全的党报"的目标,体现在真正站在人民的立场上,端正办报方向,明确党报必须始终坚持人民性的政治方向。

党报,不是报社编辑部"同人报",也不是接收刊载各大通讯社新闻稿的"同行报",而是明确表达政党立场态度观点的宣传舆论工具。《解放日报》的改版目标,是在抗日战争进入战略相持阶段的环境下,把一张多少带有"同人报"影子、"同行报"习惯的党性不纯的报纸,改变为站稳人民立场、代表民族利益、表达时代心声的完全党报。改版前后的《解放日报》,在报纸版面内容排序和新闻价值取向上表现出明显的差别。

1942年4月1日,延安《解放日报》正式改版。报纸版面内容排序发生重大调整,由原来的国际、国内、边区、延安本地新闻加副刊,改变为延安本地和抗日根据地、国内、国际新闻、副刊,逐渐形成以我为主,以利益关系为尺度的新闻内容版面序列。第一版为要闻版,共计13篇文稿,其中延安和各抗日根据地5篇、国统区5篇、沦陷区和抗日前线2篇、国际新闻1篇。头条新闻是"边参会减征公粮公草决议"(引题),"审慎分配各县数字,较重之县应予减轻"(大标题,两行),是延安当时最为迫切需要回应的公粮公草征收任务问题。版面内容初步体现了站在党的立场上,选择边区群众最为关切的问题,作为报纸最突出表现的内容。第二版是国内新闻版,12篇文稿都是延安和各抗日根据地新闻信息,涉及党政军工作和民生数据。第三版为国际新闻版,10篇文稿中9篇为国际新闻、1篇为署名思想理论文章。第四版为综合性副刊,有理论文章、文学评论、散文随笔、读者来信、插图漫画。

这是对传统中文报纸版面排序的一次革命。中国近代最初出现的中文报纸,是西方在华传教士或殖民主义者经办的,站在西方人的立场上,其新闻版序为西方、东方、中国、本埠新闻。随后出现中国人经办的《申报》沿袭这种习惯,按照连载小说、奇闻近录、外界报纸转刊、广告、杂录、物价排序。20世纪20年代改用白话后,版面排序为广告、国际电讯、国内要闻、本埠新闻、副刊、专刊。1928年创刊的国民党《中央日报》,其版面排序为要闻言论、国际、国内党务、地方新闻、专副刊,是在传统报纸版序基础上增加了社论言论和党务内容。1931年12月创刊的中华苏维埃共和国临时中央政府机关报《红色中华》,其版序为社论专电、国际、国内、苏区新闻。无论是独立媒体,还是政党办报,都沿袭着西方在华新闻报纸的基本体例格局和形态样式。

延安《解放日报》创刊于1941年5月16日,是中共中央在延安编辑出版的第一张大型正规日报。"本报之使命为何?团结全国人民战胜日本帝国主义一语以尽之。这是中国共产党的总路线,也就是本报的使命。"[1]共产党的使命,就是党报的使命。为此,中央发出专门通知:"一切党的政策,将通过《解放日报》与新华社向全国宣达,《解放日报》的社论,将由中央同志及重要干部执笔。各地应注意接收延安的广播,重要文章除报纸刊物上转载外,应作为党内学校内机关部队内的讨论与教育材料,并推广收报机,使各地都能接收,以广宣传,是为至要。"[2]毛泽东高度关注这张报纸的创刊工作,亲自题写报头、撰写发刊

---

[1] 《发刊词》,《解放日报》(延安),1941年5月16日社论。
[2] 《中央关于出版〈解放日报〉等问题的通知》(1941年5月15日),见中共中央宣传部办公厅、中央档案馆编研部编:《中国共产党宣传工作文献选编》,第2卷,学习出版社1996年版,第227页。

词,并拟订有关工作通知。从青年时代到革命生涯,毛泽东积累了丰富的办报实践经验。早在红军时期,毛泽东为中央革命军事委员会总政治部拟订在红色区域普遍举办《时事简报》的通令中,就明确指出,"《时事简报》是苏维埃区域中提高群众斗争情绪、打破群众保守观念的重要武器,在新争取的区域对于推动群众斗争更有伟大的作用"。他根据自己在反"围剿"斗争过程中对于红军宣传工作的所见所闻所感,提出指导性建议,《时事简报》"登消息的次序,本乡的,本区的,本县的,本省的,本国的,外国的,由近及远,看得很有味道"。处在战争年代,农村环境,面对红军战士和农民群众,毛泽东进一步指导简报编写工作:"它的内容国内国际消息要少,只占十分之三,本军、本地、近地消息要多,要占十分之七。只有这样,才能引动士兵和群众看报的兴趣,取得我们所要取得的效果。"① 从新闻专业上说,这是要找到新闻内容与读者对象之间的关切度;从政治上说,这就是报纸的立场、站位和利益关系问题。不过,这种《时事简报》主要是墙报、壁报,在条件许可的情况下,才用蜡纸刻印成纸本。

延安《解放日报》经过半年多的办报实践,带有比较明显的"同行报"色彩。1942年2月,毛泽东在中央政治局会议讨论该报工作时指出:"报纸要以自己国家的事为中心,这正是表现一种党性。现在《解放日报》还没有充分表现我们的党性,主要表现是报纸的最大篇幅都是转载国内外资产阶级通讯社的新闻,散布他们的影响,而对我党政策与群众活动的传播,则非常之少,或者放在不重要的位置。《解放日报》应把

---

① 毛泽东:《普遍地举办〈时事简报〉》(1931年3月),《毛泽东新闻工作文选》,新华出版社1983年版,第26、29、32页。

主要注意力放在中国抗战、我党活动和根据地建设上面,要反映群众的活动,充实下层消息。"为此,他"提议根本改变《解放日报》现在的办报方针,使它成为贯彻我党政策与反映群众活动的党报"①。会议同意毛泽东的意见,决定委托博古根据会议意见,拟订改版方案。博古,时任中央政治局常委、新华社社长、解放日报社社长。他曾留学苏联,回国后在共产国际的直接领导下,自1931年9月至1935年1月主持中央工作。1942年5月,他负责创办《解放日报》之初,接受了毛泽东有关党报的指示精神,认识到"我们是党中央的机关报,是以党的立场来分析认识世界,这是方向。办好报纸,首先应随时注意敌我友的态度。其次,应注意与群众的联系,反映群众的生活情形"②。但是,在办报实践中未能完全贯彻落实,依然惯性地表现为世界、中国、延安的新闻办报思路。此次受命后,他认真组织报社进行改版准备工作,一个月后拿出改版方案,经政治局会议讨论通过,并广泛征求多方意见建议后,开始正式改版。

《解放日报》版面内容排序所遵循的党性原则,由此成为党报新闻规则。1944年12月,毛泽东对晋绥边区《抗战日报》指示:"本地消息,至少占两版多至三版。排新闻的时候,应以本地为主,国内次之,国际又次之。对于外地与国际消息,应加以改造。对新华社的文章不能全登,有些应摘要,有些应印成小册子。不是给新华社办报,而是给晋绥

---

① 中共中央文献研究室编:《毛泽东年谱(1893—1949)》修订本,中卷,中央文献出版社2013年版,第362页。
② 博古:《党报工作者对党报重要性的认识》(1942年5月),《秦邦宪(博古)文集》,中共党史出版社2007年版,第450页。

边区人民办报,应根据当地人民的需要(联系群众,为群众服务),否则便是脱离群众,失掉地方性的指导意义。"①这是一种清醒、理性的办报理念,党报必须精准服务所在区域人民群众。人民性是共通的,人民群众是具体的。

二、人民性,党报内容的价值取向

人民,是以劳动群众为主体的社会基本成员。它源自马克思学说,是马克思主义的标识,也是中国共产党的标志。在阶级斗争观念中,人民是劳动者,属于被压迫阶级,被称为劳苦大众,也是无产阶级革命队伍的主体和力量源泉。人民性,就是人民的属性,是表达人民生活、情感、价值、意愿的程度。

在新闻价值取向上,党报要求必须站在人民的立场上,坚持正确的历史观、价值观,对新闻素材进行判断取舍。

抗日战争转入战略反攻阶段,世界反法西斯战争进入新阶段。1945年8月6日,美国飞机向日本广岛投掷一颗代号为"小男孩"的原子弹。8月8日,苏联出兵中国东北,全线攻打日本关东军。8月9日,延安《解放日报》报道这两件对中国人民抗日战争有重大影响的新闻事件。头版头条是四栏标题《苏联对日宣战》消息,标题特大字号;头版二条配发两栏标题《杜鲁门阿特里(引题),庆幸苏联对日宣战(标题)》消息,以呼应头条新闻。同时,在头版版面正中位置用四栏标题《战争技术上的革命(引题),原子炸弹首袭敌国广岛(标题)》,

---

① 毛泽东:《怎样办地方报纸》(1944年12月),《毛泽东新闻工作文选》,新华出版社1983年版,第120页。

综合美国新闻社、合众社、法国路透社等 8 家通讯社有关原子弹爆炸的消息，并配发两栏标题《传盟国将发出新公告（引题），促使日寇迅速投降（正标题），否则即将以原子炸弹摧毁日本（副标题）》相关消息，形成相互映衬关系。这样的版面形式处理，可以见出编辑煞费苦心，用头版头条的位置和特大字号的形式，突出表示对苏联出兵中国东北，进攻日本关东军的充分肯定态度。但是，新闻内容上却让位给原子弹消息报道。

当天报纸第三版，还用上半部分版面主体部分，发表四篇文稿，详细介绍原子弹发明研制、美国使用原子弹的态度、英国报纸对原子弹的评价、美国报纸评价原子弹的革命性意义。这些大量转载西方通讯社发布的新闻稿，形成对原子弹报道的超大规模和特殊规格，实际宣传效果远远超过了对于苏联对日宣战的新闻份量。

次日，《解放日报》继续发表有关原子弹的消息。8 月 10 日报纸第三版头条用四栏标题《原子弹又炸长崎（主标题），盟国海空军猛炸中部、富山等地（副标题）》，综合西方多家通讯社消息，报道美国第二次用原子弹轰炸日本的消息。同时，配发两栏标题消息《一个原子弹威力的估计，传敌广岛被毁十分之六，死伤可能超过十万》。

连续两天，报纸综合西方多家新闻通讯社消息，高强度密集性报道人类战争史上的最新动态，就事论事，无可厚非。但是，如果从党报立场、新闻价值取向上去看，就失之偏颇了。

据陈克寒回忆，8 月 10 日早晨，毛泽东让秘书胡乔木通知《解放日报》总编辑余光生、副总编陈克寒来到自己的窑洞里训话，严厉批评报纸此条新闻处理是"资产阶级世界观"。"他要我们改造思想，像打扫灰尘一样,把那些资产阶级的世界观和方法论扫除掉。"①对此,正确的新闻观是,"原子弹不能使日本投降。只有原子弹而没有人民的斗争,原子弹是空的"。只看到原子弹的威力,而忽视人民的斗争力量,是中了资产阶级学校教育、报纸、通讯社的毒素。"我们队伍中的唯武器论,单纯军事观点,官僚主义,脱离群众的作风,个人主义思想,等等,都是资产阶级的影响。"②

《解放日报》负责人虚心接受毛泽东批评,立即采取补救措施进行纠偏。8月13日,报纸第四版以"答读者问"的形式,刊登较长篇幅文章《关于原子炸弹》,阐述正确观点,以正视听。这是站在党报人民性立场,警惕新闻传播中的意识形态陷阱,避免作西方报刊或通讯社传声筒的生动范例。

站在人民的立场,就是要讲政治。"搞新闻工作,要政治家办报。"③同时必须明确,"这政治是指阶级的政治、群众的政治,不是所谓少数政治家的政治"④。站稳人民立场,维护最广大人民群众的利益,这是人民的政治,民族的政治,时代的政治。在这个意义上,党报的党性与人民性是一致的。

---

① 王敬:《陈克寒同志谈解放日报的主要经验》,见方蒙、午人、田方主编:《延安记者》,陕西人民教育出版社 1993 年版,第 107—108 页。
② 毛泽东:《抗日战争胜利后的时局和我们的方针》(1945 年 8 月),《毛泽东选集》,第 4 卷,人民出版社 1991 年版,第 1133—1134 页。
③ 毛泽东:《要政治家办报》(1959 年 6 月),《毛泽东新闻工作文选》,新华出版社 1983 年版,第 215 页。
④ 毛泽东:《在延安文艺座谈会上的讲话》(1942 年 5 月),《毛泽东选集》,第 3 卷,人民出版社 1991 年版,第 866 页。

三、全党办报，报纸是一种武器

延安《解放日报》改版，把报纸功能定位从记者、编辑、读者之间的小循环，改变为党委、报纸、群众的大循环，形成全党办报的党报新闻事业新形态，是走向中国特色社会主义新闻观的前奏。

报纸作为一种新闻纸，是现代社会的产物。中国共产党的早期领导人很多都有从事新闻工作的经验，毛泽东从自己的新闻实践中认识到，报纸这种现代传媒可以用来作为一种革命工作的手段，用以传播政党思想主张，宣传党的方针政策，推进革命工作有效开展。经过改版后的《解放日报》，"在边区已成为一个组织者。没有解放报，在这样一个人口稀少，地域辽阔，在全中国算是很落后的地区工作是很困难的。有一个《解放日报》，就可以组织起整个边区的政治文化生活"。在毛泽东的观念中，办报与开会，是两种最为有效的开展群众工作的方式。"我们地委的同志，应该把报纸拿在自己手里，作为组织一切工作的一个武器，反映政治、军事、经济又指导政治、军事、经济的一个武器，组织群众和教育群众的一个武器。"[1]用报纸推进各项工作，把报纸作为革命事业的一部分，是党的组织这台机器上的一个齿轮或螺丝钉。这是共产党执政，人民当家作主条件下的新闻观念。一方面要求各级党委充分利用报纸这个舆论利器，另一方面要求报纸从业者善于走群众路线。"善于把党的政策变为群众的行动，善于使我们的每一个运动，每一个斗争，不但领导干部懂得，而且广大的群众都能懂得，都能掌握，这是一

---

[1] 毛泽东：《报纸是指导工作教育群众的武器》（1944年3月），《毛泽东新闻工作文选》，新华出版社1983年版，第112—113页。

项马克思列宁主义的领导艺术。"①人民群众掌握革命的理论后,就会焕发出巨大的革命热情和工作干劲。

  为了摆脱编辑部同人办报的狭隘观念,真正实现全党办报,依靠群众办报,依靠大家办报的党报新闻理念,延安《解放日报》逐步建立起覆盖陕甘宁边区各县区的通讯员网络,以及辐射各抗日根据地的通讯联系。"改版以前,报纸同地方党和群众没有什么联系。《解放日报》编委会无人参加西北局的会议,在县、区没有通讯员。地方党当前的中心工作是什么,人民生活怎么样,很难知道。因为这样,派出的记者虽然很有才华,也会写出很有价值的报道,但也有一些新闻是道听途说,或者只凭主观写稿,写了也不给当地审查,往往失实,有时闹出笑话。"②根据中央政治局决定,《解放日报》既是中共中央机关报,又是中共中央西北局机关报。前者承担宣传报道中央工作的任务,后者承载传播报道西北局工作的任务。改版工作的一个很重要组织安排,就是建立了广泛的通讯员网络。"通讯处由各地委和报社双重领导,地委负责组织和审查通讯员,决定新闻报道计划,供给通讯处物质生活;报社负责新闻业务领导。"③通讯员网络是新闻信息传递系统,也是新闻工作与革命队伍其他工作协调联络系统,其中通过典型报道以推动工作开展,是最能发挥新闻推动革命事业的有效举措。

---

① 毛泽东:《对晋绥日报编辑人员的谈话》(1948年4月),《毛泽东新闻工作文选》,新华出版社1983年版,第151页。

② 陆定一:《关于延安〈解放日报〉改版——在〈解放日报〉史座谈会上的讲话摘要》,见丁济沧、苏若望主编:《我们同党报一起成长——回忆延安岁月》,人民日报出版社1989年版,第2页。

③ 王敬主编:《延安〈解放日报〉史》,新华出版社1998年版,第44—45页。

1942年4月30日,《解放日报》头版头条以五栏标题《模范农村劳动英雄吴满有(引题),连年开荒收粮特多(标题),影响群众积极春耕(标题)》,两行主标题,特大字号,以前所未有的规格报道延安县柳林区第二乡吴家枣园农民吴满有连年春耕积极,庄稼得法,收成比别人多,并带动同村乡邻,发展生产,支援政府。头版二条以三栏两行标题《不但是种庄稼模范,还是一个模范公民》,介绍吴满有在乡里发挥模范带头作用,处事公正,深受村民拥戴。头版还配发社论《边区农民向吴满有看齐!》,号召边区两百万农民群众向吴满有学习。"在这春雨既下,各种困难已经解决的时候,抓紧时机,努力开荒,努力生产,向吴满有看齐! 我们更希望各县、区、乡政府负责同志把吴满有的例子告诉边区每一位农民,我们期望在今年春耕运动中有成百成千的吴满有涌现出来!"

　　此外,同日报纸二版下端位置,以四栏标题《模范英雄吴满有是怎样发现的》,刊发记者莫艾的采访札记,介绍春耕以来,报社记者深入农村,"一两个月以来,我们走过不少的农村,各个主要城市的县上、区上、乡上,我们也都调查过,好的例子很多,可总难找出一个能叫每个人心里都折服的劳动英雄"。1942年3月的一个星期天,莫艾、田方两位记者到川口区延安县政府所在地,参加为期两天的全县区乡长生产计划会议。田方当天返回延安发稿,莫艾从柳林区区长发言中,听到介绍该区吴家枣园有位农民,"地种得多,荒开得多,粮打得多,缴起粮来踊跃争先,数量既多,质量也好,是一个抗属、模范的农村劳动英雄"。沿着这个线索,莫艾随即赶到距离延安县政府所在地大约30公里的吴家枣园,从村民到村长,从明察到暗访,充满着惊奇和感动。

"兄弟们用血保卫边区,我用汗保卫边区。"

"我们每一个务农的多出一把汗,多种一些地,公家、私人就都更有办法了。政府可体了咱的心意啦!"

吴满有不识字,朴实诚挚的话语,掷地有声。全村14户人家,有从山东、河南移民来的,有从榆林、绥德逃难来的,他们口音不同,却无不称赞老吴哥。村民们为他跷起大拇指,做着称赞的手势,"倒把老吴哥的面孔说得更红了"。

耳听为虚,眼见为实,记者当夜守候在吴家枣园。为了不耽误农时,晚上约请村民们聚集在一起,拉家常,做采访。"你言我语,真有说不尽的好处。这时月亮已跑到天边,飕飕的春风带来了寒意。吴满有送走了客人之后,最后巡视了五头牛、一马、一驴的牛棚,又转到百来只羊圈的窑洞走了一遭。牛粪、羊粪的臭气,不,应该说是肥沃土地的香料,从他的脚底下嗅到了他微微掀动的鼻孔里,他健康地笑着。"这是深入沉浸式采访,记者已经感同身受,文字为情感所润泽。

"银白的月光下,我面向着这位热爱边区的模范农村劳动英雄,不禁肃然起敬。"①

中共中央机关报用如此巨大篇幅、超大规格,集中报道一位边区农民开荒种地的事迹,这是现代报纸发展史上是没有的,是《解放日报》改版后所取得的新成就。一石激起千重浪,该新闻报道发表后,延安和陕甘宁边区农民和各行各业都积极响应,劳动英雄层出不穷。劳动英雄和英雄之间,以生产任务指标为挑战,发起生产劳动竞赛活动,极大地

---

① 莫艾:《模范劳动英雄吴满有是怎样发现的》,《解放日报》(延安),1942年4月30日。

推动了延安大生产运动,为战胜经济困难发挥了巨大的积极作用。

毛泽东对此报道非常满意,报纸新闻发表次日,专门约请记者莫艾到枣园住处谈话,并共进午餐,《解放日报》社长博古陪同。毛泽东充分肯定莫艾的报道,鼓励他道:"有出息的革命知识分子,就是要走与工农相结合的道路。我们这个国家和民族,现在灾难深重,要革命的知识分子,只有同广大工农群众结合在一起,才能有所作为。"同时,毛泽东充分肯定了报纸改版一个月来的新气象。"报纸四月改版以前,一版尽登国际的,脱离群众,脱离实际。改版以后,边区的生产新闻,劳动英雄,也上了报纸的一版头条,这就和边区人民、解放区人民,有力联系。现在报纸的方向对了。"①

1942年5月23日,延安文艺座谈会第三次会议上,朱德发言中也高度称赞吴满有典型报道。"他称赞记者采访报道劳动英雄吴满有及其开展的劳动竞赛,推动了边区的农业生产,其社会价值不下于20万担救国公粮(1941年陕甘宁边区征收农业税的总数)。"②

此后,《解放日报》持续跟踪报道吴满有,作为边区农民劳动英雄,代表着翻身解放,当家自主后劳动致富的新方向,成为共产党领导下率先从站起来到初步富起来的"新富农"的杰出典型。③

---

① 莫艾:《毛主席约谈记》,见齐志文编:《记者莫艾》,光明日报出版社2010年版,第187页。
② 莫艾:《宣传吴满有开展吴满有运动的丰硕成果》,见齐志文编:《记者莫艾》,光明日报出版社2010年版,第198页。
③ 吴满有在解放战争中参加西北野战军后勤保障部队,在宝鸡瓦子街战斗中被捕,遭叛徒出卖,被国民党软硬兼施,送到西安、南京作反面宣传,经查证其并未叛变革命。参见拙文《吴满有的两段人生》,《炎黄春秋》(京)2011年第6期。

吴满有,南泥湾,是《解放日报》改版后贯彻全党办报理念,从现实生活中发现并树立的两个先进典型,分别代表个人和集体,在延安大生产运动中,都极大地发挥了推动边区生产发展,"耕二余一""耕一余一",自力更生,丰衣足食,战胜经济困难的积极作用。

当越来越多的劳动模范和先进集体典型被报纸报道传颂,大生产运动政策随着报纸的传播,就转化为农民群众的生产自觉行动。这是一种崭新的报纸生态环境,也是一种前所未有的新闻理念,是中国特色社会主义新闻观的前奏。

四、同向同行,专副刊要有声有色

随着报纸所处语境、功能和读者身份的变化,副刊专刊也就应该发生相应的改变。延安《解放日报》改版前后,副刊专刊面貌发生重大改变,但是并没有形成相对成熟的经验,在总结正反两方面经验教训的基础上,其理想的专副刊标准应该是,以同向同行,求同心同德,用新鲜活泼、有声有色的精神食粮,满足革命队伍里广大干部群众在思想情感、文化生活方面的阅读需求。

专副刊被誉为一张报纸的后花园,是承载思想认识、人文情怀、审美艺术、生活趣味的版面区域。如果说新闻版面能见出报纸的政治理论高度,那么专副刊版面就见出报纸的思想情怀厚度。延安《解放日报》创刊之初为对开两版,刊发一些文艺作品,但没有副刊专刊。四个月后,1941年9月16日开始,报纸改为对开四版,开始在第四版设置半个版面的专副刊专栏,并逐渐形成"文艺""青年之页""中国工人""敌情""中国妇女""科学园地""军事""卫生"等八大专副刊。限于人手,开门办刊,报社与相关单位部门合作,组织专副刊文稿,内容丰富,既有专业水平,又能通俗易懂,卓有特色,颇受欢迎。其中最有影响的是"文艺"副刊,每期半版,大约6 000字篇幅,走的是名家主编名家新作、新家名作的路数,"编者本人对副刊更不愿采取报屁股、消闲、小玩艺、吃甜点心的办法",宁愿"持重"以确保文章思想品质。① 在改版前累计出版100期版面中,共计收到大约500万字的投稿,编辑部从中采用30余位名家新作、发现30余位新家名作,"初步形成了一批比较稳定的作者队伍,《文艺》专刊成为活跃边区和各解放区文艺创作的重要阵地"②。由于整风运动初期编辑倡导杂文写作,以及个别文学作品被指责存在思想倾向性问题,"文艺"副刊成为报纸改版的一个重要方面。

1942年3月9日,中央宣传部决定任命舒群担任《解放日报》副刊"文艺"栏目主编,接替丁玲的工作。面对曾经高位运行的副刊,舒群感到了明显的压力,表现出"勉为其难"的情绪。③ 经过三天的实际操作,舒群公开发表感言,"我觉得作为一个编者是很难的,特别在边区,似乎更难"。限于当时的通信条件,很多约稿需要编辑亲自奔走,拜访作者,考验着编辑的脚力、眼力、脑力、笔力。拿到稿件后,对文稿的审读、修改、编排,更考验着编辑的鉴别力、判断力和审美能力,"他,从读者,批判家,最好能够成为美术家"。所有工作完成后,编辑还要虚心、诚心、耐心地接受来自各方面的审判。称职的副刊编辑,应该有专门人选,舒

---

① 丁玲:《编者的话》,《解放日报》(延安),1942年3月12日。
② 王敬主编:《延安〈解放日报〉史》,新华出版社1998年版,第318页。
③ 《凯丰致舒群信》(1942年3月9日),见史建国、王科编著:《舒群年谱》,作家出版社2013年版,第46页。

群上任伊始就坦言,"所以我还觉得一个作家未必是一个编者"①。一个好作家,也未必就是一个好编辑。

获悉舒群的畏难情绪后,时任中共中央宣传部主持日常工作的副部长凯丰再次致信鼓励他:"我相信你的能力,能够胜任这一工作。"②随后,毛泽东约见舒群,推心置腹地说:"要找这么个完全的人,这么有能力的人,你给我介绍一个。难道没有这么一个人,综合性的副刊就不办了吗?全能的人,现在没有,将来也不能有。你编文艺副刊,文艺副刊是个点,也是个面,因为你是搞文学的,所以文学是你的点,文艺是你的面。你也要由点到面嘛。你编综合性副刊,文艺是你的点,社会科学就是面了。都是先点后面,从点到面嘛。先文学的点,后文艺的面;先文艺的点,后社会科学的面。而反过来又会促进点,使点深化。只要在工作实践中学习、提高,由点到面,你就一定能胜任这项工作。"③这是关于综合性副刊编辑既要"专才",又要"通识"的素质要求。

《解放日报》改版后,取消原有8个专副刊中的5个,改为综合性副刊,占第四版整版篇幅,保留"敌情""卫生""科学园地"三个专刊,也扩大为每期一个整版篇幅,大约12 000字。这样,一个综合性副刊与三个专刊轮流发稿出版。另外,每逢重大纪念日和节日,报纸专副刊改为特刊版面,如"儿童节特刊""护士节特刊""五一劳动节特刊""七一特刊""高尔基逝世六周年特刊""双十国庆纪念特刊",也有为配合特定专

---

① 舒群:《为编者写的》,《解放日报》(延安),1942年3月13日。
② 《凯丰致舒群信》(1942年3月26日),见史建国、王科编著:《舒群年谱》,作家出版社2013年版,第47页。
③ 转引自史建国、王科编著:《舒群年谱》,作家出版社2013年版,第47页。

项工作而安排的工作性质的特刊,如"征粮特刊""九一扩大运动会特刊""追悼朝鲜义勇军牺牲同志特刊",等等。这些专副刊和特刊,在延续开门办报好经验的基础上,更直接参与现实生产工作和生活,更深入体现了全党办报、群众办报的理念。

1942年4月1日,报纸改版后,这些专副刊相继推出,轮番登场,报社面临两大困难。一是编辑力量不够。对于编辑部仅有的舒群、陈企霞、黎辛三位编辑来说,难以承担其工作量。因此紧急调动增加编辑力量,白朗、陈学昭、林默涵、温济泽等相继加入副刊部,最多时有10人。"从组稿、写稿、编稿、审稿、画版样总给总编辑陆定一同志或副总编辑余光生同志审阅,到发排、校对、出版,工作是很紧张的。"①有时候,为了赶制纪念特刊,日夜加班,通宵达旦。二是作者队伍一时难以成规模。报纸连续十次刊发专副刊征稿启事,可是应者寥寥。

针对延安文艺座谈会召开后,文艺界人士普遍参加整风运动,《解放日报》副刊出现严重稿荒现象,毛泽东亲自协调有关方面,为之约稿,字数到人,责任到人。9月15日,他致信主持中宣部工作的副部长何凯丰,商量约稿问题。"解放(即《解放日报》,引者注)第四版缺乏稿件,且偏于文艺,我已替舒群约了十几个人帮助征稿。"②9月20日,他又代为拟定详细的"征稿办法",约请陈荒煤、江丰、张庚、柯仲平、范文澜、邓发、彭真、王震之、冯文彬、艾思奇、陈伯达、周扬、吕骥、蔡畅、董纯才、吴

---

① 温济泽:《忆清凉山的战斗岁月》,见田方、午人、方蒙主编:《延安记者》,陕西人民教育出版社1993年版,第112页。
② 毛泽东:《致何凯丰》(1942年9月15日),《毛泽东书信选集》,人民出版社1983年版,第203页。

玉章等16位同志,根据各自专业所长或工作领域,每月撰写5 000字至15 000字不等的文章,每篇稿件原则上不超过4 000字,共14.9万字,专供《解放日报》副刊编辑部,内容涉及文学、美术、工人运动、妇女运动、党建、教育、文化、历史、音乐、体育、大众化、语言文字等多个方面。对于文稿的质量要求是"务使思想上无毛病,文字通顺,并力求通俗化"①。如此稿约,数量有定额,质量有要求,可谓用心良苦,关怀备至。

随后,中央办公厅按名单发出通知,毛泽东在枣园设宴招待上述文人。杯酒之间征集文章,是客气人情,也是任务命令。

据舒群回忆,"远在1942年至1943年,于延安《解放日报》主编第四版期间,由于适值党报改版、文艺座谈会、全党整风之年,而承毛主席亲自过问、指导,决定该版重大的编辑工作之际,我躬逢优遇,频频聆听他推心置腹的耳提面命"②。有时约谈,有时书信,有时电话,毛泽东亲自关怀报纸专副刊,直接调度有关文章。"很多重要文章不仅舒群不能决定发表,甚至有的文章就连总编陆定一、社长博古也定不了,都要请示毛主席,有的文稿是毛泽东亲自批发的,如郭沫若的《甲申三百年祭》就是毛泽东亲自写信,连稿一起给舒群编发的。"③

舒群在《解放日报》副刊部工作一年三个月,身体欠佳,染疾休养。1943年2月,艾思奇接任报社副刊部主编。毛泽东一如既往地关心专副刊工作,直到1946年11月20日版面压缩,转战陕北,《解放日报》出

---

① 毛泽东:《〈解放日报〉第四版征稿办法》(1942年9月20日),《毛泽东新闻工作文选》,新华出版社1983年版,第102页。
② 舒群:《伟人一简》,《毛泽东故事》,作家出版社1986年版,第235页。
③ 史建国、王科编著:《舒群年谱》,作家出版社2013年版,第52—53页。

版临时刊,取消专副刊。改版后的专副刊,在政治上没有出现跑偏现象,思想上能够做到同向同行。但是,由于战争环境、政治运动、思想改造,以及党报副刊发展所需要的探索实践和经验积累,改版后的《解放日报》专副刊在保证政治方向正确的前提下,距离生动活泼、有声有色的理想目标还有继续努力的空间,存在一定程度上的叫好不叫座问题。

"文胜质则野,质胜文则史。文质彬彬,然后君子。"①为人如此,为文如此,办报亦然。1938年4月10日,毛泽东在延安出席鲁迅艺术学院成立会上讲话说:在十年内战时期,革命的文艺可以分为"亭子间"和"山顶上"两种方式。亭子间的人弄出来的东西有时不太好吃,山顶上的人弄出来的东西有时不太好看。"既然是艺术,就要又好看又好吃。"②报纸等新闻出版物,属于广义的文艺和文化范畴。

延安时期,为了纠正《解放日报》副刊出现的政治偏向,毛泽东在报纸改版过程中,主要致力于把握政治大方向。报纸专副刊的内容,应该是有效服务好核心读者的精神文化生活需要。"凡是群众所关心的问题,也就是副刊所关心的问题。"③历史发展没有给延安《解放日报》更多的时间去调理滋养一张叫好又叫座的专副刊。时隔十几年后,1957年3月10日,在全国宣传工作会议前夕,毛泽东在中南海召集部分新闻出版界代表座谈会,对上海《文汇报》总编辑徐铸成说:"你们《文汇报》实在办得好,琴棋书画、花鸟虫鱼,真是应有尽有。编排也十分出

---

① 《论语·雍也》。
② 中共中央文献研究室编:《毛泽东年谱(1893—1949)》修订本,中卷,中央文献出版社2013年版,第64页。
③ 林默涵:《怀念艾思奇同志》,见《一个哲学家的道路——回忆艾思奇同志》,云南人民出版社1981年版,第103页。

色。我每天下午起身后,必首先看《文汇报》,然后看《人民日报》,有空,再翻翻别的报纸。"①针对上海《新民晚报》社社长赵超构所主张的"短些、广些、软些",毛泽东表示:"短些,短些,再短些"是对的,"软些,软些,再软些"要考虑一下。"不要太硬,太硬了人家不爱看,可以把软和硬两个东西统一起来。文章写得通俗、亲切,由小到大,由近到远,引人入胜,这就很好。板起面孔办报不好。"②当时的《文汇报》和《新民晚报》都不属于党报,但在新中国人民当家作主的时代,其读者对象都属于人民大众。报纸专副刊的目标,应该是从满足人民群众日益增长的物质文化需要,到美好生活需要。

围绕着这个目标,服务于这样的核心读者群,报纸专副刊才能提供精准的精神文化产品,不断满足人民群众日益增长的阅读需要。

综上所述,源自延安《解放日报》改版,报纸的政治立场、新闻的价值取向、扮演的角色功能、面对的读者对象都发生了根本改变,从而逐渐形成一种崭新的报纸面貌,是为中国式新闻观的发端。

---

① 徐铸成:《徐铸成回忆录》,生活·读书·新知三联书店1998年版,第263页。
② 中共中央文献研究室编:《毛泽东年谱(1949—1976)》,第3卷,中央文献出版社2013年版,第104—105页。

《文萃》周刊在国统区的创办经过及其舆论宣传经验

陈科嘉*

摘要：解放战争时期，《文萃》周刊被誉为上海"三大民主刊物"之一。它的创办是上海革命文化运动的重要成果。在中共上海地下组织的领导支持下，它从最初的文摘性、汇编性刊物转变为一本反映中国共产党的政治主张与立场的政治性刊物。它以"民主反战"作为宣传的主要内容，在孤立国民党反动统治、促成国统区"第二条战线"的形成、宣传中国共产党的方针政策方面起到了重要的舆论宣传作用。

关键词：《文萃》周刊；国统区；舆论宣传

抗战胜利后，中国共产党在国统区通过创办自己的报纸、杂志，迅速占领国统区的舆论阵地，宣传自己的思想主张，对于赢得国统区群众的理解与支持，使之站到中国共产党一边发挥了重要作用。正如毛泽东同志指出的："如此伟大的民族革命战争，没有普遍和深入的政治宣

---

* 陈科嘉，上海立信会计金融学院法学院讲师，复旦大学马克思主义学院博士毕业。

传,是不能胜利的。"①

《文萃》周刊就是解放战争时期在中国共产党领导下在国民党统治中心——上海——公开出版发行的一份宣传民主思想的政治性刊物。它与同一时期创办的《周报》和《民主》共同被誉为上海"三大民主刊物"。②它于1945年9月开始筹办,同年10月9日创刊,1947年7月因遭国民党社会局、上海警察局虹口分局的破坏被迫停刊。

一、《文萃》的创办经过与办刊宗旨

《文萃》周刊是在国统区反蒋第二条战线形成的背景下创办的,它在第二条战线的产生、形成过程中发挥了重要作用。

(一) 筹办经过

《文萃》周刊的创刊,起始于两名青年记者的提议。抗战结束不久,贵阳《力报》的战地记者王坪、黄立文与从上饶集中营逃出、暂时隐蔽在上海的中共党员计惜英("国际新闻社"社员)共同商定,从选载重庆、成都、昆明、贵阳、西安等地报纸、杂志中的进步文章入手,宣传和平民主,反对国民党的独裁政治。因是文摘形式,所以定名为《文萃》。创办《文萃》,虽然最初不是中国共产党提出的,但创办者一开始就主动地、有意识地寻找并在实际上争取到了党对刊物的领导。③ 具体经过如下:

---

① 《毛泽东选集》(第2卷),人民出版社1991年版,第480页。
② 金炳华:《上海文化界:奋战在"第二条战线"上史料集》,上海人民出版社1999年版,第5页。
③ 李三星:《〈文萃〉综述》,见中共上海市委党史研究室:《文萃琐记》,上海书店出版社2011年版,第14页。

1945年8月下旬,王坪和黄立文先后到达上海。他们与先期到达上海的计惜英共同商讨如何以最快的速度出版一张报纸或一本刊物,以便迅速占领上海舆论阵地,填补日伪垮台后短时出现的文化真空,为上海吹进和平民主的清风。经商量,决定采用文摘的办法,选载重庆、昆明等地《新华日报》和其他民主进步报刊的文章,编辑出版,公开发行。刊物定名为《文萃》,每周一期,以民间的、中间偏左的面目出现,以求能在上海站住脚跟,徐图发展。

当时仅靠三人创办报纸毕竟力量有限。由于黄立文曾是中共党员,计惜英也是中共党员,所以在遇到办刊困难后,他们很自然地想到向中共党组织求得支持与领导。创刊人之一的黄立文回忆:"说实话,当时我已与党失去联系多年,上海社会如此复杂,我第一次来,对它十分陌生。要于短期内在上海创办一个刊物,心里委实没有底……我就郑重提出要找一位老师来指导,意思是要请党来领导我们的工作。"[①]就是在这种思想的指导下,他们找到了时任上海《文汇报》采访部主任的孟秋江同志。

孟秋江(中共党员)是中国共产党领导的"国际新闻社"负责人,当时在上海从事党的秘密工作,以记者的合法身份在社会上活动。孟秋江、王坪、计惜英三人相互认识,都曾在国际新闻社工作过。其中,孟秋江是国际新闻社桂林总社的领导人之一,而计惜英和王坪是国新社的老战友。王坪、计惜英、黄立文找到孟秋江后,孟秋江和他们谈了创办刊物的目的、意义,提出要尽可能在国民党对舆论严格控制的形势下,

---

① 李三星:《〈文萃〉综述》,见中共上海市委党史研究室:《文萃琐记》,上海书店出版社2011年版,第14页。

争取一个合法地位,以利于长期斗争。三人商定了《文萃》周刊初期的编辑方针。随后,孟秋江就向中共南方局的有关负责同志作了汇报。在得到批准后,又与王坪、计惜英、黄立文三人会面,共同制定了"反对内战,反对独裁;要求和平,要求民主"的办刊方针。① 随后,孟秋江指示黄立文利用自己战地记者的有利条件,趁国民党当局对《文萃》刊物的性质还不清楚的情况下,尽快获得国民党上海市党部和社会局颁发给杂志社的"登记证"。

1945年10月14日,《文萃》周刊获得国民党上海特别市执行委员会"宣字第四十五号"准予备案的批示,同年11月29日,又在上海市社会局正式填表登记。正如文萃社在第四十三期《文萃》上所说的"本刊既为最早经上海市党部核准'先行发行'且为依法向上海市社会局申请登记有案之刊物,手续上完全符合法令之规定"。可见,这张登记证的取得使《文萃》得以在国统区合法出版发行,对其在上海站稳脚跟以及以后的发展起到了重要作用。

中共上海地下组织很重视《文萃》周刊这个民主进步刊物,对《文萃》的发行予以了大力支持。《文萃》出版首期时便遇到了缺乏纸张的困难。在孟秋江及时向中共上海地下组织的领导汇报后,党组织要孟秋江与梅益②联系,由梅益签字,并经其之手,很快从《新华日报》筹备处拨出一批白报纸给《文萃》,借用《时代日报》的大卡车,从库房将白报

---

① 李三星:《〈文萃〉综述》,见中共上海市委党史研究室:《文萃琐记》,上海书店出版社2011年版,第14页。
② 梅益,中国新闻家、翻译家。自幼家贫,毕业后从事报刊编译,参加左联并加入中国共产党,曾翻译过《钢铁是怎样炼成的》。时任中共上海文委书记,1946年任中国共产党驻南京代表团发言人。

纸运送到承印《文萃》的新大沽路国光印书局,从而帮助文萃社解决了创刊之初没有印刷纸张的困难。

(二)办刊宗旨与目标

在第一期的"编后小语"中,文萃社的创刊词中阐明了《文萃》的办刊宗旨。这一办刊宗旨即体现了《文萃》周刊的舆论宣传目的。它们是:"一、沟通内地与收复区的意志;二、传达各方人士对于国事的意见;三、分析复杂善变的国际形势。"[1]这在当时国民党一党独裁的执政环境下完全是为了能公开发表的需要。1945年11月29日,《文萃》在上海市社会局填写办刊宗旨时,填写的"发扬三民主义文化,促进国家和平统一"也是为了应对国民党政府审查的办刊策略。正是由于起初的这种中间偏左的办刊定位,才使《文萃》较早获得了办刊备案登记,并得以在一段比较长的时间内被允许在国统区出版发行。

然而刊物所载的文章才是体现《文萃》周刊办刊宗旨的最好明证。首先,"沟通意志"在当时主要指将大后方人民群众在抗战胜利后开展和平民主运动的具体情况告诉收复区的群众,特别是将中共解放区群众的真实情况告诉国统区的广大群众。"传达各方人士的意见"是指向收复区群众宣传中国共产党的方针政策,反映各民主党派、民主人士对于战后国家重建方面的意见建议以及要求和平民主,反对内战专制的呼声。"分析国际形势"是为了帮助国统区群众坚信民主与和平的世界潮流终将战胜反民主反和平的逆流,鼓励国统区群众参加反独裁的斗争。这才是《文萃》周刊在办刊中所希望达到的舆论宣传目的,也才是

---

[1] 《创刊辞.编后小语》,《文萃》1945年第1(20)期,见中共上海市委党史研究室:《文萃》(第一辑),上海书店出版社2011年版,第20页。

《文萃》周刊真正的办刊宗旨。

此外，在第七期的"编后小语"中《文萃》提出了刊物的办刊目标。文中说"刊中外名家杰作，集报章杂志精华是《文萃》所努力的目标，请读者诸君及社会贤达不吝赐教"。第十期的"编后小语"又具体说明了《文萃》创刊初期的办刊定位，"自今以后，更当一本不偏不倚，大公无私的态度尽量选载各种稿件，不问党派，不问立场，兼收并蓄，期使本刊真正成为一本汇合各种意见，帮助读者了解时事的集纳性的刊物"。

二、《文萃》周刊在办刊过程中的两次转变

《文萃》周刊的发展，从舆论宣传角度看，发生了两次转变。第一次是舆论宣传内容的转变，即从创刊初期的汇编性、文摘性刊物逐渐发展成为时事政治刊物，以转载其他刊物上发表的文章为主发展为以编辑部组稿为主。第二次是舆论宣传方式的转变，从公开出版发行到秘密出版发行(或称作从"大文萃"到"小文萃"的转变)。

（一）从汇编性、文摘性刊物向时事政治刊物转变

从1945年10月至1946年3月，属于《文萃》创刊的初期。这一时期，为了既能宣传和平民主，又能站稳脚跟，《文萃》以民办的、中间偏左的面貌出现。那时，抗日战争刚刚胜利，上海尚处于从沦陷区转变为收复区的过程中，大批民主人士与文化新闻界人士仍旧身处贵阳、桂林等西南大后方。在这种情况下，《文萃》周刊作为一本宣传和平民主的进步期刊所刊载的稿件大部分只能是从重庆、昆明、成都、贵阳、西安等地的进步报纸、杂志上精选下来的。到1946年年初时，形势已然发生了变化。一方面中国共产党已经号召大批党的知识分子于1945年下半

年来上海办报。另一方面,大批民主人士也从内地逐渐来到了上海,使上海的和平民主运动逐步发展起来,这些都为《文萃》周刊从文摘类刊物转变为时事政治类刊物创造了条件。同时,从客观上说,仅转载外地报刊的文章已经不能适应国内反内战斗争的需要,《文萃》需要为适应新的斗争形势而进行转变。

从1946年3月至1946年9月,《文萃》从汇编性、文摘性刊物发展成为时事政治刊物是一个缓慢的渐变的过程,经历了近半年的时间。自1946年2、3月间起(即第十五期)《文萃》开始陆续增加"特稿"和"来件"的数量,由原先的一两篇增至四五篇,六七篇。至6月间,每期的特稿已占总篇幅的百分之八九十。这样,《文萃》一方面通过转载报刊上的文章,向上海和收复区其他地方介绍大后方的民主运动,另一方面也通过自身组稿及时向各地读者介绍上海人民的斗争情况。到1946年7月,《文萃》第三十七期所有文章不再标有"特稿"字样,并增辟了"中外文萃"专栏。到了第四十八期,新辟"时事周评"栏目和公孙求之(胡绳)的政论,标志着《文萃》正式完成了时事政治刊物的转变。①

发生这一转变的原因在于:一是客观斗争形势的需要;二是在沪组稿条件日趋成熟。《文萃》创刊时,形势要求"迅速占领阵地,填补临时出现的真空"(第一任主编计惜英回忆),采用文摘、汇编的形式自然是最便捷的。从刊物筹划到《文萃》创刊号正式出版大约不过二十天左右。然而,转载其他报纸杂志的文章,毕竟有较大的局限性。更何况这一阶段的局势发生了很大的变化。

---

① 金炳华:《上海文化界:奋战在"第二条战线"上史料集》,上海人民出版社1999年版,第231页。

1946年1月,在国内外强大的政治压力下,国民党不得不签署停战协定并召集了政治协商会议。但是,会议刚结束,国民党就采取种种方式破坏政协决议,斗争日趋复杂、尖锐。1946年6月底国民党撕毁停战协议,大举围攻中原解放区,发动了全面内战。在这一段时间里,上海争取和平民主的运动也日益发展。1946年1月13日,上海地下党发动组织各界群众一万余人,在沪西玉佛寺公祭昆明"一二·一惨案"中的死难烈士,抗议国民党特务的暴行,会后举行了示威游行。6月23日,中共地下组织又在上海组织五万群众举行集会游行,欢送上海各界人民代表团去南京向国民党政府和平请愿,从而将争取和平民主的运动推向了最高潮。从1946年1月中旬至1946年6月底,《文萃》的这一转变,适应了形势的发展和当时当地斗争的需要。随着民主运动中心的转移,进步的文化、新闻工作者,各民主党派的主要负责人也在这一段时间陆续从大后方来到上海,斗争的需要与在沪组稿条件的日趋成熟使这一转变成为顺理成章的事。

(二)从公开出版向秘密发行转变

1946年12月7日,上海市警察局向各分局下达了对《文萃》予以取缔的命令,使《文萃》的发行被迫处于秘密状态。一个月以后,即1947年1月6日,淞沪警备司令部快邮代电致上海警察局局长宣铁吾,要求对《文萃》"密予查禁"。2月7日社会局与警察局一起出动查抄代销《文萃》的生活书店,没收各期《文萃》一百一十三册及合订本十二册,并强令书店经理具结保证嗣后不再经售查禁书刊。1947年春,中国共产党在国统区的代表和工作人员被迫撤退。当年3月,局势日益恶化,中国共产党在重庆出版的《新华日报》和在上海出版的《群众》杂志被迫停刊,《文萃》主编黎澍成了敌人黑名单上的重要人物,到处受到追捕。由于日益恶化的环境迫使《文萃》必须改头换面。

从1947年3月6日第七十二期出版以后,《文萃》就改为秘密出版发行。十六开的大本《文萃》周刊改为三十二开的小本不定期丛刊(大约半个月出一期),以后又改称"丛书",坚持在白色恐怖下出版发行。从1947年3月至7月被查封为止,先后出了十期,每期都有醒目的刊名,分别是《论喝倒彩》《台湾真相》《人权之歌》《新畜生颂》《五月的随想》《论纸老虎》《烽火东北》《臧大咬子伸冤记》《论世界矛盾》(又名《孙哲生传》)。第十期已经印好,因遭到敌人查封而未能发行(至今仍未发现)。

《文萃》发生这一转变的原因主要有两点。一是国共两党斗争日趋白热化,随着国统区局势日益恶化,国民党当局对言论界摧残愈益加重。二是因为《文萃》依国民党上海社会局的说法"该刊思想左倾,与共产党同词,对中央恶意批评亦多","号称《文萃》,而所载文字多涉偏激。"①作为一本中国共产党领导下批评和揭露国民党反动政策和恶劣行径的刊物,《文萃》无疑是要被其痛恨、被其查禁的。

三、《文萃》的编辑与出版发行

(一)《文萃》的编辑机关——文萃社

文萃社由主编、总经理、发行、编辑、校对、记者、财务(会计)、出纳、后勤以及党的领导人等人员组成。《文萃》的首任主编(创办人)

---

① 李三星:《〈文萃〉综述》,见中共上海市委党史研究室:《文萃琐记》,上海书店出版社2011年版,第10页。

是计惜英（1945年9月—1946年6月在任）。1946年6月，计惜英调到南京中共代表团工作后，由中国共产党派到上海筹备出版《新华日报》上海版的黎澍（1946年6月至1947年3月在任）接办。《文萃》出版到七十二期，为躲避敌人追捕，党组织决定黎澍离开上海去香港，由上海局文委姚溱接替领导杂志，陈子涛（1947年3月—1947年7月）任主编。

从上述文萃社的组成人员可以看出，其中大部分工作人员均为中国共产党党员，其中文萃社的核心成员都曾在中国共产党领导的国际新闻社工作过，如总经理孟秋江、第一任主编计惜英、第二任主编黎澍、经理部负责人吴承德、发行人黄立文等。他们不仅是文萃社的主编与编辑，不仅摘录、采编别人的文章，同时自己也是《文萃》的重要作者。如，计惜英撰写的《迎阳光闪耀的新时代》《政治逆流在汇合起来》《中国人民的最后抉择》《时局展望》等，黎澍撰写的《略论搜查书报摊》，黄立文撰写的《停战背后》等。

（二）《文萃》周刊的发行

《文萃》的发行主要由文萃社经理部负责。其重要职责之一就是想尽办法利用国民党制度与管理上的漏洞，通过报贩把杂志发行到读者手里。《文萃》周刊最初委托福州路国际书报社总发行，以后又增加了望平街五洲书报社，由他们批发给上海市其他书报社、书店、报摊和外埠书报社、书店。由于是间接发行，因此《文萃》周刊只按定价五五折计算，每期结算时还拿不到现款。

当时，上海的书报摊遍及上海市区的各条马路，有的地方还有报童流动贩售。这使得上海的读者可以非常方便地买到《文萃》周刊。同时,因为书报摊一般拥有一群固定的订报客户,所以报贩们对常客的阅读偏好也十分清楚。读者需要什么书刊、报纸都可提前向报贩提出代办,相互之间关系密切。因此,把报贩争取过来,由文萃社直接把《文萃》周刊批发给他们,既可使他们摆脱中间剥削,又可使刊物迅速、顺利地送到读者手中。① 为此,文萃社经理吴承德想方设法创造条件由文萃社直接发行,并争取读者直接向文萃社订阅。每期刊物出版后,除五洲书报社、国际书报社两家大户由装订所直接送去外,其余均送到社里,再由文萃社直接送往上海市生活、华夏、黄河、作家、立达、学林等十多家书店的客户手里。此外,还有些订阅户,由文萃社直接寄发。从销售情况看,当时上海的零售读者占相当比重,其中很大一部分从马路书报摊购买《文萃》周刊。

四、《文萃》周刊在国统区办刊的舆论宣传经验

《文萃》周刊作为一本以发展民主运动为职责的民主刊物,它与中国共产党存在着某种联系。然而,它所编辑出版的内容虽有为中国共产党"说话"的内容,但也有相当部分内容是宣传民主思想,反映民主人士政见的。而且,中国共产党并没有在文萃社设有党组织,或者对《文萃》有过具体的办刊指示。正如《文萃》的第二任主编黎澍在《记上海〈文萃〉周刊》一文中所说的:"《文萃》工作人员有不少是党员,但彼此没有组织联系,内部也没有类似支部或领导小组或党组的领导。当时《文萃》领导关系只能是在思南路中共代表团办事处。上海地下党支持《文

---

① 居鸿源:《〈文萃〉的发行工作》,见中共上海市委党史研究室:《文萃琐记》,上海书店出版社 2011 年版,第 67 页。

萃》工作,但从来没有派人出面来领导过《文萃》的工作。"①从这段话中我们似乎可以得出这样的结论:中国共产党地下组织对文萃社创办《文萃》周刊是支持的,但与文萃社之间没有直接领导关系。因此,《文萃》既不同于直接代表中国共产党的《群众》周刊等中共机关刊物,又不同于《民主》《周报》等由民主党派进步人士创办的民主刊物,而是一本受中国共产党地下组织间接支持,并由中共党员主办的民主进步刊物。

《文萃》周刊在短短一年零八个月的时间内创造了巨大舆论影响。其宣传的主要内容归纳起来就是"民主反战"四个大字。从最初的文摘性、汇编性刊物到转变为政治性刊物,"争取民主"与"反对内战"始终是《文萃》周刊的两个主题。

从其办刊定位来讲,作为一本中国共产党领导下的杂志当然是需要宣传中国共产党的声音,表明中共的政治立场,但在这个过程中,《文萃》十分讲究宣传策略。它强调的是支持中国共产党所实施的民主政治,反对国民党所实施的专制独裁统治。这是它能获得国统区群众欢迎的另一个重要原因。今天,当我们审视《文萃》周刊这本期刊,分析它在国统区产生的舆论宣传效果时,可以得出如下四条历史经验。

(一) 把民主与团结作为舆论宣传的出发点

从《文萃》创刊号所刊载的文章看,其第一篇文章就是张申府的《民主团结的精神条件》。当经历了抗日战争时期国家的四分五裂后,国统

---

① 金炳华:《上海文化界:奋战在"第二条战线"上史料集》,上海人民出版社1999年版,第231页。

区群众最大的渴望是国家的和平与统一。统一如何实现？和平怎样产生？唯有团结，才能统一，唯有民主，才能避战。因此，《文萃》很快找到了刊物宣传的立足点：民主与团结。为此，《文萃》刊登了许多有关民主方面的文章来宣传民主文化，来向群众灌输民主意识。这种办刊策略无疑是正确的。把民主作为舆论宣传的立足点，是符合历史潮流的，容易获得社会各界的支持，就能站在社会舆论的制高点上，发挥出期刊的最大影响力。团结，是国统区群众十分关注的另一个热点问题。显然，只有国共两党相互团结，互相信任，成立一个为各社会阶层所承认的联合政府，才是当时国内政治发展的正途。《文萃》周刊的初衷，从某种程度上说是为了促成这样的团结。它把加强社会各种力量的团结视作为办刊的使命之一，先后发表了《命令你们停战》《关于和平建国的方案》等文章。事实上，正因为这些文章的思想、观点、立场引起了国统区群众的普遍共鸣，代表了国统区群众的普遍看法，受到了社会各界力量的支持，所以才使《文萃》周刊焕发出强大生命力，获得较长的生存时间。《文萃》办刊定位及办刊思路对于今天的我们把握政治性期刊的角色定位不无启示意义。

（二）拥有民生情怀，关注人民生活，始终"向下看"

《文萃》周刊把自己的读者群体定位得很宽。编辑们办这份杂志并不仅仅是给知识分子看，给一般职员看，也是给生活在最底层老百姓看的。它刊载了大量的漫画，吸引那些目不识丁的读者的注意，提高他们的阅读兴趣。特别是用漫画描写底层百姓的苦难生活，表达了对底层群众的同情与关注，包括关注与上海居民生活密切相关的物价问题，关注与上海民族资产阶级密切相关的中美贸易政策问题，关注与上海工人密切相关的官僚资本官营化问题,关注救助贫困失学学生的上海助学运动。这种"向下看"的民生情怀是它引起读者的共鸣,获得底层群众青睐的重要原因。这种办刊方向对于扩大《文萃》周刊在国统区的舆论影响起到了重要作用。这种站在人民的立场上,"向下看"办刊思路和情怀是需要继承和发扬的。

(三)秉持正确的价值立场,顺应时代潮流

舆论代表公众观点,影响政策决策,引导价值判断。作为公众舆论的制造者必须要清楚自己所承担的重要社会责任和历史使命。《文萃》周刊之所以能在国统区获得巨大的舆论影响,产生良好的舆论宣传效果,正是因为它秉持了"人民当家作主人"的价值立场,顺应了时代潮流,反映了广大国统区群众的期待。它所发表的文章符合人民群众的诉求,并通过预测和分析时局战局的变化起到了引导社会心态的作用。它所体现出的政治态度与价值立场对国统区群众的政治心态产生了潜移默化的影响。这样才使国统区群众慢慢抛弃了对国民党执政当局的幻想,站到了同情与支持中国共产党这边。《文萃》周刊秉持的"人民当家作主人"的价值立场,也为中国共产党营造了革命合法性的舆论氛围,为其赢得人心和最终夺取政权作出了贡献。从这一点上看,《文萃》舆论宣传给我们的启示是:顺应时代潮流,以正确价值立场开展舆论宣传。这样,往往能起到事半功倍的舆论宣传效果。

(四)密切联系群众,依靠群众力量

期刊的生命力在于与群众同呼吸共命运。《文萃》的编辑、作者很多都是知识分子,知识分子的弱点使他们在起初工作中不是十分重视依靠群众的力量,走过不少弯路。在中国共产党的正确领导和帮助下,他们仔细地检查了工作,改正了脱离错误的错误,这才使《文萃》成为群众最喜爱的读物之一,使其在万分险恶的环境中坚持斗争,并且获得胜利。在《文萃》遭到查禁而不得不被迫转入地下后,正是依靠着群众的力量和中国共产党地下党员的支持才使它能继续生存,担当起传播党的声音的重任。《文萃》印刷厂的建立也是紧紧依靠群众的结果。当时的印刷厂负责人骆何民同志曾说:"不要紧,群众里有的是人是资本,只要我们跟他联紧就能办起来。"①事实证明,《文萃》是依靠着群众的力量才在异常艰苦的条件下创办成功的。当一些民主报刊的编辑正为所谓"中间路线""南北朝"等糊涂思想发愁,使一向"依靠上层名流教育群众",认为"文化界没有群众路线"的办报人感觉毫无办法时,《文萃》意识到群众已经走在了革命的前头,必须紧紧依靠群众。他们通过组织民意测验、刊登读者来信等具体形式,倾听读者意见,发表群众想法,不断说明解放战争的性质,纠正了当时某些人把伟大的解放战争视为"国共党争"的糊涂思想,给当时的思想战线起了不少澄清作用,取得了"反中间路线论战"的巨大胜利,不仅一般群众的思想获得提高,许多上层思想也被纠正。《文萃》编者们密切联系群众,紧紧依靠群众力量的办刊思想,使他们在面临严重困难时依然能怀着无限的胜利信心,坚定、勇敢地与敌人作顽强的斗争。从中我们不难发现《文萃》之所以能在国统区群众中产生较大的舆论影响,受到广大群众的支持和喜爱,重要的原因之一就是因为有着国统区群众的大力支持。如果没有群众力量的支持,它是无法与国民党苦斗近两年时间的。这对于我们党报党刊的

---

① 姚溱:《学习〈文萃〉烈士们的优良作风》,见中共上海市委党史研究室:《文萃琐记》,上海书店出版社2011年版,第20页。

启示是：密切联系群众，依靠群众力量，是办好党报党刊不竭的动力。

五、《文萃》周刊在国统区所发挥的宣传作用

回顾《文萃》周刊在国统区的办刊经历，经验弥足珍贵，所造成的舆论宣传影响意义深远。尽管由于受当时主客观因素的影响，《文萃》周刊在国统区的创办过程中也存在某些不足。但总体来讲，作为中国共产党领导下一份政治性刊物，它在国民党统治区，特别是在上海显然产生了巨大的舆论宣传效果。它的历史贡献在于：它扩大了中国共产党在国统区的影响，及时向人民指示了斗争方向；戳穿了美蒋假和平、假民主的骗局，坚定了人民群众与国民党坚决斗争的信心。为中国共产党赢得国统区群众的信任支持，争取国统区群众站在中国共产党这边，对于加快中国人民解放事业的进程，作出了应有贡献。同时，它制造了有利于中国共产党开展军事斗争而不利于国民党在国统区统治的舆论氛围，促使国民党不得不在国统区投入较多力量，牵制了国民党在军事力量上的投入，为中国共产党在军事斗争中赢得胜利创造了有利的外围条件。此外，它作为一份解放战争时期的民主进步期刊，团结了一大批民主进步人士和民主党派，为中国共产党在国民党统治区的统战工作立下了汗马功劳，促成国统区内人民反对国民党反动统治的"第二条战线"的形成。

历史是一面镜子，可以资政，可以育人。《文萃》周刊的历史经验对于今天中国共产党的新闻传播事业，对于中国特色社会主义文化建设事业提供了有益的历史借鉴。《文萃》是上海解放战争时期党的舆论宣传战线上的一面旗帜。它的编者们用自己的鲜血和生命带给国统区群

众以自由的希望和斗争的勇气,展现了他们面对困难时勇敢坚定的大无畏精神。正如《文萃》主编陈子涛在最后一期"地下文萃"前言中所写的那样:"亲爱的读者们!这本小册子,是我们用血的代价换来的,希望你们保藏它,并把它传遍开去,让每个人都知道:几千年来的压迫,快要被消除了!一百年来志士仁人奋斗以求的新中国,就要诞生了!大家快行动起来,用行动来迎接这个新的伟大事变!"[①]我们不能忘记为编辑《文萃》而呕心沥血的这些新闻界前辈,不能忘记他们那时的殷殷嘱托。没有他们的付出,甚至是生命的代价,是换不来《文萃》周刊的。我们相信革命烈士的鲜血不会白流。缅怀《文萃》的这段光荣历史,就是要学习他们在任何时候都相信党、相信人民,走群众路线,为群众服务,紧密联系群众的优良作风,时刻牢记那一代革命先烈所作出的可歌可泣的历史贡献!

---

① 一凡:《陈子涛烈士的皮包编辑部》,《南京史志》1998年第5期,第29页。

中国自由主义的最后一面旗帜
——《新路》周刊始末

杨宏雨 王术静[*]

摘要：20世纪40年代是中国自由主义学人相当活跃的一个时期，他们发表言论的重要方式就是创办刊物。像《时与文》《观察》《新路》等，都是当时宣传自由主义思想的重要阵地。在当时众多的宣扬自由主义的刊物中，《新路》是中国自由主义的最后一面旗帜。但长期以来，《新路》很少被人关注，国内学术界只有个别研究者在探讨20世纪40年代末的经济制度和自由观时才涉及《新路》。本文试图揭开《新路》的面纱，论述它从创刊到停刊不到一年时间所经历的风风雨雨，拂去历史的尘埃，让它真实地呈现在人们的面前。

关键词：中国经济社会研究会；《新路》周刊；"三十二条"主张

---

[*] 杨宏雨，复旦大学马克思主义学院教授、博士生导师；王术静，复旦大学马克思主义学院博士毕业。

在中国近现代思想史上,自由主义知识分子曾经占据了很大的空间,他们的思想产生了巨大的影响,留下了难以磨灭的印迹。西方自由主义思想从19世纪末开始输入时,就受到了国人的格外重视。到20世纪40年代末,中国自由主义知识分子再掀狂潮,涌现出了《大公报》《时与文》《观察》《新路》等众多反映当时中国自由主义者主要思想的报刊。《新路》作为40年代末中国自由主义知识界全面阐扬自由主义理念的重要阵地,处于这个思潮的末尾阶段,是现代中国知识分子为自由主义而奋斗的最后一面旗帜。

一、《新路》创刊的背景

《新路》等自由主义刊物的创刊有着浓厚的国际学术背景。19世纪末西方自由主义思想开始传入中国,而20世纪三四十年代一批留学英美的学者回国,则加剧了自由主义思潮在中国的风行。以《新路》而言,它的大部分作者都曾漂洋过海,经受欧风美雨的熏陶。就国内背景而言,当时国共纷争的局面是《新路》等自由主义刊物产生的重要原因。1945年抗战胜利后,昙花一现的民主政治趋势和国共两党的和平谈判,给了中国自由主义者一个较大的发展契机和活动空间。但好景不长,国共两党很快从合作、和谈走向分裂、对抗。国共两党的激烈内战和国际上以英美为代表的自由资本主义体制与以苏联为代表的社会主义体制的冷战连接在一起,使中国的自由主义者对"中国往何处去"这个问题格外关心,由此激发了他们强烈的使命感。谢泳认为"这时国内出现的众多周刊,充分表明了所有知识分子希望国家能在和平的局面中走上健康的民主道路,所以纷纷创办刊物阐述自己对国事的看法"①。《新路》也声称,它的办刊目的就在于"以大家的智慧,来探索中国的前途"。②

二、《新路》的诞生

《新路》的诞生,是和中国经济社会研究会的成立直接联系着的。中国经济社会研究会是1948年3月1日在北平成立的。从研究会的组成人员来看,积极加入的有北京大学的周炳琳、朱光潜、杨振声、楼邦彦、马大猷、王铁崖、赵迺博、冯至、钱端升(在美)等,清华大学的吴景超、潘光旦、刘大中、费孝通等,燕京大学的翁独健,中央研究院的陶孟和,在国民政府中供职的钱昌照、孙越崎、邵力子。此外,实业界的吴蕴初、童冠贤、王崇植等也是经济社会研究会的会员。钱昌照为研究会的临时主席,周炳琳、钱昌照、吴景超、孙越崎、萧乾、潘光旦、刘大中、钱端升、陶孟和、王崇植、楼邦彦等被选举为理事,邵力子、吴蕴初、童冠贤三人为监事。

中国经济社会研究会在成立之初,就表明了自己的目的是寻找中国现代化之路。钱昌照在代临时主席的致辞中就明确说道:

> 我们的目的是为全民福利,我们的研究方法尽量客观,我们的研究方式绝对公开。我们真想寻求一条新路,这新路既不拘于国内已经有人走过的途径,也绝不随着国际局势的演变而轻易转移。③

---

① 谢泳:《逝去的年代——中国自由知识分子的命运》,文化艺术出版社1999年版,第250页。
② 《发刊词》,《新路》第1卷第1期,1948年5月15日。
③ 裴仁:《"新第三方面"——中国社会经济研究会》,中国人民大学中共党史系中国革命史教研室编:《批判中国资产阶级中间路线参考资料》(第4辑),第54页。

3月2日的会员大会讨论决定创办《新路》周刊作为他们的理论阵地。理监事会决定《新路》编辑部由五人组成，吴半农、钱端升（钱端升当时尚未回国，由楼邦彦代理）负责政治，刘大中负责经济，萧乾负责文艺、外交，吴景超负责社会，并定于5月发行首刊。会员大会还选举出四十多名知名学者，集中讨论研究会关于未来中国政治、外交、经济、社会的理想，即"三十二条"主张，这也是《新路》办刊的主导思想。"三十二条"主张，在政治方面，主张政治制度化、制度民主化、民主社会化；在经济方面，主张实现全民就业，促进公平分配，提高生活水准；在社会及其他方面，主张控制人口、实现教育平等；等等。"三十二条"主张表明了中国经济社会研究会是一个自由主义者研究中国社会发展前途的学术团体。

《新路》于1948年5月15日发行创刊号，共出了两卷。第一卷完整地出了24期；第二卷仅出了6期，即被封刊，时间为1948年12月18日。《新路》的创办是继《观察》之后的又一份自筹资金的同人刊物，也是当时的报刊界最后一份倡导自由主义思想的刊物。

三、《新路》周刊的鲜明特色

一份刊物的性质往往体现于它的名称和宗旨之中。"新路"的寓意是"如何挣脱现存旧路的桎梏，走到新路上去"。① 在《发刊词》中，《新路》的创办者们认为他们所要讨论的主要问题是中国经济社会研究会所提出的"三十二条"主张，其理论依据以及实现这些主张所能采用的

---

① 刘大中：《政治民主与经济民主》，《新路》第1卷第13期，1948年8月7日。

办法,但"三十二条"主张只是《新路》以后讨论中国的各种问题的出发点和立足点,而非最后结论。

《新路》涉及的内容有政治、经济、社会、外交、文艺等,形式有"短评"、"论坛"或"辩论"、"专论"、"我们的意见"、"文艺"、"通讯"等栏目。其中,"论坛"或"辩论"、"专论"两栏目是《新路》的核心栏目,也是《新路》的特色栏目,最能体现《新路》的主要思想主张。为了体现学术争鸣,实现不同学术观点的相互碰撞和取长补短,编者从一开始就针对某个问题的具体方面进行征稿,采取当时中学辩论赛的形式抽签决定讨论问题的正面观点或是反面观点,并匿名(笔名)刊登两种不同的意见和结论,把一个问题的正反两面都呈现在读者面前,让读者根据两方面的意见得出他们自己的结论。后来,这种辩论和论坛也采取由实名作者提出对某一问题的主张和看法,送给相关学者批评、讨论,求得与原作者相同的补充意见或不同的反驳意见,再由原作者就反馈意见予以回应和总答复,最后周刊把讨论的全部过程刊载出来。运用这种形式讨论的内容主要有:《关于美国经济制度》(第1卷第1期),《论我国今后的人口政策》(第1卷第5期),《混合制度与计划制度中间的选择》(第2卷第5期),《苏联是否民主》(第1卷第3期),《用和平方法能否实现社会主义?》(第1卷第6期),《社会主义经济是否需要计划?》(第1卷第16期),等等。由于当时国共两党处于激烈的政治和军事斗争中,为了让刊物少惹麻烦,免遭灭顶之灾,《新路》竭力回避中国现实的政治问题,所探讨的问题主要集中在经济、社会和教育等方面,文章带有明显的学术性,这是《新路》与《观察》的重要区别。

《新路》探讨的问题以经济为主。当时最热点的问题是经济平等与经济自由，比如：社会主义与经济自由是否对立、计划经济与经济自由是否兼容、经济自由与政治自由可否兼得等。清华大学教授刘大中、蒋硕杰、吴景超等认为，既然社会主义的目标是要铲除贫困，给社会全体人员带来丰裕和文明的生活，那么要达到这个目的就必然选择公有制与价格机制的结合，而不是与计划经济的联姻。资本形成也是一个国家工业化的核心问题，《新路》曾对中国工业化所需要的资本问题展开讨论。在《我国工业化的资本问题》中，吴景超、丁忱、谷春帆、汪馥荪、刘大中、蒋硕杰等众多社会学家、经济学家对中国工业化所需的资本数量以及如何筹集中国工业化资本提出了各自的看法。中国是一个人口大国，如何控制中国的人口也是学者们关注的一个热点。在讨论中，戴世光提出的工业革命、人口革命、社会革命"三管齐下"的办法尤有见地。此外，对中国的货币、财政、银行政策，以及如何实现"耕者有其田"等，不少学者也提出了非常有见地的主张。

四、《新路》主要撰稿人的命运

《新路》是被国民党当局查封的，但并不能说明它就符合共产党的意愿。自由主义者在中国向来是一种两面不讨好的角色。共产党对《新路》这一自由主义刊物的态度，我们可以从廖沫沙的一篇短文中略窥一斑：

> 所谓"中国经济社会研究会"，就是这样一个东西：由美帝国主义所指使授意，接受美帝国主义一切援蒋侵华的理论，利用一切好听的名词，迷惑人们的视听，以达到把所谓"自由分子""有效地

予以组织",来支持卖国独裁买办官僚封建地主的统治,使得美国的援蒋亡华政策,"可收到其最大的效果"。①

《新路》主要撰稿人大多是在经济学、社会学研究方面颇有影响的大学教授。新中国成立后的反右运动中,吴景超、钱端升、萧乾等《新路》的主要负责人和撰稿者大多被打成了右派。萧乾在晚年回忆起1948年自己的人生选择时曾这样说:

> 足足三十年(1949至1979),我一直背着《新路》的黑锅,也仅在1956年解下过几个月……朋友姚念庆告诉我,北平几家大学的教授们计划出一份刊物,内定由清华大学教授吴景超主编,钱端升主持政治栏,刘大中主持经济栏。那里正在物色一个编国际问题及文艺的。他认为我最合适不过了。我思忖,不妨走上一年半载再回沪。于是,就同意了。刊物后来定名《新路》。但是没等到刊物问世,我由于受到复旦同学及杨刚的劝告,就坚决辞了。②

事实上,萧乾确实是担任了《新路》的文艺编辑。他之所以否认这个事实,是被新中国成立后的一些政治运动吓怕了。吴景超是大学毕业后留美深造,归国后任教于清华大学的著名社会学家,新中国成立后受到批判。他的理论很少被人正面关注,这与他在《新路》上的活跃表

---

① 廖沫沙:《廖沫沙杂文集》,生活·读书·新知三联书店1984年版,第289页。
② 萧乾:《未带地图的旅人》,中国文联出版公司1991年版,第219页。

现有相当的关联。戴世光也是从清华大学毕业,留洋美国继续深造,对人口统计很有见地。他是留在大陆的与《新路》有关而没有被批判的少数学者之一。

刘大中、蒋硕杰于新中国成立前夕去了中国台湾地区,后来为台湾地区的经济起飞做出了巨大的贡献。台湾地区的税制改革就是刘大中设计的。这两位经济学家,当年都是清华的少壮派教授。此外,楼邦彦、潘光旦、钱端升等当时都是清华的知名学者,新中国成立后曾被打成了"右派"。为《新路》撰稿的部分学者的简单情况可以从表1中大概了解。

表1 《新路》部分主要撰稿人的简单情况

姓名	籍贯	生卒年	毕业大学	留学经历	专业	1949年后的命运
楼邦彦	浙江鄞县	1912—1979	清华大学	英国	政治	被打为"右派"
陈振汉	浙江诸暨	1912—2008	南开大学	美国	经济	被打为"右派"
刘大中	江苏武进	1914—1975	交通大学	美国	经济	去美国
蒋硕杰	湖北应城	1918—1996	——	英国	经济	去中国台湾地区
吴景超	安徽歙县	1901—1968	清华大学	美国	社会学	被打为"右派"
潘光旦	江苏宝山	1899—1967	清华大学	美国	社会学	被打为"右派"
钱端升	上海	1900—1990	清华大学	美国	政治学	被打为"右派"
戴世光	湖北武昌	1908—1999	清华大学	美国	统计学	留在大陆
萧乾	北京	1910—1999	燕京大学	英国	文学	被打为"右派"
吴恩裕	辽宁沈阳	1909—1979	清华大学	英国	哲学	留在大陆
朱光潜	安徽桐城	1897—1986	香港大学	英国	教育学	被打为"右派"
王传纶	江苏苏州	1922—2012	西南联大	英国	经济	"文革"受迫害
龚祥瑞	浙江宁波	1911—1996	清华大学	英国	法律	"文革"受迫害

五、《新路》命运引发的思考

"任何一个政党,都不应该仇视自由分子。""我敢说在 30 年代乃至 50 年代的未来,中国真正的民意还要藉社会上少数优秀自由分子去形成、去表现。假使这一部分人被逼得终归于没落,民主政治的前途恐怕更渺茫。"①

《新路》在不到一年的生命中,先后遭到了共产党的排斥、中国香港左派人士的攻击和国民党的警告、封刊。这是中国近现代史上的一个悲剧,这个悲剧延续到新中国成立后,在 1957 年的反右派运动中达到了前所未有的高潮。曾经活跃在《新路》上的自由主义知识分子在反右派运动中几乎都被套上了"帽子"。

那么,为什么国民党也容不下《新路》的存在,在严重警告之后又查封呢?从《新路》人对于"严重警告"的答复中可以得知一二:

> 关于批评时事,本刊素来抱着一个见解,就是在宪政之下,政府是公仆,人民是主人,公仆所做的事,是否对于主人有利,只有主人知道得最为清楚,因此主人对于公仆的行为,有尽量批评的权利,公仆对于主人的意见,有虚怀接受的义务。这是宪政的国家中,政府与人民所公认的一个最基本的道理。我们的政府,过去在一党专政之下,养成了一种傲慢的心理,把自己放在人民之上,忘记了政府是服务人民而设,以致一切的行为,多与人民的利益脱了节。②

---

① 转引自许纪霖编:《20 世纪中国知识分子史论》,新星出版社 2005 年版,第 403 页。
② 《本刊对于"严重警告"的答复》《新路》第 2 卷第 1 期,1948 年 11 月 13 日。

《新路》创刊之际,正是《观察》将要被国民党查封的时候,《观察》的撰稿人有相当一部分后来成了《新路》的撰稿人。所以在一定意义上说,在自由主义的道路上《观察》和《新路》是一脉相承的。

> 未来永远都是有憧憬的。特别是当现实社会充满了令人厌恶的现象,而看上去一个新的社会正在向人们招手的时候,迎接未来的冲动就更加使人容易充满幻想。①

《新路》《观察》等自由主义杂志诞生在国共纷争的年代。在这样的战争年代,自由主义者要靠良心、理性的声音来辩个是非对错,这只好说是书生意气了。在国共对立、纷争的年代,"所谓自由、平等、进步,诸式美丽的理想,仅是'士'的幻想"。② 这是历史的结论。但中国究竟需不需要自由主义,需不需要自由主义者,这个问题恐怕就与枪杆子无关了。如果在夺取政权后不能合理地对待中国自由主义知识分子,不认真思考他们为中国现代化构思的各种解决方案,那么,必然会带来历史的悲剧。这应当是《新路》的命运留给人们的思考。

---

① 杨奎松、董士伟:《海市蜃楼与大漠绿洲——中国近代社会主义思潮研究》,上海人民出版社 1991 年版,第 57 页。
② 吕克难:《自由何以生不住根》,《新路》第 1 卷第 17 期,1948 年 9 月 4 日。